主编◎肖岳山

张热云

发现城市之美
CITY DISCOVERY

U0702013

出品人◎詹培明

潮州

海天出版社（中国·深圳）

南昌起义军茂芝会议旧址

镇福

听捷楼

新彩楼　饶洋

泰华楼

饶

新丰

润丰楼

胜利水库

三饶城隍庙

孔庙　三饶

道韵楼　文明塔

琴峰书院

凤凰天池

凤溪水库

新塘

汤溪水库

凤凰山

凤凰水库

凤凰

汤溪

潮

浮滨

张竞生公园

平

赤凤

王大宝墓

文祠

别峰古寺

孝禅寺

祭鳄台

松林古寺

石庵

张永福故居

桥

区

三

樟溪

白水岩风景区

登塘

象埔寨

湘

潮州西湖

陆秀夫陵园

武状元府

凤新街道

开元寺

广济桥

韩文公祠

岗山水库

潮州市

古巷

十里牌坊街

磷溪

八角楼寨

新乡

枫溪区

凤塘

凤凰塔

官塘

铁铺

陈氏大宗祠

和安寨

江东

区

浮洋

三元塔

龙湖

龙湖古寨

金石

东凤

沙溪

彩塘

林氏家庙

桑浦山

林大钦墓

甘露寺

急公好义坊

从熙公祠

庵埠镇

郭陇砖瓦窑群

洪氏家庙

广东省轮廓示意图

○ 联饶

寺

🏔 石壁山风景区

🏛 氏家庙　🔴 黄冈丁未革命纪念亭

🟥 **黄冈镇**

云峰寺

大埕所城　🔴 🎋
　　　所城　　大埕

镇风塔　🎋 白雀寺
　　🔴
　　柘林　　　大埕湾

县

潮州市示意图

缘起，发现潮州

建城逾一千六百年的潮州，是海上丝绸之路上的文化重镇，也是天下潮州人的精神家园。公元690年，隋文帝撤郡设州，本属循州之义安郡，因地临南海，取意"潮水往复"，名曰"潮州"，潮州一名就此诞生，并沿用一千四百年之久。潮州人是中国最具传奇色彩的人群，生活在中国内地和港澳台的潮州人约有一千万，而世界各地的潮裔华人也有一千万，正是"有潮水的地方就有潮州人"，在海外华人中，差不多每五个人就有一个潮州人。

潮州人因擅长做生意，跻身中国传统社会三大商帮之一。在晋商、徽商衰落的时候，潮商却成为华人社会最有财富的族群，被认为是当今中国乃至世界最有活力、最会赚钱的经商人群。潮州，本是一个"国角省尾"不起眼的小地方，如何孕育出这样的传奇？潮州人的乡土认同感与抱团精神，是他们成功的关键。靠山吃山、靠海吃海是一种因地制宜的变通，更是顺应自然的生存之道，生活在大海边的潮州人，从海洋那里学会了谋生技能，也形成独特的海洋文化。长期与风浪搏斗需要合作精神，造成潮州人固守这样一种传统：在家乡，同族的人一起祭祖拜神，互相接济提携；在外地，又有"天下潮人一家亲"之说。潮州人飘洋过海到异国他乡，首先想到的是投靠亲友，即便非亲非故，只要是说潮州话的，也自然会得到帮助。共同的血缘、地缘联系着海内外潮人，他们合作求存而不曾失去自己的根。

一千多年的历史积淀，造就了极其灿烂的潮文化，其影响随着潮水远播海外。近现代，随着外来文化的不断涌入，潮人本土文化也受到冲击。对于旅外游子来说，如果故土文化都不存在了，怎会还有乡愁？保护和传承潮文化，成了海内外潮人的心愿。

潮人詹培明先生就是这样一个人，他对于故乡的"巨变"，又喜又忧。詹培明先生出生于枫溪潮彩世家，潮州作为中国重要的陶瓷产区，韩江自西向东南穿过古城，将泱泱千年的陶瓷文化，注入海上丝绸之路，融入人类文明的血脉。詹培明先生以潮彩传承为胎，在近三十年的融合锻造中，不断探索新技术，为发扬中国陶瓷文化，为发展珐琅彩工艺，作出了巨大贡献。正是他让"潮彩"这项源自潮州的传统艺术重放异彩。

2017年5月，由詹培明先生领衔的斯达高瓷艺承制的"集贤瓷"之"汉唐之光"，惊艳亮相"一带一路"国际合作高峰论坛圆桌会议，在首脑云集的峰会上，吸引了各国政要、艺术界和国内外媒体的高度关注。"集贤瓷"的设计理念源于敦煌汉唐装饰元素，纹饰既有中国特色，同时也透着古丝绸之路上的异域风情。脱胎于潮彩的"集贤瓷"，将辉映人类文明的"汉唐之光"带入集贤厅，与各国元首共同见证了一场意义重大的历史盛会，诠释了中华文化的伟大复兴。

斯达高瓷艺源于潮州彩瓷，潮彩展现的岭南文化元素是地方文化史的标本。詹培明从斯达高的成功，体会到保持中国传统文化滚滚前流的方法就是创新。他坦言西方文明也吸收了中国传统文化的内涵，没有传承的创新是无水之源，无木之本。

当同样热心于传统文化保护的点石文化传媒与斯达高相遇时，可谓一拍即合。在詹培明先生的鼎力支持下，点石文化传媒组织了精干团队，通过走访大量潮州民间艺人、深入潮州古城和古村落、实地采集文化遗存，创作成《发现城市之美·潮州》一书，寄托了詹培明先生的浓浓故乡情。因重教重宗、行善积德的观念深入人心，潮人乐善好施蔚然成风。受传统文化熏陶的潮商热衷各项慈善事业，捐资修桥，兴学育才，救灾恤难，不断回报祖国回报家乡。文化是土壤，不同的地域孕育了不同的人格。形成潮文化的是一种怎样的土壤？通过《发现城市之美·潮州》，相信读者不难得出答案。

目录 CONTENTS

第二章 湘桥

序

古邑潮州，是潮文化的发祥地，是天下潮人的精神家园。千百年来，深厚的历史积淀成就了潮州独特的文化魅力，吃苦耐劳、拼搏向上的精神，精妙雅致的传统艺术、感恩重情的文化品格被一代代传承下来，"创业、精致、感恩、包容"的文化特质早已注入每个潮人的血液里，为我们留下了宝贵的文化基因。

素有"中原古汉语活化石"之称的潮州话，是现今中国方言中最古远、最特殊的方言，古朴典雅、词汇丰富、语法特殊，与潮州文化的"精细"是相辅相成的，无论是潮人的精明细心，还是潮州菜的精美可口，工夫茶的仪式感，潮剧、潮乐的柔婉精致，都源于潮人文化性格的磨炼和陶冶。正如"种田如绣花"的潮州农艺和"刻木石似微雕"的潮州手工艺那样，都有力地诠释着潮人在细腻精致中挥洒的潮州情怀。"潮人善经商"的名声远播海内外，作为著名侨乡，世界各地的潮商可谓人才辈出，他们用勤奋与努力书写了中国商业史上的一段传奇，用浓浓的赤子情怀表达对家乡一草一木、乡土人情的眷恋和回报。

《发现城市之美·潮州》是乡贤反哺家乡的一次可喜的文化自觉，它的成书，缘于众多潮州乡贤的鼎力协助，为创作团队提供采访线索、为拍摄做向导、给予后勤上的支援……不一而足。众人拾柴火焰高，乡贤们的点滴情怀，是寄希望于这部作品，承载和传播潮州人骨子里"望得见青山，看得到绿水，记得住乡愁"的美好愿望。深圳市点石文化传媒的年轻人，将他们在潮州所感受到的浓浓人情味，以及这座城市的格调和气质一一下载，这是一次不简单的文化记录，更是海内外潮人凝聚乡情乡愁、留存一份共同文化记忆的时光之旅。

山水不言，可著诗书万卷；文化无形，却藏魔力千钧。期望《发现城市之美·潮州》的出版发行，为读者打开发现潮州、解读潮州的探索之门。

香港潮属社团总会名誉会长
香港柏宝集团有限公司董事会主席

第一章

潮州文化

潮州东临福建，西连揭阳，南接汕头，北通梅州，濒临南海，是广东的东大门。

潮州历史悠久，东晋时设郡，至今已有1600多年历史，隋朝时撤郡设州，始称潮州。

潮州风光秀美。笔架山、金山、葫芦山，加上绕城而过的韩江，形成三山一水抱古城的格局；北部凤凰山海拔1497米，为粤东最高峰，是中国乌龙茶之乡和少数民族畲族的发祥地。西部桑浦山有丰富的温泉、矿泉；东部柘林湾栖息着数万只黄嘴白

鹭，被称为"白鹭天堂"。

潮州是中国历史文化名城，素有"岭海名邦""海滨邹鲁"的美称。唐元和十四年（819年），韩愈被贬潮州，治潮八个月，在任期间，韩愈重置乡校，延师兴学，使潮州文风蔚然兴起，并长盛不衰。整个宋代，潮州中进士者共有172人，明代也有160人之多，可谓人才辈出。在历代殿试中，潮州涌现出了状元林大钦、榜眼王大宝、探花姚宏中这样的英才。

潮州湘子桥

　　潮州文物古迹众多，广济桥、许驸马府、开元寺、笔架山宋窑遗址、韩文公祠、明代古城墙、广济城楼等国家级或省级重点文物保护单位，构成了潮州的历史底蕴以及深厚的文化根基。贯穿古城南北的太平路，也称牌坊街，屹立着40多座石牌坊。这些建于明、清两代的牌坊，是古城最亮丽的人文景观。古城中的潮州民居颇具特色，"驷马拖车""四点金""抛狮""竹竿厝"等传统建筑精美典雅，体现出潮州深厚的文化内涵。

　　潮州文化是中华民族优秀文化的组成部分，是岭南文化的重要分支，主要由潮州方言、潮剧、潮州音乐、工夫茶、潮州菜、潮绣、抽纱、木雕等民间习俗、戏剧及工艺组成。潮州文化既有中原文化的底蕴，又有鲜明的地域特色，被专家学者称为"中原古典文化的橱窗"。改革开放以来，随着对外交流的发展，潮州文化吸收不同地方文化的精髓，形成了兼容并包、务实开放的新特点。

01

古音古韵潮州话

韩愈惜别潮州八贤之一赵德塑像。有观点认为，潮州话比闽南话更接近中古汉语，与唐朝韩愈刺潮时着力推行汉语有关

潮州话太难懂，这是外地人的共识。刚解放那会儿，大批南下干部在潮州安家，虽后半辈子与本地百姓"打成一片"，却也没能学会潮州话。潮州话的确很难学，有人归咎于"潮州话太土"，其实潮州话是古不是土，太难学其实是"潮州八音"惹的祸。潮州方言有八个声调：阴平、阴上、阴去、阴入、阳平、阳上、阳去、阳入。用潮州话读"诗、死、世、薛、时、是、四、蚀"，就是潮州八音，这与古汉语的八音读法是一个样。现代汉语仅有阴平、阳平、上声、去声四个调，已没有了入声，所以讲北方方言的干部自然难以掌握，更不用说那些只有两声调的欧美人学潮州话了。

穿越到两千年前的河洛大地，用普通话与中原"古人"交流，自然难以沟通。古人是怎么说话的？这是很有趣的话题，也是很难解答的问题。一般认为上古的时候，口语与书面语十分接近。《诗经》《论语》等与上古的口语较为接近。秦汉以后，书面语与口语才逐渐脱离。潮州话至今仍保留

着很多与古语相同的语法和发音，所以素来有"语言化石"之称。潮语的双唇音有很重的古语遗韵，比如"山"不鼻化就变成"沙"，"圆"不鼻化就成了"移"，"心"不发双唇音就成了"身"。当年到过潮州的大文豪郭沫若，就曾深有感触地表示，潮州话是中国古语保留得最多的一种方言。数万个潮语词汇都能找到对应的古汉语，其中很大一部分是汉魏六朝时的中原方言，如"大家"（源自汉代，指丈夫的母亲）、"阿奴"（南北朝，意为儿子）。潮州方言中，有大量语汇见于秦汉或唐宋的古籍，如"腰佝"（驼背）、"书册"（书籍）、"眠起"（早上）、"滂沛"（丰盛）、"起厝"（盖房）等。古籍中的语助词、形容词，在潮州日常用语中也比比皆是，如"绝"（好绝、雅绝）、"勿"（勿睬、勿去）。潮州方言也与古汉语一样，有一字多音、一字多义的特点。

著名作家王朔曾笑称："秦始皇讲一口潮汕话。"他甚至举例，用潮州话朗读"关关雎鸠，在

潮州西湖雁塔下的石刻。明末清初，潮州府除辖有传统的"潮州八邑"——海阳（今潮安）、潮阳、揭阳、莲阳（今澄海）、洪阳（今普宁）、饶阳（今饶平）、葵阳（今惠来）、新阳（今丰顺），还管辖程乡（今梅县）、平远、镇平（今蕉岭），合共十一县，是潮州府管辖县份最多的时期

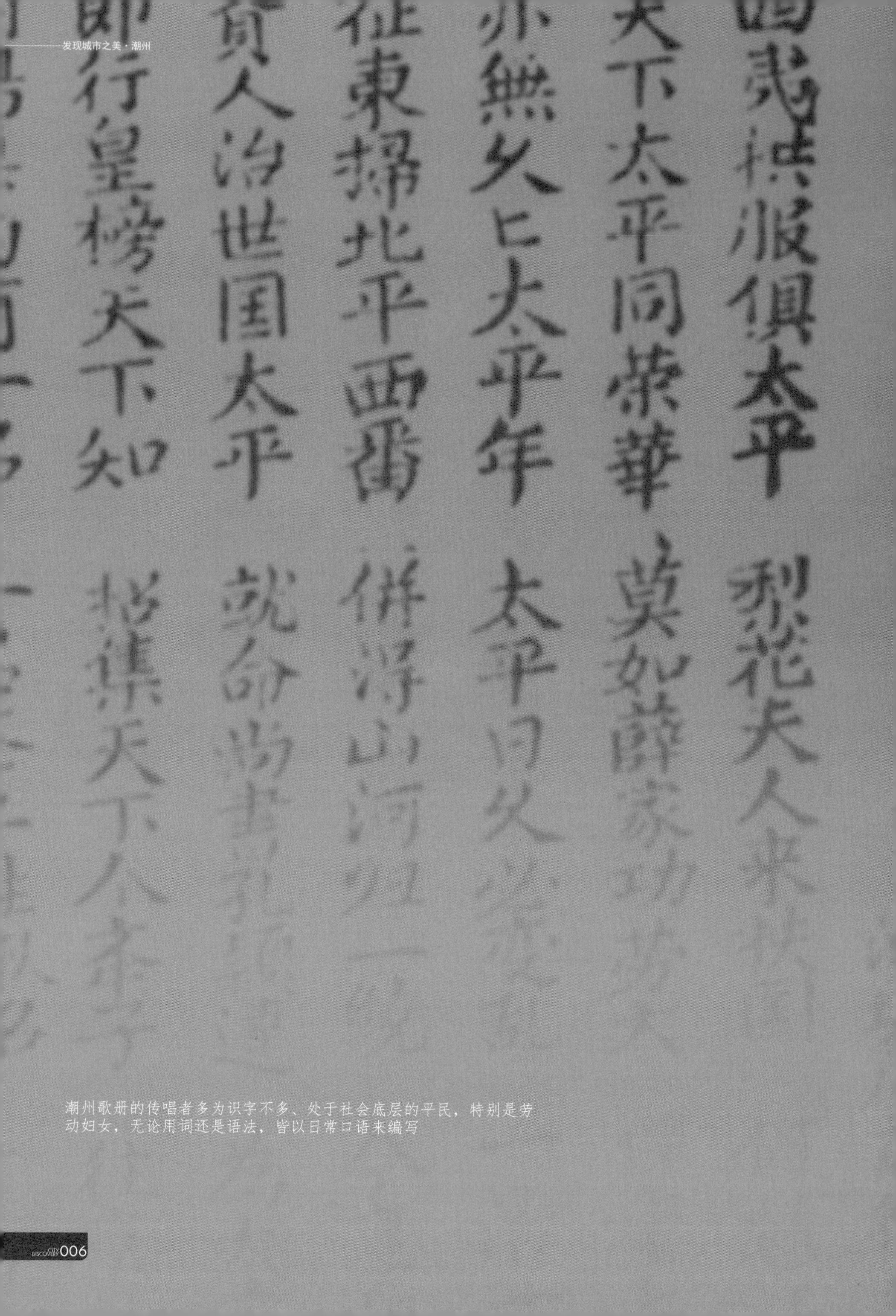

我棋服俱太平　黎花夫人来朝

天下太平同荣华　莫如薛家功劳好

尔无父亡太平年　太平日久父忧愁

征东扫北平西番　併浮山河归一统

贡人治世国太平　就命当书对

即行皇榜天下知　好集天下不知

潮州歌册的传唱者多为识字不多、处于社会底层的平民，特别是劳动妇女，无论用词还是语法，皆以日常口语来编写

河之洲。窈窕淑女，君子好逑"。鸠、洲、逑都押韵，读起来抑扬顿挫，如同吟唱一般。正因为潮语的浓浓古韵，用潮州话朗诵唐诗宋词，比普通话更有韵味，更加平仄分明、朗朗上口。潮语虽是古汉语的"活化石"，但到了明清，潮州府城话已有变异，再后来的汕头话则变化更大，尤其是历代莅潮为官的北方官吏带来的官话，对潮汕方言影响至深，造成了潮汕各地方言又有差别，而最古老、最纯正的却是汕头与揭阳之间的潮阳话。以潮阳话读古诗最押韵，诸如"松下问童子，言师采药去。只在此山中，云深不知处"等诗用潮阳话读最接近古音，而且完全押韵。古诗在唐中期以前数量颇巨，时下若非有一定古汉语基底的人很难完全把握韵律，而这对潮汕人来说并非难事。

在古代，潮州府辖"潮州八邑"，如今谓潮汕地区，潮州话也就成了潮汕话，是潮汕及海内外潮人的共同母语。潮人寻根，其源头多是逃避战乱而南迁的古代中原人，他们举室辗转江南，再下闽中莆田，最后迁入粤东，潮州话因此源于古闽南语的莆田话。伴随先人南迁的是中国历史上的一系列乱世，从西晋"八王之乱""五胡乱华"，及至唐末五代的战乱，最后是宋室南迁，都引发大规模的移民潮。莆田是宋末抗元最惨烈的地区，明代又饱受倭寇肆虐，曾两度被屠城，很多莆田先民踏上逃亡之路。他们"举室南迁"踏上潮汕大地，成批的新移民带来了比土著更先进的文化和技术，他们迁入后具有一定的强势，从而得以继续使用原来的语言，保持原来的生活习俗，所以潮州话保留了大量古汉语的特征，潮汕民俗也遗留了很多中原古俗。潮语的"时年八节"，是指春节、元宵、清明、端午、中元、中秋、重阳、冬至，这正是古代中原习俗的延续。

已传承了一千多年的潮州话，由于中原古韵与闽南土音的有机融汇，可谓"句句古风习习，声声文气凛凛"，潮剧、潮州歌册、潮州歌谣以之为载

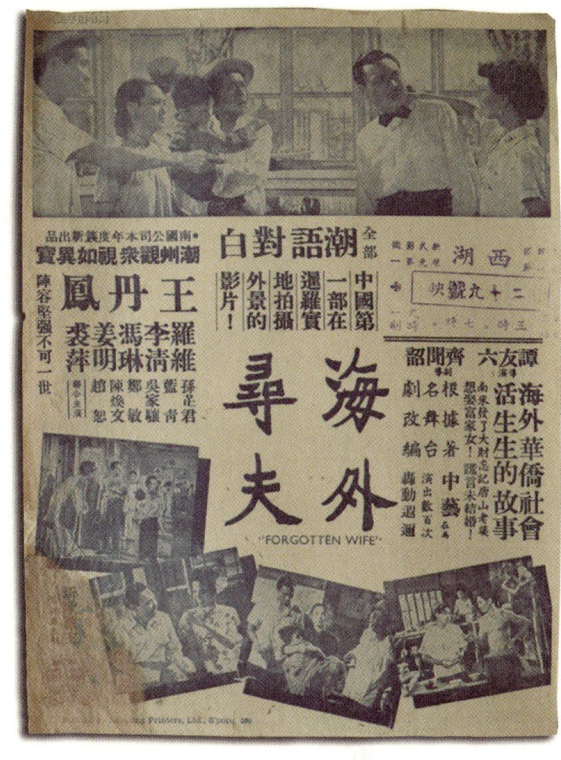

1950年，《海外寻夫》作为第一部潮语电影，在汕头、泰国等地拍摄上演，曾引起不小轰动。对潮人来说，潮州话是维系感情的纽带，有巨大的凝聚力

体，它是潮州古老文化的直接体现。潮州话因为保留了中原古汉语最正宗的文化因子，被誉为中国语言文化的"活化石"。可如今，受到普通话普及和粤方言的影响，很多潮汕孩子说不准潮州话。语言的消亡速度远远超出人们的想象，世界上平均每隔两个星期就有一种语言消失，潮州话虽然不在濒危语言之列，但代表着潮人记忆和源流的潮语，已感受到被弱化的危机。期望潮州话能融入时代特质，得到年轻一代的接受和吸收，生生不息地发展传承下去。

02

工夫茶里蕴乾坤

茶之于潮州，就如白兰地之于法兰西，都是喝出来的文化。潮州人对茶之钟情，可谓深入骨髓。潮人称茶叶为"茶米"，称茶叶店为"茶米铺"，可见茶在潮人日常生活中是不可或缺的食粮。潮人爱喝茶，是名扬海内外的，但凡来过潮州的人，印象最深的一句话肯定是"食，食，食茶"！

中国是茶的故乡，茶叶自神农时代起，就与中华文明相伴相生。源远流长的中国茶文化，糅合了儒、释、道诸派思想。礼仪之邦重礼节，但凡待客，沏茶、敬茶是必不可少的。唐宋人喜欢团茶，制作繁复，饮用极富仪式感，发展到极致便出现了点茶、分茶、斗茶诸艺。后来朱元璋废团茶，中国从此转入散茶时代，茶道由繁入简，更适用于普罗大众。唯潮人例外，居然将极简的泡茶演绎成极繁复的工夫茶。

工夫茶是潮汕地区的一种茶文化，它是泡茶、品茶，及所费心思、所处心境的一个统称，而不单指泡茶技艺。工夫茶常被谬传为"功夫茶"，这应是普通话"工""功"同音所致。潮语"工"发"刚"音而"功"发"攻"音，潮州方言中"工夫"不但表达时间的概念，还暗含"花费心思"的意思，和技巧并无关系；而"功夫"最直接的含义就是"武术"。由此可见潮州话中"工夫"二字并不是用来强调技巧和技能的。

潮州工夫茶

在潮州，真是"潮人无贵贱，嗜茶辄成癖"，这里几乎家家户户都嗜茶。夏日潮州的街巷，经常可以见到一帮老者，手执蒲扇，品茶纳凉，茶几上的工夫茶具浸淫在茗香里，任由时光流逝。工夫茶陪伴着潮州人经历四季变换，所谓"薄锅沸清泉，泥炉炽榄核；四指动飞轮，涤器净且热；柔条围细末，首冲去浮沫；关羽巡城流，韩信点兵滴"，工夫茶的程序多达二十一道，让人叹为观止。作家秦牧说，潮州茶道，堪称中国茶道的代表。来过潮州，你就知道真正的茶道在哪里了。

工夫茶的茶具也有讲究，白瓷茶杯与盖碗是首选。翁辉东的《潮州茶经》称："工夫茶之特别处，不在茶之本质，而在茶具器皿之配备精良，以及闲情逸志之烹制法。"工夫茶的茶具是"一式多件"，有茶壶、茶盘、茶杯、茶垫、茶罐、水瓶、龙缸、水钵、红泥火炉、砂铫、茶担、羽扇等十二件，讲究产地、出品。

茶叶是工夫茶的灵魂。并非所有的茶叶都适合泡工夫茶，比如绿茶、花茶、白茶等就不宜冲泡工夫茶。冲泡工夫茶当选用半发酵的凤凰单丛、福建岩茶、溪茶，这些均属青茶类。

工夫茶的冲法，总结之就是"高冲低筛，刮沫淋盖"。工夫茶重在品味鉴赏，从选茶、备器、煮水、冲泡，到斟茶、品饮。给人印象最深的就是，主人将杯子并围在一起，壶中茶汤轮流注入杯中，每杯先倒一半，再轮流逐渐加至八成，如壶水正好斟完，便是恰到好处。轮流逐渐斟茶，是为了使每杯茶汤都气味均匀。这种斟法，美其名曰"关公巡城"。行茶时，应先斟边缘，而后集中于杯子中间，壶底最后浓汁要均匀地点点滴滴分入各杯，这一过程便是"韩信点兵"。

最后是品茶。先闻香味，再看茶汤颜色，之后才是品味道。一杯茶分为三口品完，香味从舌尖逐渐向喉咙扩散，最后一饮而尽，可谓畅快淋漓。这就是品工夫茶的三个境界："芳香溢齿颊，甘泽润喉咙，神明凌霄汉。"

在中国，没有哪座城市像潮州这样与茶如此相融。茶，已然是潮州的一个城市符号。这里上至达官商贾，下至庶民百姓都爱茶，喝工夫茶虽是潮人一件最寻常不过的事，但它已超越单纯的喝茶本身，它是一次家庭团聚、一条待客纽带、一种生活方式，更是潮人精神与灵魂的象征。正如一个潮州人所说：小时候，对工夫茶很迷恋；上学了，才发现迷恋的其实是泡茶时点的小小煤油灯，那是家的温暖；成年了，泡茶早已用不着点灯，但依然喜欢与家人围坐喝茶。原来，它无关乎茶的品质，而关乎那煤油灯曾经的温暖。

潮州特产膀饼和腐乳饼，在潮汕称为"茶配"

03

潮州菜，『从头甜到尾』

潮菜以擅长烹制海鲜见长，这是因为潮州地区濒临
南海，所产海鲜特别丰富

中国人以会吃闻名，真正的美食，必须是色、香、味俱全，还要搭配恰当、讲究营养。《舌尖上的中国》引发"吃货"效应，让无数"吃货"竞折腰，若问世上什么最好吃，答案肯定千差万别，因人而异。对一个饥肠辘辘的人来说，一块干巴巴的芋头、一碗最普通的白粥就是美食；在一个天天以珍馐美馔为食的人眼里，粗茶淡饭亦是美食。

关于美食的另一种诠释，就是人文情怀。"月是故乡明，水是家乡甜"，人的成长环境会影响其一生，在吃方面也是如此。离开家乡多年，念念不忘的那一口，还是家乡的风味，每每想起，总免不了馋涎欲滴。念家的潮汕人不管走到哪里，总是保持着故乡的饮食习惯，也将潮州菜带到世界各地。

很多人对潮州菜的初始印象来自"潮州打冷"，这是以熟制凉菜为主的大排档饮食，它的平民路线与高档酒楼精细昂贵的潮州菜很不同，但这最浓郁的"乡味"，最受旅外潮人的喜爱。打冷的"打"，实为"吃"解，它由来极古，在宋元小说里常有"打尖"或"打店"的说法，是指在旅途中到餐馆去吃饭，如果光顾的是潮州大排档，便是"打冷"了。潮州打冷以上菜速度快著称，最出名的菜式便是各类"鱼饭"。鲜鱼用盐水煮熟，轻轻卤一下，再摆好冻起来，吃的时候蘸豆瓣酱。鱼饭——以鱼当饭，鱼居然上升到与米同等重要的地位，可见鱼在潮人生活中有着特殊且奇妙的地位。除了那哥鱼、巴浪鱼、灰仙鱼等鱼饭，卤鹅、卤鸭、卤猪肉、卤蛋、卤豆干等各式卤水也是一大特色。至于腌虾蛄、腌蚬、腌蟹以及麻叶等，更是不可缺少的地道潮味美食。

潮州菜有着极久远的渊源，上溯汉唐，受中原烹饪影响而迅速发展。唐代韩愈莅潮时，对潮菜赞叹不已，谓之"其余数十种，莫不可叹"。韩愈若能从盛唐穿越而来，一定想不到千年之后潮州菜已

在潮州有"无鹅不成席"的说法，卤水鹅在潮州家常菜中有着重要的地位

从市井走向厅堂，成为中国的高档菜系。潮州菜在明末清初进入鼎盛，其时府城内名店林立、名师辈出、名菜纷呈。及至近代，由于潮籍华侨的往来，潮州菜博采海内外名食之精华，菜式更加丰富多彩，质量精益求精。时至今日，潮州菜已成为极具岭南文化特色、驰名海内外的中华名菜。

位处亚热带的潮州，河汊如网，池沼如星，东南濒海，水产丰富。潮州菜有别其他菜系之处，正是以烹制海鲜见长。潮菜用鱼，咸水最重马鲛鲳，淡水常用乌草鱼，近年受港式潮菜影响，石斑、鳕鱼也常见于宴席。由于选料考究，制作精细，潮菜海鲜入口美味，清而不淡，鲜而不腥，郁而不腻。潮汕土产贝类，可烹制出油泡螺片、清蒸带子、香煎蚝烙、鹅掌炆鲍鱼等潮菜佳品。

潮州菜向来以精致的素菜闻名，对蔬菜果品粗料细做，清淡鲜美、营养丰富，如护国菜、马蹄泥、厚菇芥菜、糖烧地瓜等，皆为美食家所称道。其中以番薯叶为原料的"护国菜"，是潮菜的一道名品。此菜还有一段传说：南宋末年，宋帝赵昺为元兵所逼，由福建入潮，奔波困顿夜宿山寺。僧人见宋帝疲乏饥渴，却苦于小寺无物可饷，只好以番薯叶做了羹汤献上，谁料落魄的小皇帝食后赞不绝口，并赐名"护国菜"。传说归传说，此菜实为潮州家常菜演变而来。

潮州菜之所以享有盛名，不仅在于用料丰富，还在于制作精妙，加工方式依原料特点而多样化，有煎、炒、烹、炸、焖、炖、烤、焗、卤、熏、扣、泡、滚、拌等，而且刀工讲究。不同菜式，配以不同酱碟，一菜一碟，咸甜酸辣，各有讲究。潮州筵席自成一格，大席喜用十二道菜，其中咸甜点心各一道，喜席必有头尾两甜菜，称为"头尾甜"。

如果说潮菜风味都是清淡鲜美，也不尽然。潮州菜里，也有浓香特色的菜肴，最出名的便是沙茶牛肉和卤水鹅了。沙茶酱是一种本土化了的舶来品，辛辣而有浓香，以之作为牛肉火锅与沙茶炒牛肉的佐料，究竟有多好吃，只有吃过才知道。卤水鹅也是潮汕独特的佳肴，潮汕产大鹅，乡村里还有赛大鹅的习俗，卤水鹅未见于其他地方菜系，其独特的风味，全靠传统卤制方法。中国人很早就使用香料，把鹅放到卤汤中文火慢煮，肯定比只用香料

生腌蟹的蟹膏，经过腌制变成枣红色，入口那一刹，凝胶似的蟹膏、啫喱般的蟹肉，幼嫩无比

古法焗鲍，以姜葱与油、上汤焗熟，啖啖肉，口口香

擦拭鹅身要入味，从而形成潮菜卤鹅的浓香风味。

如今，潮州菜风靡世界，史学家兼报界元老唐振常先生精于美食，他在《饔飧集》里以席上有无工夫茶来判定潮州菜馆是否正宗。地道的潮州菜，在客人入座后、宴席中间和结束之前，要上四五道茶，这是潮菜一大特色。菜系或帮口，说到底还是一种乡土文化。所谓一方水土养一方人，潮州菜之所以能在中国饮食文化中独树一帜，与各大帮系菜肴比肩，为外地食家认可、喜欢，潮州商人所起的作用不可忽视。潮商在历史上是仅次于徽商和晋商的著名商帮，足迹遍及大江南北和东南亚国家，因而潮州帮口很早就已蜚声海内外。正是源远流长的潮菜，才使潮州帮口显示出强烈的超区域性和顽强的生命力。在很多情况下，潮人虽然身在异国他乡，又缺乏潮汕的物产调料，但通过饮食文化这根红线，潮州菜最终还是得到了维系和弘扬。

鼠曲粿和甘筒粿

在广东潮汕、福建、海南、台湾等地区的方言中，粿是糕饼点心类小食的总称，在海南和客家人居住区，也称作"粄"。在潮汕地区，最常见的一种食品叫作粿条，做法简便，入口爽滑。不过还有一些粿类点心，模样精致，做法讲究，但市面上已不多见，只有在传统节日或祭祀时才会制作，比如鼠曲粿和甘筒粿。

做成"粿桃"模样的鼠曲粿

鼠曲粿

制粿使用的木制模具，俗称"粿印"

按照潮州民间传统，每年农历十二月二十四日至翌年元宵，家家户户都会制作鼠曲粿。鼠曲粿的原料取材于鼠曲草，又名鼠耳草。《辞源》上说："鼠曲草，草名。又名米曲、鼠耳、无心草、香芋，北人称为'茸母'，可入药。古时民间以三月三日取鼠曲草汁和粉，作龙舌料，食之可避时气。"由于鼠曲草与白头翁（毛茛科植物）形态相似，所以有些潮汕人称鼠曲草为白头翁，这种草长于冬季的农田及荒野中。

制作鼠曲粿，得从田间采集鼠耳草。采回后，选摘芯叶入锅熬煮，沥去涩水，放入石臼舂烂。再以糯米粉掺和，揉成团块，作为粿皮。将团块分成小块，捏成圆饼，中包粿馅。馅有咸、甜、双烹数种。甜馅由红豆或绿豆加糖制成豆沙；咸馅有糯米饭加香菇、肉丁、虾米、花生仁、香料等；双烹则一半是甜一半是咸。包制粿馅之后入木模压印，垫在蕉叶上入蒸笼蒸熟。

新鲜出炉的鼠曲粿造型美观，像一滴水滴，因为木模的底部刻有一个篆体的寿字，印出来线条优美流畅，颇具古韵，更带有浓厚的吉祥寓意。吃起来更是软香甜润，老少咸宜。

甘筒粿

甘筒粿是以马铃薯为馅料的一种潮州小吃，因为马铃薯在潮州话中称为甘筒，所以称之为甘筒粿。此种小吃最早出自潮州彩塘一带，那里盛产马铃薯，心灵手巧的当地百姓便以马铃薯为原材料，制作出了甘筒粿。

从造型上看，甘筒粿和鼠曲粿大同小异，这是因为它们的木模是通用的。在潮州的一些旅游景点，有许多商家会出售这种制粿的模，只是材料变成了塑料的，这和传统的木模相比，自然少了些许韵味。

甘筒粿的粿皮用雪粉制成，因而具有晶莹剔透的特点，在透明的粿皮下可看到小块的马铃薯、炸熟的去皮花生仁及鲜艳的红萝卜粒，吃进嘴里还有诱人的五香粉的香味，可谓是既养胃又养眼。放凉之后的甘筒粿表皮会变硬，因此将甘筒粿用油煎一下，表皮煎得金黄，吃起来口感更佳。

煎得金黄酥脆的甘筒粿

八宝素菜

　　潮州的八宝素菜虽是素菜，吃起来却有种荤菜的浓郁。它用莲子、香菇、干草菇、冬笋、发菜、大白菜、腐竹、栗子等八种食材，配以上汤精心烹制而成。这道菜历史悠久，最早可以追溯至唐宋年间。

　　几百年来，八宝素菜已演变成潮州的特色菜，然而这道菜究竟由谁发明，却没有明确的记载。只有一段传说，告诉了后人关于做这道菜的要领，那就是"素菜荤做"。

　　康熙年间，潮州府城开元寺举办斋菜厨艺大比试，参赛者均为在潮汕一带寺庙的主厨。在这次比试中，有烹制"八宝素菜"这项内容。来自意溪别峰寺的主厨十分聪明，他深谙"八宝素菜"是素菜，但素菜一定要荤做，也就是说以素菜为原料，用肉类去炆炖，将素和荤结合起来，味道便会浓郁无比，否则便清淡无味。但这次比试的场地是佛门净地，不能携带肉类食材，怎么办呢？这位厨子苦思良久，想出了一个办法。在比试的前一天，他在家中先用老母鸡、排骨、赤肉熬了一锅浓汤，然后把一条洗干净的毛巾放进锅中熬煮，再把毛巾晾干。第二天比试的时候，他把这条毛巾披在肩上，手提竹篮，篮中盛着莲子、香菇、冬笋、白菜等原料走向了开元寺。把门的和尚检查了他篮中的东西，没有发现肉类便放他进去。比赛时，当他烹制"八宝素菜"时，便把肩上的毛巾放进锅中熬煮片刻，让毛巾中的肉味融入锅中，结果这位厨子烹制的这道"八宝素菜"获得第一名。

用莲子、香菇、干草菇、冬笋、发菜、大白菜、腐竹、栗子等八种食材烹饪而成的"八宝素菜"

04

潮商，中国商帮的传奇

红头船是潮汕商人的象征，许多潮汕先辈为了生存和梦想，驾着红头船远渡重洋

这是一个被称为"东方犹太人"的商人群体。他们以敢闯敢拼、吃苦耐劳的精神和强大的凝聚力闻名海内外。他们五洲驰骋，四海纵横，在商海中演绎着一个又一个关于财富的神话。追寻他们的轨迹，我们看到的是一部商业文明的开拓史，是一幅自强不息的创业图腾。

潮商的出现，源于潮汕地区的地理环境。潮汕平原三面环山，一面向海，素有"省尾国角"之称。由于人多地少，生存环境艰难，潮汕人不得不从土地之外寻找别的生存方式。明正德年间，我国民间私人贸易兴起，自强不息的潮汕人抓住机遇，把生存之路延伸到了广阔的海洋。大批潮汕人通过海路涌向海外，从事贸易活动，他们闯南洋、走世界，形成了潮商网络广布天下的基本雏形。

到了清代，海禁解除，海上贸易进入了新的发展时期。在这一背景下，红头船在潮汕地区迅速发展，并成为潮汕商人的象征。成千上万艘红头船，承载着潮汕人的梦想，漂洋过海，潮水一般涌向世界各地。那漆成鲜艳红色的船头就像一把钥匙，开启了潮汕人的财富之门。不仅是潮汕商人以红头船

旧商铺永祥昌绸缎咩羽疋头

作为自己的标志，整个中国沿海以及东南亚地区，都以红头船作为潮商标志。

红头船的发展，标志着潮商的发展进入了一个崭新阶段。潮州商人不断走向成熟，形成了海内外闻名的以红头船为标志的商帮，无数红头船商人活跃在中国沿海口岸以及东南亚地区，建立了以潮商为主体的中国近海以及与东南亚的贸易圈。红头船是潮州商人群体意识觉醒的象征，它揭开了潮商在商业史中辉煌的序幕，也奠定了潮商的历史地位。到了近代，潮商更是闻名天下，尤其是改革开放之后，潮汕商人活跃在世界商圈成为世界华人圈最具财富影响力与创造力的族群。潮商所取得的辉煌，促使潮汕地区成为近代中国商业文化的策源地之一。

文化是社会向前发展的根本，人类商业活动的历史实践表明，商业持久发展的根基在于文化的积淀。一个商帮的文化特征，决定着其发展的空间与持续性。潮商成功的原因，正是在于其独特的文化。

潮商文化具有鲜明的海洋文明特色，古代潮商从渔业转向海外商业的过程，是以海洋为平台来完成的。海洋文明对潮商性格的形成，起着决定性的作用。他们经年出海航行，冒着生命危险，在汪洋大海中长途跋涉，为了梦想和财富，不惜历尽艰难险阻。海上航行的风险与海外贸易的巨大利润，养成了潮商"走死地如鹜"的冒险精神。这是潮商文化的核心，也是潮商能够与时俱进、历久不衰的

内在因素。海洋的多变性，造就了潮商文化的自我更新与演变能力，从古代潮商到现代潮商，无论时代如何更替，无论经济环境如何嬗变，潮商文化始终具有蓬勃的生命力。

潮商文化重视信用，这是一种重要的商业精神。潮人向海外移民以生活所迫者居多，其数量约占70%。他们到达目的地后，首要的事情就是与父母妻儿取得联系，并寄钱回乡赡养亲属，或买田建屋，以期叶落归根，光宗耀祖。但早期南洋各国金融邮讯机构尚未建立，或极不完善，所以他们便通过"水客""客头"和稍后发展起来的侨批馆、侨批局等民间渠道，

"春盛"，"过番三件宝"之一。潮州人无论是拜祖、庆生，还是嫁娶、添丁，都少不了"春盛"来助兴

潮人把出国谋生叫"过番"，出去的人回来了就称为"番客"

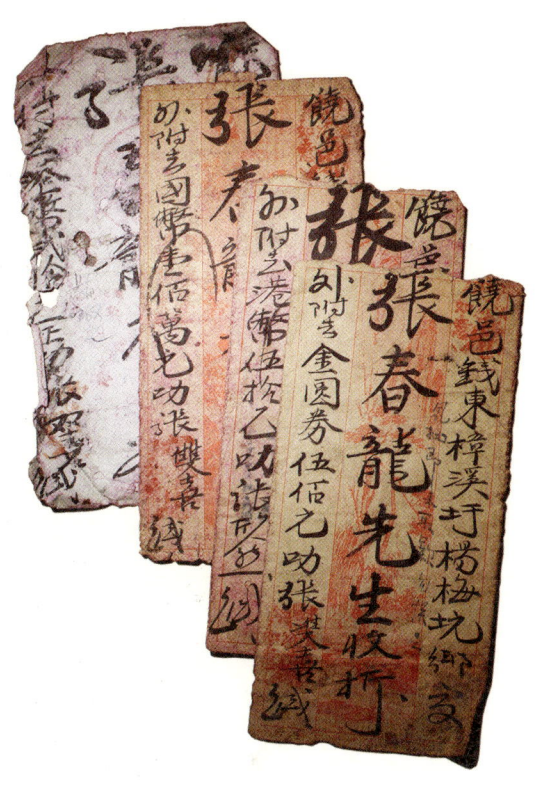

潮汕人下南洋谋生依靠"水客"递送家书

向家乡递寄家书或简单附言的汇款，统称侨批。这种具有独特文化色彩的侨批，充分体现了潮人浓郁的诚信精神，是潮汕人讲诚信最有力的历史见证之一。

此外，潮商文化中还有凝聚力强、知恩图报、精明能干等特点，这些都是潮商精神不可或缺的内涵。所有这些特点，都是伴随着潮商事业的发展，在不同阶段不同程度地展示出来的特征。比如凝聚力强，主要是通过商会等社团的形成来展示的，是潮商业有所成之后的事。再如知恩图报，主要应体现在回馈社会，一般来说，非有一定财力断不能为。至于精明能干、诚实守信，则应是从商者的共有特质和品格，并非潮商所独具。总之，勇于蹈险履艰，善于开拓进取，才是潮商成功最深刻的精神内涵。这一精神内涵，既是数百载潮商传统精神的传承，也是海洋文化波光霞彩的映现。

现代的潮商，已经脱离了旧的贸易圈与行业，走向更大的国际市场。他们将传统的潮商文化与国际商业文化相融合，以更理性、更开放的商业心理参与国际商业竞争，从而成长为既有国际性又有独特地域特色的现代商人群体。那些跻身于富豪榜上的潮商名字，那些遍布于海内外的潮州会馆、商会，就像一面面耀眼的旗帜，向世界展示了这一群低调的"东方犹太人"所具有的实力。

05

潮州古城

海滨邹鲁

　　潮州古城，是潮州历代县、郡、州、路、府的治所。潮州的历史文化在此烙下深深印记，这是一个凝结海内外潮人认同感的文化图腾。幸存的城墙，是曾盛极一时的农业文明的城市象征，在现代化进程中，它被席卷而来的工业文明大潮冲击着。保护潮州古城，是对城市现代化的觉悟，也是对城市记忆和本真的寻找。

广济门城楼

上水门为潮州四大城门之一

乡情的图腾

古城墙围合下的府城，历来是潮州府的核心。它地势偏低，东临浩瀚的韩江，位处丰沛的水系中心，水运发达，既有利于防守也适合生活。经过一代代人的经营，深得中国古典建筑的精髓，形成了完备的府城格局。在漫长的建城史上，轴线是大多数中外名城都采纳的建城方式，它就像城市骨架的脊梁，保持着城市的秩序和气度，延续着城市的历史和精神。潮州人更是对轴线情有独钟，太平路就是一条南北轴线，在轴线的规制下，府城的街巷以此展开，构成左右匀称的棋盘式格局。潮州的古城墙向来为游客所青睐，他们就像乘坐时光机一样，在此体会已被工业车轮碾碎的历史印记。

历尽沧桑的潮州古城，如今仅存东边绵延八华里的城墙，那些焕发着历史厚重感的青砖，见证着千年潮州古城的兴衰。面对奔流不息的韩江水，有四座城楼巍然屹立：上水门、竹木门、广济门、下水门，这些恢宏的仿古建筑，在努力牵挽着一丝老潮州的记忆，就如太平路上飘来的一曲潮韵、一缕茶香。

潮州古城始建于北宋，分子城和外城，城廓最初由泥土夯筑而成，至北宋中期已毁坏大半。宋仁宗皇祐五年（1053年），知州郑伸主持修筑子城，在金山上遗留下当年的《筑城记》碑刻。宋理宗端平元年（1234年），知州叶观主持兴建东城，这道城墙后来被称为"堤城"，从南宋修筑至今，经历数百年兵燹沧桑，几经修复，其位置、墙体结构、门楼雉堞基本保持原样。

韩江城墙与护堤路

【血与火的洗礼】

上水门是"堤城"南、北两段的分界线。上水门至金山麓原是子城东墙，为北段，宋初兴建时为土城，南宋绍兴十四年（1144年）重修时在外墙砌石。上水门至东、南城墙衔接处为南段，是外城的东墙，端平元年（1234年）兴建时，仅在外墙砌石，而内里夯土，是土石兼半的混合体。

明洪武元年(1368年)，朱元璋统一中国，派遣行伍出身的俞良辅接管潮州。两年后，俞良辅在宋代城垣的基础上再度修城。这次重修，将城墙内外皆砌以石，高厚坚实，各门外筑瓮城，皆屋其上。全城共建有敌台44座，窝铺67间，雉堞2932个，七座城门均有门楼，东、南、西、北各门还有月城捍卫隐蔽，可谓固若金汤。敌台、窝铺和月城，都是宋城未曾提及的新设置。潮州外八景之一的"北阁佛灯"，位于城北金山下，古城墙在此揽绕金山，亭台楼阁高低错落，雄伟壮观。北阁始辟于宋，历经兴废，到明代已颇具规模。在山腰绕过古城墙前的叠翠亭，拾级而上，穿玄天门便可登上金山。临江远眺，滔滔韩江水滚滚东去，白帆点点，霞光万丈，日夜奔腾，似乎在诉说着古城的英雄往事。

南宋景炎二年（1277年），元军血洗漳州，挥师汾水关，锋芒直指粤东。摧锋寨正将马发坚壁清野，坚持抗击来势汹汹的草原铁骑。马发亲临凤凰山请畲族首领协力抗元，百丈浦一战，大挫元军。元军主帅增兵进攻，并遣马发之父马骥招降，遭拒绝。不可一世的征南元帅唆都无奈望"潮"兴叹，绕道海路先吞惠州、广州。次年春，元军卷土重来。马发誓与潮州孤城共存亡，据《元史》载：

潮人在城北建北阁，供奉北帝，故称"玄天阁"。"北阁佛灯"为潮州外八景之一

清初，海德和尚与居士钟万成建普同塔超度被清军屠杀者的亡灵

"发守城益备，唆都塞堑填壕，造云梯鹅车，日夜急攻……"马发密派人接近敌营，焚毁攻城之器。唆都连攻"二十余日不能下"，许以爵禄励先登城者。南门巡检黄虎子与陈懿通，潜为内应。夜半，元兵鼓噪突入城关，马发指挥巷战，退守金山，力保子城。后元军炮轰子城，马发掩护百姓由韩江撤走，全家殉节。"攻潮州，破之……广东遂平"，由此可见，马发率潮州百姓所守的乃南粤大地最后的一座城池，其英勇卓绝，非同凡响。

历史有时候惊人地相似，清顺治十年（1653年），已降清的潮州总兵郝尚久举兵反清。靖南王耿继茂统兵十万分两路急攻潮州，由于郝尚久部将王安邦开城接应清军，潮州城很快被攻陷。尚久寡不敌众，与子投井死，清军屠城三日，惨绝人寰。海德和尚及居士钟万成殓尸十万，于潮州西湖建"普同塔"。金山北阁于1989年发现一口大井，国学大师饶宗颐判断是郝氏父子投井之地。

从北阁沿古城墙往南走，最先到达的是上水门，这是潮州古城唯一尚存月城的城门。月城也称瓮城，建于城门之外，即是大城外的小城，用来屏蔽、掩护城门。瓮城城门通常与所保护的城门不在同一直线上，以防攻城槌等武器的攻击。但为了方便交通，上水门的瓮城经改造后，瓮门与城门基本同向。

上水门南边就是竹木门。几百年来，竹木门外这片堤岸一直是货物的集散码头，当时修复古城墙时，在竹木门以北约五十米墙基处挖出六块与古代商贸活动有关的清代石碑，碑文规定各商家要明码标价，违者严惩等内容。随着科技的发展，社会的进步，韩江水运日渐萧条，也使潮州城失去了粤东商贸中心的地位。站在古老的竹木门城楼上，韩江水仍然奔涌而来，滔滔而去，仍不难想象城外曾经百舸争流、万商云集的繁华景象。

一水接天 "韩江楼"

"广济楼"匾为康有为的入室弟子、女书法大家萧娴所书

位于城墙中段的广济门城楼，又称韩江楼，俗称东门楼，是古城规格最高、最宏伟壮丽的城楼。广济楼始建于明洪武三年（1370年），六百多年来，屡遭兵、火、雷电、地震之灾，历代均有不同程度的维修，民国二十年（1931年）重修，保留了明代的基本结构和装饰风格。

2002年9月，广济楼修复工程动工，至2004年1月告竣。设计者依据清代潮州古城图及画家笔下的广济楼风貌，参考城内遗留明代建筑再行设计，将老楼遗存的老构件按原位安装，充分体现"修旧如旧"原则。以潮州传统工艺技术装饰城楼梁柱细节，也参考了北京、西安等地古建筑中的民族特色。修复后的广济楼为仿宫殿式建筑，高三层，各层均为五开间，比民国时期的原楼高出六米，宽度也有所增加。在重修过程中，在城门地下挖出据传为明代知府王源所书的"广济门"匾额，原匾嵌于城门内侧，外侧城门上则为原匾放大的仿制匾额。"广济楼"匾为康有为的入室弟子、女书法大家萧娴所书，"东为万春"则为国学大师饶宗颐重书，"岭东首邑"出自书坛巨擘刘炳森的手笔。登上广济城楼，惊讶于城墙墙体保存之完整，墙砖表面依然光洁，砖体的棱角还很分明，剥蚀脱落的痕迹不严重，充分显示出当年潮州先民高超的烧砖技术。在粤东地区，如此宏伟、如此完整的明代城墙实为罕见。

城门外侧的"岭东首邑"匾出自书坛巨擘刘炳森的手笔

城门内侧的"广济门"匾额，为明代知府王源所书，民国重修时在城门地下挖得

城门里的风物

位于下水门城脚的饶宗颐学术馆

韩江历来常闹洪灾，东面城墙除了御敌，还承担着防洪功能，明代之后东城墙又称为"城堤"，表明其功能已从军事作用逐渐演变成兼顾防洪。广济门内有座天后宫，始建于元世祖至元二十五年（1288年），其历史比广济楼还早，据史料记载，此宫与元军攻下潮州后元世祖忽必烈册封林默娘为"护国明著天妃"有关。明、清两代每年州府都会组织大型祭祀，是潮州郡城唯一春秋两祭的天后宫。东门天后宫由于太靠近东门城楼，挡住防洪通道，在后来城墙修复中，被移到原址北面重新建造。新建的天后宫面积更大，但没保留《潮州府志》所载的两层木结构，只保留清乾隆年间的匾额和前壁十二幅石雕，宫前增加两根石雕龙柱，宫顶饰以潮州嵌瓷工艺，华丽壮观。潮州信仰妈祖的人众多，形成了颇具地方特色的祭祀文化，妈祖信仰也就成为连接乡情、团结友爱的桥梁与纽带。

下水门城脚，有一座被誉为"翰墨书香"的饶宗颐学术馆。馆内有假山、亭子、喷泉，有花草树木、小湖游鱼，除了了解潮汕文化，还是一个休息的好去处。饶宗颐，1917年出生于潮州城的一个书香世家，从小聪颖好学，十六岁便续编《潮州艺文志》；二十岁参与编纂民国时期的《潮州志》，是主修者之一。在六十多年的学术生涯中笔耕不辍，涉猎敦煌学、甲骨学、词学、史学、目录学、楚辞学、考古（金石）学、书画艺术等。他懂八种文字，包括巴比伦古文和印度古梵文。潮州既诞生了商界巨子李嘉诚，又出了被誉为"南饶（宗颐）北季（羡林）"之"南饶"的学界泰斗饶宗颐，他们是潮州的骄傲。

下水门往南的滨江路，沿江绿化带非常吸引游人的眼球，绿树成荫，碧草连江，为炎夏增添了一丝凉意。旭日初升的早上，这里又是一派鸟语花香、和风丽日的景象，是晨运的好去处。夜色渐浓，亭台楼阁灯火璀璨。滨江文化长廊以其独特的古建筑景观与现代气色相映生辉，成了潮州市民夏夜休闲消暑、赏景娱乐的好去处。

曾经，潮州古城是封建文明的代表。现在，有人认为潮州在工业时代步伐缓慢，已经逐渐失去了过去的荣光，古老厚重的青砖建筑一度被轻视和抛弃。然而，古城不仅是潮州的标志，还承载了一个古老族群一千多年延续下来的生活。城墙可谓承载着一个城市的过往，见证着社会的变迁，已从一种防御性的建筑转变成一种带有东方式美学趣味和人文历史的景观。

下水门滨江路

千年潮州，古城十巷

潮州人以盖房子讲究而出名，从风水堪舆、破土动工、安门上梁、落成谢土到入伙居住，每个环节都有特别的风俗。民居是最能反映人文特征的建筑，说它是记忆民俗的"存储器"是最恰当不过的。

粤东闽南一带自古流传着一句俗语："潮州厝，皇宫起。"濒海的潮州，常年有台风之患。在等级森严的封建社会，民居是不允许像皇宫那样采用"硬山顶"以上的高贵建筑形式，屋顶连抹灰压脊都不敢，只能采用瓦片以阴阳盖的形式来挡风遮雨。直到北宋，宋英宗将大女儿德安公主嫁给潮州的许珏，在古城北门以宫殿式的"硬山顶"建了一座富丽堂皇的"许驸马府"，这是潮州厝最早的"皇宫起"，但平民仍不能随便僭越。南宋礼部尚书王大宝受高宗重用，又与孝宗过从甚密，他向孝宗上奏闽粤久受风灾之苦，请求准予潮州民居抹灰压脊，效仿皇宫最低档次"硬山顶"建筑。此后，潮州世家大族争相兴建宫殿式庭院，平民百姓建房也抹灰压脊。

宋朝以后，潮州居民念念不忘世家大族的身份，传承了古代仕族重视门第的传统，宫殿式府第衍生出堪比京都帝王府的潮州厝。潮州厝以祠堂为中心，中心轴上依次是从厝巷和后包巷，这种体现宗法礼制的府第，融血缘宗亲和建筑布局于一体，造就了潮州人重宗法、重乡亲、重家庭的传统伦理观，以及富于凝聚力又勇于开拓的性格。相对地偏一隅的地理位置，使潮州得以把宗法根深蒂固地保留下来，从而出现了"京都帝王府，潮州百姓家"的普遍现象。

潮州古民居素来享有很高的声誉，潮州古城是其聚集之地，这里有中国保存最完好的潮州传统民

潮州古城格局严整有序，经纬分明。堪舆学和传统礼制是潮州传统建筑的凭借

居建筑群，在构成潮州古城框架的"猷灶义兴甲，家石辜郑庵"老街巷，随处可见明清风格的旧居老宅。星移斗转，人事皆非，然而古城十巷仍以其悠久而氤氲的韵味，表达着潮州人的思想观念与审美意识。中西合璧的建筑里，也依然透射出浓厚的儒雅之气。

潮州十大巷古时属仁贤坊。过去潮州古城分为七坊。坊，行政上相当于现在的街道办事处。以大街（太平路）为主轴线，东西各分布三坊，其中以大街西畔南段的仁贤坊尤为著名。因为古城有"东财西丁，北贵南富"之说，所以此十大巷又属于古城的"南富区"。十大巷由开元寺往南依次排开，相互平行，东通太平路，西达下西平路，巷长皆约为三百米，云集了众多潮州先贤的故居。

〔猷巷〕

猷巷古民居

猷巷，谐音"油巷"，因为巷中曾有多家榨油的作坊而得名，后来因为纪念明代名将俞大猷，而将"油"字改为"猷"。俞大猷是福建晋江人，因抗倭立下赫赫战功，与戚继光齐名。相传潮州开元寺在明朝嘉靖帝时，因俞大猷奏请才得以加封为"开元镇国禅寺"。

潮州俚语"做弦张长合"就源于猷巷，意思是驳斥对方装聋作哑或不专心听讲，"做弦"是潮语"为什么"的谐音。清光绪年间，猷巷里有一间著名弦铺"张长合"，店主张锡光擅于制作二胡、椰胡、秦琴。"做弦张长合"这句俚语使这家弦铺在潮州无人不知。

猷巷口1号是一户姓谢的人家，这里曾留下很多老潮州人的光影回忆。主人谢庭芳十八岁便远赴香港在一家相馆当学徒，他聪敏刻苦，三年后回潮州开创本地第一家影楼——凤城照相馆。1951年拆除太平路牌坊时，谢庭芳想到了为这些即将消失的古老建筑留下最后的影像，他凭着高超的摄影技术，带领一批员工不辞辛劳，为太平路一众牌坊留下宝贵的照片，为日后牌坊街的重修留下了设计依据。

猷巷内还有侨领庄静庵和书法家佃介眉的故居，两座老宅互为毗邻。佃介眉老先生学富五车，书画金石功力深厚，其隶书被誉为"集汉之大成"，曾得到郭沫若的赞赏。庄静庵是佃介眉的学生，他是香港潮安同乡会的创始人，1935年移居香港，其创始的中南钟表公司是香港钟表业的翘楚。

【 灶巷 】

灶巷在猷巷的南边，相传明初建巷时曾挖出古人熬盐的土灶多处，故为巷名。

灶巷20号林厝，主人林鸿材在清末以制作精美酱料出口而致富，这座宅子面积达六百余平方米，后门通猷巷，以工艺精湛而闻名，当年修建时由名师张鉴轩承包木雕装饰。巷中还有祭祀元朝封川（今封开）节度判官余英的余厝祠，他曾将1500亩田捐给开元寺。灶巷头原有"老和气社"消防队，为城内21支消防队之一，直至20世纪50年代，巷头南侧公铺内还摆有手摇消防车和竹壳笠，挂有堂服和白纸黑字的灯笼、水枪、尖底水桶。

灶巷民居

灶巷街景

灶巷20号宅院"大夫第"
是一座清末民初的民居

义井巷东侧巷口正对义井，义井巷由此而得名

【义井巷】

义井巷原名"佛道巷"，因东侧巷口正对着义井而得名。义井建于明永乐元年（1403年），至今保存完好。八角形井栏上"义井第一泉"五个阴刻大字浑朴遒劲，刻工细腻流畅。一块被青苔染绿的石碑立于南侧，这是清嘉庆二十三年（1818年）时任海阳知县的谢邦基所立。

关于"义井"的来历，其实有一段阴差阳错的典故。传说南宋祥兴元年（1278年），小皇帝赵昺逃难来到潮州城，在东门街大井边口渴想喝水，正苦于无桶可用时，井水却自动抬高到井沿，君臣掬手喝了个痛快，原来是井神获知，急忙来救驾。明成祖朱棣登基后获知这个故事，感慨地说："井也知君臣之义。"于是派了个钦差来潮州，想封东门街的大井为"义井"，谁知办事的钦差竟分不清东西南北，见到现在义井巷口的这个井，就急匆匆封其为"义井"，从此"佛道巷"也因义井易了名。

义井巷最显眼的建筑当属中段偏西的"皇宫厝"，这是当年潮州著名的百货大王"吴祥记"老板吴雪熏的宅子，为吴氏长子吴锡钊于1946年以黄金二千两建成。宅子为仿古宫殿式三进厅堂，其后墙一直通到兴宁巷北畔。吴雪熏幼年家境贫寒，没有读过书，起初在开元街头摆卖纸扇，1919年在大街利源街口开创"吴祥记"百货店，后来生意兴隆扩建为大型商场，分店开到上海、广州、香港、汕头和厦门。吴雪熏以诚信创业，从地摊小店起步，发展成民国时期执商业牛耳的跨省大户，堪称商界成功的典范。

吴宅，民国时期潮州著名百货大王吴雪熏的宅子

【 兴宁巷 】

兴宁巷20号"观察第"是潮州百年商号"朱昆记"创始人的宅第

　　义井巷南边的兴宁巷，因取"兴旺安宁"之意而得名。有人以为此巷与梅州的兴宁有关系，其实兴宁巷早在明初就存在，而兴宁县在清代以前称齐昌县，两者并无瓜葛，只是名字上的巧合而已。

　　兴宁巷24号，一扇八卦门金漆褪尽，露出褐色原木，这是一座很有年头的老宅院。从守院老人口中得知这是潮州老字号"裕丰糖行"掌柜袁镜波的老厝，房子仍保留着1927年重修的样貌。清朝时潮州糖业十分发达，整个潮州城大大小小共有糖行四十多家，袁氏是糖商大户，也是本地糖业公会会长，事业做大了，便买了这座大宅进行翻新扩建。从宽敞的天井、精致的石柱、古朴的栏杆可以一窥昔日的繁华，这里的一砖一瓦都记载着主人弄潮商海的传奇人生。宅院不仅古朴大气，而且院内对防

盗与逃生的设计考虑得十分周全，在通往院落最后一进有两处木闩封住的小门，坚硬木闩足有成人手臂般粗，如果院内的人不抽掉木闩，外人是无法进入的。通过小门后，右侧建有一火灶，左侧挖有一口水井，而在屋子两侧还有直通后门的火巷。据陈氏后人讲述，这两条火巷在古时是两条逃生通道，万一前门起火或突生变故，家眷可以通过这两条火巷逃出后门。

　　兴宁巷20号是一座名气很大的老宅子"观察第"，这是潮州百年商号"朱昆记"创始人的宅第。据朱氏后人介绍，清乾隆四十年（1775年），南宋著名理学家朱熹第十七代孙朱在浩在东门街28号开设"昆记号布坊"，经过几代人的经营成为潮州最大商号。同治、光绪年间分号遍布京津沪，

产品远销港台及东南亚，曾有"广州陈李济，潮州朱昆记"的美誉，其"模蓝布"是清廷专用布和达官显贵衣料之首选。朱昆记还涉足钱庄、茶叶、酒楼、铁路等领域。清末，朱昆记支持革命运动，多位朱氏子孙从黄埔军校毕业，为中国民主革命和民族独立做出了贡献。走出"慎怀堂"这五座相连的老宅，一条看似普通的小巷，承载了多少值得追忆的往事啊！

兴宁巷38号松园，门上刻字为晚清书法家陈景仁题写

工艺讲究、造型独特的木门

甲第巷"资政第"内景

【 甲第巷 】

甲第巷寓意"甲等府第",与科举其实无关。

青石路面,鱼鳞瓦顶,精工细琢的门楼,仿佛踏入另一个时空。甲第巷里的多数府宅都门庭开阔,正门上方嵌一块石匾,或是姓氏郡望,或是身份象征。"宗圣世家"是曾姓人家,"济阳旧家"姓蔡,"高阳旧家"为许氏。最气派的一座当属16号建筑,即现在的民居文化展览馆,大门上的"资政第"石匾,门楼肚的清代文人书画,左右偏门的"履中""积正"匾额,照壁的麒麟浮雕,无不彰显着主人尊崇的地位。

走进老宅子,惊叹于橡梁上精美的金漆木雕能保存得如此完好,这在潮州古民居中相当罕见,从奢华富丽的气息可以一窥主人的财力有多么雄厚。"破四旧"期间,这些木雕漆画、匾额石刻被主人用石灰糊了起来,得以幸存。"资政第"过去是蔡氏家祠,是清末典型的潮州民居,如今辟为展馆,成为了解古城历史文化的窗口之一。甲第巷口原有"贞门千古坊",是为余旭明之妻陈氏而建的,于1924年拓宽太平路时被拆除。

"济阳旧家"为蔡姓人家的宅第

甲第巷16号"资政第"是巷中最气派的建筑

"资政第"内的漆画

【家伙巷】

家伙巷，这里曾是作坊一条街，制作各行各业的工具，工具古时称"家伙"，家伙巷因此得名。

巷中有明代"兄弟进士"李思悦和李思寅的府第，潮州历史上曾出现过三对"兄弟进士"，但兄弟为同科举人，后来都中进士的，全国仅此一对。猷巷头的"台省褒封坊"就是为表彰李氏父子而建，由于李家兄弟官居要职，所以人见人畏，潮州有句俗话："唔北（不识）死 —— 去惹家伙巷李"，讽喻不清楚局势，不知死活。至于为何该坊不建于家伙巷头而建于猷巷头，是因为家伙巷头早在宋末已建有纪念王大宝的"秋台坊"。

家伙巷25号福寿庵，民国时已废，抗战前为义学，抗战胜利后改为"乐观戏院"。1951年原在大街状元亭巷的"安乐电影院"迁至福寿庵的旧址，建成竹篷结构的"群众电影院"，庵址后来改为二轻酱油厂的晒豆场。1992年在开元寺住持释慧源等人的主持下，重修福寿庵。

家伙巷25号福寿庵

家伙巷18号李氏祖屋

李氏祖屋内陈旧的木门

【 石牌巷 】

　　石牌巷，相传宋代建巷时挖出无字大石牌而得名。东巷口有一新修的单门石坊，上书"石牌坊"三字。巷内有祭祀明人的叶厝祠，现为石牌小学。三进格局的李厝是闻名豪宅，至今保存完好。石牌巷过去曾有"孝德百岁坊"与"枫隍荣褒坊"两座石坊，都已尽毁，如今石牌巷口的"木天人瑞坊"是原址重修。

〔辜厝巷〕

辜厝巷，因辜朝荐故居而得名。辜朝荐为明代潮州后八贤之一。明天启四年（1624年）中举人，崇祯元年（1628年）登进士。崇祯十二年（1639年），督催三楚练兵军饷120余万两，不到四个月就完成任务，因功受赐御宴七次。崇祯十七年（1644年），督四省粮饷，值李自成攻入北京，闻变痛哭归家。清顺治三年（1646年），永历帝在肇庆即位，授其为太常寺少卿，但他却往厦门投奔郑成功。永历十五年（1661年），郑成功东征台湾，朝荐留守厦门，于郑成功死后渡台，扶助郑经，在台南六年。

辜厝巷口原有"徽流彤管坊"及"玉洁冰清坊"两座贞节旌表坊，都在"文革"前铺水泥路时被拆除了。旧时巷中的诚安善堂以施医赠药而闻名海内外，善举对贫病人家如雪中送炭。诚安善堂还有义务消防队，负责南堤的防洪巡堤工作，韩江水位上涨时就派员轮流守望。新中国成立后，国内的潮州善堂被陆续取缔，直到20世纪80年代，在海外善堂的帮助下，才得以恢复与发展，在社会保障与救贫济世方面扮演着十分重要的角色。

辜厝巷民居

深巷里隐藏着最地道的潮州小吃

郑厝巷

【 郑厝巷 】

各地的"城关镇"都有共同渊源：古代县城军事设施叫镇，其关卡名为城关，城关镇是全县第一镇

郑厝巷以祠为名，潮州郑氏为本地望族，明朝时又曾出过一对兄弟进士：兄郑安于明景泰五年（1454年）登进士，授监察御史，纠弹不避权要；弟郑寓于成化十七年（1481年）中进士。后人于明景泰年间在开元街口为其建"两京科道坊"。其祖先郑崇在明永乐年间任大理寺评事，后人于明嘉靖时在辜厝巷头建"大理司平坊"纪念他。

郑厝巷头原来也有一座"旌表节孝"小牌坊，因陈谅妻潘氏而建。潘氏是明嘉靖八年(1529年)进士潘大宾之女。此坊1924年拓宽太平路时被拆除。郑厝巷对面有"四目井"，原名古树井，因旁有古树而名，又因四目井栏呈八角形，井面石上有4个井孔，故俗称"四目井"。传说此井是北宋潮州知州彭延年倡挖，宋仁宗皇祐四年（1052年），广源州侬智高反宋，兵迫潮州，大理少卿彭延年谪潮，特命全城挖井36口供军民汲用，四目井便是其中之一。

郑厝巷的照壁，门不相对宅不互扰，有隐蔽视线、减弱撞碰的效果，起到保护隐私和追求宁静的作用

［庵巷］

庵巷因明代以前巷内有啸雪庵而得名。清顺治九年（1652年），潮州总兵郝尚久反清，事败之后清军屠城。追随郑成功的名臣辜朝荐，其女辜藻凤能诗善文，在兵乱时居于啸雪庵内，因不想受辱而上吊身亡，啸雪庵亦毁于屠城的兵燹中。

庵巷西北与郑厝巷相连的地方，有一座被称为"波罗房"的宅子，在清代是潮州最著名的园林，相传为明末富商翁陶峰所建。"波罗"非水果"菠萝"，而是一种剑麻，所织的布以白色为上品，制衣经久耐用。传说翁陶峰是潮州后七贤之一翁万达的后代，以经营剑麻布致富，称"六桂堂"，1924年曾出资重修大街东门头的"少司马坊"。

庵巷头原有一间著名当铺"怡兴按"，清末时坐拥五六万两银子的雄资，由于经营稳定，又有典当之物为押，当局甚至允许其自行印刷一元面额的钞票供市面通用。

走出庵巷返回太平路，就是古潮州南门，从开元寺一路走来，穿过"猷灶义兴甲，家石辜郑庵"这十条古巷，瞬间便被这里安宁沉郁的气氛所感染。这片历经宋、元、明、清近千年历史的老街区，所蕴含的博大文化早已渗透在每一个角落里。潮州古城北依金山，东临韩水，城内按传统的职业分区，是为"东财西丁，南富北贵"。古城的北面是历代府衙县署、学宫城隍所在的地方，位居全城上方，处于统领的位置；南面多为豪富宅院，从十大古巷的建筑规模便可一窥当年之繁盛；东面临江，水陆交通便利，商贾云集，是闽、赣经水路贸易之地，这里多为仓储、客栈、酒楼、妓馆；西面是作坊集聚之地，而工匠多为男性，故属丁，如今西城区尚存铁巷、打银街、裱画街、胶柏巷、竹篾街等巷名，可想象当年古城西片工匠云集的情景。动静分明、功能齐全的城市分区便如此形成了。

庵巷民居

　　潮州十大古巷可谓名人云集、豪宅林立，这些宅第是潮州历史民居的一个缩影。"家有千金，必构书斋，雕梁画栋，缀以池台竹树"，这是潮州传统建筑的一大特色，"书斋""花园"的作用寓于教育与环境两个方面。自韩昌黎刺潮之后，潮汕之民风突变，好学成风，北宋名臣王大宝曾有"地瘦栽松柏、家贫子读书"的总结。及至明清，潮州的经济增长促使了文教的发展，儒家文化渗透到下层社会，追远报本、荣宗耀祖的理念普遍为潮汕人接受。民居设书斋足见潮州人尚学的精神主流。至于花园，却是先民追求好的生活环境、好的生活质量的体现。在花园种上芳草嘉木、叠石理水，这些使民居处在一个幽美的近乎自然的环境之中，以获得宁静和谐的生活氛围。

十里牌坊街，
悠悠潮州事

　　近两公里长的太平路，是潮州古城的中轴线，它像脊梁般撑起这座"活着的古城"。漫步太平街，恍若走进幽深的历史长廊，一幅生动的潮州历史民俗风情画卷就在眼前渐次展开。这条历史悠久的老街，其牌坊数量之多，密度之大，堪称世界第一。据已知的历史文献记载，明清两代潮州城建坊之风极盛，不到两公里的太平路就有近四十座，可谓世所罕见。

　　太平路在民国之前叫"大街"，现在地道的潮州人还是习惯叫这条路为大街。太平路的基本格局形成于北宋，定型于元明，一直是潮州古城的交通要道和商贸中心。历经岁月洗涤，太平路留下众多弥足珍贵的历史遗迹。鳞次栉比的牌坊群、遮阳挡雨的风雨骑楼、颇具规模的古民居、古韵犹存的府第建筑、异彩纷呈的祠堂庙宇、遍布街巷的古井，以及气势恢宏的城门，它们与广济桥一道构成了潮州古城的历史记忆。宋室南逃、元兵屠城、戚俞剿倭、郑氏攻潮、清军屠城、潮州开埠、丁未起义……那些镶嵌在青砖里的历史风云，浸润在石板路上的寻常生活，穿越时空扑面而来。

　　20世纪20年代，军阀洪兆麟占据潮州，开辟马路时，在大街北端近上水门街口左侧掘出一块约一人高、近三尺宽的石碑，其中阳刻"太平"两个大字，碑左下侧有"致和元年"字样。致和是元朝泰定帝的年号，是年为公元1328年，可证这是六百年前的遗物。洪兆麟乃于大街北端修筑一座三级圆台，竖碑其上称为百花台，并将"大街"易名为"太平路"。原大街左右两侧纵贯南北的长街"东堤"和"西街"，也一并改名为"东平路"和"西平路"。军阀盘踞时期的太平

路并不太平，常发生乱兵抢劫事件。潮州解放前夕，百花台被连夜拆毁，太平碑不知所终，而太平路的路名则流传下来了。

　　太平路上林立的牌坊，潮州老百姓称之为"石亭"。作为华夏文化的重要象征，牌坊在周朝已存在，最初它只是门的称谓。到了唐代，城市采用里坊制，城内被纵横交错的棋盘式道路划分成若干块方形居民区，称为"坊"。坊是居民区的基本单位，坊与坊之间有墙相隔，坊墙中央设门通行。官府提倡伦理道德，把在节义、功德、科第方面有突

民国时期牌坊街的老照片

出成就者，书贴坊上旌表，称为"表闾"，于是牌坊多了纪念作用。到明朝改用石砌，加叠层楼饰以花纹。

历史上，潮州是粤东的政治、经济中心，达官名吏多集于此。宋代以后，潮州人才辈出，人文荟萃，仅明正德到崇祯年间，潮州考中进士者85人，中举的更多达568人。清乾隆一朝多开武举与恩科，考取功名的更是数不胜数。正是明清两代潮州士风、学风浓厚，牌坊如雨后春笋般遍地开花，除太平路的39座，其他街巷44座，其余散落在金山、韩山、湘子桥。此外，乡镇间尚有57座。潮州因此被喻为"牌坊城"。集中于太平路的牌坊，多为横跨路面的四柱三门，规模较大，鳞次栉比，风格独特，形成气势非凡的"牌坊街"。除不复存在的"宫保尚书坊"和"六贤坊"为木结构，"世旌节孝坊"和倒塌后重建的"秋台坊"为砖砌外，其余均为石坊。这些牌坊蕴含着丰富的内涵，坊上雕刻的各式图案花纹，皆有隐喻的含义。正如文有"文眼"诗有"诗眼"那样，牌坊亦有"坊眼"，那就是坊上所镌文辞，这是牌坊的画龙点睛之处，它说

十相留声坊是为纪念唐宋两朝十位莅临潮州府的宰相而建

明了牌坊为谁而建、为何而建、由谁所建、何时而建，这些文字蕴含着中国传统的人生理念和道德观。

在等级制度森严的封建社会，立牌坊是一件极隆重的事情，并非随便就可以立。按规定，凡进入国子监读书和获得举人以上功名者，经官府审批后，由官方出资建功名坊。至于立贞节牌坊、仁义慈善坊、功德坊者，要求更严格，须经地方官府核实后逐级呈报，最后由皇帝恩准方能建坊。营造规格也有严格的等级限制，比如只有帝王家庙、陵寝才可用"六柱五间十一楼"，一般臣民最多只能建"四柱三间七楼"。在明清时代，能获得皇帝降旨建造牌坊，不仅是对个人，甚至对整个家族及地方，都是至高无上的荣耀。

潮州古牌坊类型多样，有名臣坊、科举坊、贞节坊、赀封坊与名胜坊等，不足两千米的太平路上，几乎是每巷一亭，百步一坊，密集程度为全国罕见。最早的柱史坊建于明正德十二年（1517年），最晚的圣朝使相坊建于清乾隆五十年（1785年）。潮州人曾以"大街看亭字，桥顶吃炒面，登上东门楼，再入开元寺"为赏心乐事。

清末民初，具有南洋建筑风格的骑楼建筑引入广东，在此期间，太平路、东门街也渐次改造成骑楼式商业街，并与明清石牌坊共存，形成了独特的、具有浓郁地方特色的历史文化街区。

牌坊群历经兵燹之厄、自然风化，到清末民初已倒塌了一些。民国十二年（1923年）拓宽太平路，拆除了有安全隐患的16座牌坊。大规模的拆除发生在新中国成立以后。据《潮州古牌坊一九五○实录》记载，1949年10月潮州解放，府城内尚存古牌坊39座，其中太平路19座，义安路3座，其他街巷13座，金山、韩山4座。这些牌坊均已年久失修，出现松动和伤损。1950年12月17日下午，位于下水门街口的"百岁乡宾坊"突然倒塌，压死了路过的邮政工人许焕坤。两天后，潮安县城关镇首届人民代表会议召集各界人士讨论，决定拆除全城牌坊。1951年4月，全城除"岳伯""省郎""忠节"三坊外，共拆毁牌坊36座，而"岳伯""省郎"二坊在"文革"中也遭拆毁，只留下位于北马路二柱一门的"忠节坊"。所幸拆除前均留下照片并对坊刻文字作了记录。拆除后除少部分构件由有关单位予以收藏，大部已散失无踪。

1986年12月，潮州被列为国家历史文化名城，修复牌坊街被提上议事日程。但直到2004年随着"旅游旺市"政策出台才开始实际修复工作。经过两年的施工，2007年底重建工程告竣，同时对两侧骑楼进行了修复，并铺设石板路面。重建的23座古牌坊，以原址、原貌、原工艺为基本原则，恢复了古牌坊的历史面貌和艺术特色。

【 十相留声/太山北斗坊 】

　　环城南路与太平路交会处，过去曾是潮州古城南门之所在，进入太平路南端，就看见第一座牌坊，坊上"十相留声"四个大字赫然在目。这是为纪念唐宋两朝十位莅临潮州府的宰相而建，他们是唐代的常衮、李宗闵、李德裕、杨嗣复，宋代的陈尧佐、赵鼎、吴潜、文天祥、陆秀夫、张世杰。从最早的常衮于唐大历十四年（779年）被贬潮州，到宋景炎三年（1278年）文天祥转战潮州，唐代四相均谪居潮地，两宋六相有三位因贬赴潮，三位随亡宋而来。这些圣贤忠节之士，前赴后继地推动了潮州与中原的文化交融，促进了潮州闽越民俗的汉化。

　　十相留声坊原址在义安路，为明嘉靖十年（1531年）潮州知府丘其仁在府治前新街兴建，清乾隆二十六年（1761年）倒塌。如今新建的十相留声坊北额为"太山北斗"，下镌"唐潮州刺史韩愈"，太山北斗坊其实是潮州府治前另一座牌坊，即明万历十一年（1583年）潮州知府郭子章所建的太山北斗坊，书额的林大春，官不显赫但文名颇著，为人操守高洁，为官廉洁刚正，是潮州府最为著名的乡贤之一。太山北斗坊于1951年被拆除。

新建的十相留声/太山北斗坊北额"太山北斗"

大理司平/两浙都运坊

位于头亭巷口与辜厝巷头的大理司平坊，是为了纪念明代大理寺评事郑崇而建。因为是太平路南端的第一座牌坊，俗称"头亭"。"司平"是司务、评事的简称，指郑崇所任官职，南额"两浙都运"也是郑崇所任官名。郑崇是潮安鲲江乡人，明仁宗洪熙元年（1425年）殿试第一，初授大理寺评事，后擢升太仆寺丞，而后特升两浙都运使盐运同知。

据《明史》记载，郑崇任大理寺评事期间，适逢宁王朱权在南昌倚势鱼肉百姓，横征暴敛，致使民怨沸腾。郑崇奉钦差勘理，日夜兼程，微服私访，不避权贵，据实上疏，把藩虐扳倒。当地百姓感恩戴德，立庙奉祀。

朱权是明太祖朱元璋第十七子，深得父亲宠信，十五岁时就藩大宁（今辽宁省城一带），掌握强兵猛将，镇守北边军事要塞，防备元室卷土重来。朱元璋的儿子中，燕王朱棣以善战著称，宁王朱权以善谋著称。后来朱棣起兵发动"靖难之役"，邀宁王共同起事。朱权为朱棣起草檄文，朱棣向朱权许诺事成之后平分天下。但等朱棣当上皇帝后，却把对朱权的许诺忘得一干二净，仅将朱权移封南昌。朱权深知朱棣对他猜忌，只得"韬晦"度日，除鼓琴读书之外，便退而讲黄老之术，苟全性命。朱棣去世不久，明仁宗朱高炽刚继位时，宁王上书欲来朝，被拒绝。一年后朱高炽病逝，由朱瞻基继位，即明宣宗。明宣德三年（1428年），朱权又蠢蠢欲动，评论宗室不应定品级，宣宗大怒，郑崇即在此时受命审查宁王。

据清乾隆《潮州府志·坊表》："大理司平坊，在大街。为大理寺评事郑崇重建。"可知此坊因天灾或年久失修等原因，于明嘉靖十二年（1533年）重建。牌坊拆卸于1950年，且没有留下照片。2004年参考其他牌坊复建于头亭巷口南侧。

大理司平/两浙都运坊是太平路南端第一座牌坊，俗称"头亭"

大理司平/两浙都运坊是为纪念明代大理寺评事郑崇而建

〖 木天人瑞/玉署仙班坊 〗

木天人瑞/玉署仙班坊是为高龄翰林、享年103岁的刘起振而建

清朝初年，海阳田头（今潮州枫溪）有个读书人刘起振，一心走读书入仕的道路，但他竟花了七十年光阴，历经顺治、康熙、雍正、乾隆四代皇帝几十科期的考试。他在雍正十三年（1735年）中举人，乾隆元年（1736年）成第三甲进士，被点翰林，但这时他已八十八岁高龄。雍正二年（1724年），海阳人（今潮安县）邱轩昂三十三岁中进士，因为口吃，常曰三三，时有"八八翰林，三三进士"之俗语。刘起振中举前是多年的老童生，传说他赴京会试时怕因年老而被子孙阻止、人家取笑，于是先寄住在亲戚家里，偷偷托雇小船，天亮时留下家书登舟而去。中进士后刘起振在京不久便告老回乡，九十岁时又远赴京师，被升授翰林院检讨，后返乡。

乾隆十三年（1748年），广东巡抚岳浚奏上，为刘起振年百岁拨银建坊，再赐用缎四匹、银四十两。次年牌坊建成，为"四柱三门三叠"牌楼，楼下正中为行楷"恩荣"牌，两侧为双面通雕祥瑞动物石雕。中坊和花坊之间有精致石狮一对，二楼屋盖下为人物石雕。北额"木天人瑞"，南额"玉署仙班"。"木天""玉署"均为翰林院的别称。"仙班"借指朝班，"人瑞"指有德行或年寿特高者。

乾隆十六年（1751年），刘起振听说乾隆帝首次南巡江浙，竟赶到杭州迎驾，乾隆颇为感动，当即题诗一首赐之："翰林侍读刘起振，年百有三岁，自粤东来浙迎驾，诗以赐之。台背耸隆肩，来瞻跸路边。成名后梁灏，得寿似彭篯。人瑞今犹昔，传经后继前。越都无虑远，应是地行仙。"刘起振回乡特建"敕书楼"，以供陈此诗，但因年事已高，自杭州回潮后就逝世了，年一百有三岁。

原坊拆卸于1950年，新坊按原貌重建于石牌巷口。

秋台/榜眼坊

砖亭巷，因巷头的秋台/榜眼坊是座砖石所砌的牌坊而得名。秋台/榜眼坊是为纪念南宋王大宝而建。王大宝，潮州"前八贤"之一，海阳县汤头村（今潮安归湖）人，南宋建炎二年（1128年）中进士，以殿试第二成为宋代岭南唯一的榜眼，累官至礼部尚书，赐爵开国男。"其人刚正，忠实有余"，列宋史《直臣传》，一生坚持抗金，反对议和。秋台/榜眼坊的文字皆有特别含义。秋，主肃杀，古代指与律令刑狱有关之事，如司法、监察官员及官署为"秋宪"。台，古代中央政府的官署。王大宝曾监登闻鼓院，该院是受理百姓向皇帝控诉官员奏禀的司法机构，故坊匾题为"秋台"。坊的南额镌"榜眼"，表明王大宝的科举出身。宋朝的进士殿试，第一名为状元，第二、三名为榜眼，意为榜有两眼，到了明清，榜眼才专指第二名，而第三名则为探花。王大宝考中第二名，故坊匾书"榜眼"。秋台坊为明代追建，清代以后，此坊可谓命运多舛。清初毁于火灾，至道光八年（1828年）方重修。1918年潮州大地震，此坊亦未幸免。1924年由王氏裔孙重修，为四柱三间砖石结构，屋面为硬山顶，坊上置石狮一对，屋脊上置"双龙抢珠"，正楼下正中"恩荣"牌一面。旧坊于1950年拆卸。

秋台/榜眼坊是为纪念宋代岭南唯一的榜眼王大宝而建，南额镌"榜眼"

赐锦重光/貤封叠被坊

赐锦重光/貤封叠被坊为褒奖雍正甲辰科进士邱轩昂而建

赐锦重光/貤封叠被坊是清乾隆二十六年（1761年）为褒奖雍正甲辰科进士邱轩昂而建。邱轩昂，海阳县大和都麟坪乡（今属潮安凤塘）人，曾任河南巩县、直隶州深泽县知县。清代官员以自己所得封诰，请求移授亲族尊长，称貤封。《清会典》云："八、九品官貤封父母；四、五、六、七品官貤封祖父母；一、二、三品官貤封曾祖父母。"邱轩昂官阶七品，因此父亲及祖父得以貤封"文林郎"。赐锦重光/貤封叠被坊为四柱三间结构，坊额上为镂空石雕人物和一对石凤，坊额下为三幅人物故事，花坊有一对石狮。额枋承托石屋盖，坊正中有镌刻行楷"恩荣"二字的竖额花肚。古代牌坊分三等：御赐、恩荣、圣旨，"御赐"是皇帝下诏，国库拨银建造；"恩荣"是皇帝下诏，地方出资建造；"圣旨"则由地方申请，皇帝批准后由家族自己出资建造。旧坊于1950年拆卸，后按原貌重建于石狮巷口北侧。

吴楚重镇/四世大夫坊

林炳星，清海阳县城（今潮州市区）人。乾隆三年（1738年）武举人，七年（1742年）二甲武进士，授御前三等侍卫，诰授武功大夫，协江南安庆等处地方副将，曾任江南总督中军、湖北施南协、湖南衡州协、湖广督中军、署理湖北宜昌镇总兵。吴楚重镇指林炳星所镇守的地方。"四世大夫"缘于林炳星的曾祖林廷举、祖父林振光、父亲林锦万皆因其先后被清廷貤赠武义大夫（正三品）、武功大夫（从二品）。清乾隆四十八年（1783年）秋，潮州知府方应元、海阳知县邱学敏建坊褒奖林氏家族，当时林炳星尚在世。因其裔孙常于春节前将坊上红漆维护，故此坊俗称"红亭"。牌坊为四柱三门结构，三叠牌楼，坊上为一竖直花肚直接承托石屋盖。旧坊拆卸于1950年，今见为按原貌重建于甲第巷口南侧。

吴楚重镇/四世大夫坊是为褒奖镇守长江扼要的林炳星和林氏家族而建

大理少卿/经略边务坊

大理少卿/经略边务坊为表彰大理寺少卿吴一贯而建。吴一贯，海阳县上莆都（今属潮安彩塘镇水美村）人。明成化十七年（1481年）进士，为官勤慎廉能，晋升御史，在浙江福建任官，惩治贪官，肃清盗匪，均平徭役，政绩昭著，升为大理寺右丞。时河南饥馑，赈灾活民无数。经略边务时，上本陈策数万言，均见采纳。吴一贯为加强居庸关屏障，规划创建八达岭长城，史称天下九塞之一，为万里长城之精华。坊字不仅将吴氏重要官职标明，南北八个坊字更是点出他宦途的辉煌时期。

大理寺，官署名，掌刑狱案件审理，长官名大理寺少卿，位列九卿。

"大理少卿"眉枋镌"绣衣"。"绣衣"是"绣衣直指"的省称。汉武帝天汉二年（公元前99年）使光禄大夫范昆及曾任九卿的张德等，衣绣衣，持节虎，发兵镇压农民起义，并有权诛杀镇压起义不力的地方官员，因有此号。"绣衣"不是正式官名，表示受君主尊宠。"经略边务"眉枋镌"廉宪"，这是廉访、宪台的省称——"廉访"是按察使的尊称，"宪台"是御史台的别称。

牌坊为四柱三门结构，左右屋檐前置石狮一对，额坊之上为石刻月梁，上枋承托石盖屋面，正楼下有"恩荣"牌一块。原坊建于明嘉靖十二年（1533年），拆卸于1950年。今坊重建于义井巷口南侧。

大理少卿坊为表彰大理寺卿吴一贯而建

台省褒封/科甲济美坊

位于猷巷口的台省褒封/科甲济美坊，是为明代海阳鹳巢（今属潮安龙湖）两位姓李的父亲而建，以表彰他们培养儿子成栋梁之才。李大受，因儿子李春芳考取弘治十五年（1502年）进士，被赠封为御史。李一庄，因儿子李思悦高中嘉靖三十五年（1556年）进士，获赠封为郎中。李一庄还有个小儿子李思振，于万历十七年（1589年）也考取了进士。

李春芳是李一庄的大伯父，这两对同宗父子，诠释了父亲对儿子的责任，不仅仅是供养吃穿，还要好好教育。子因父贵，父为子荣，可谓是科举时代读书人的理想。通过科举，鹳巢李氏从一个乡村基层社会的普通家族，成为对当时潮州社会有很大影响的诗书望族。

台省褒封，"台省"是尚书省的别称，缘于汉朝称尚书台，是代表皇帝发布政令的中枢机关，后指政府的中央机构。坊字说明李大受、李一庄所封赠官职是由朝廷所褒奖封赏。科甲济美，"科甲"指科举出身，"济美"意思是在以前的基础上使美好的东西发扬光大。鹳巢李氏自李春芳起数代均由科举出身，是在地方产生了重要影响的科举家族。此坊拆卸于1950年之前，因没留下照片，重修时参考其它牌坊而复建。

台省褒封/科甲济美坊是为表彰明代海阳鹳巢人李大受、李春芳父子，以及李一庄、李思悦父子而兴建，南镌"科甲济美"

【两京科道/金榜联芳坊】

"明进士监察御史、陕西按察副使郑安，吏科给事中郑寓"，两京科道/金榜联芳坊额下所镌这行大字，表明这是为表彰郑氏兄弟而建的。郑安，明海阳（今潮州）人，登正统十二年（1447年）解元，景泰五年（1454年）进士，授河南御史，迁陕西按察副使。在明代十三道监察御史中，以河南道职掌最重，地位高于同僚。郑安任御史时"弹劾不避权要"，明宪宗即位，他上奏章言八事，多见采用。在平复番族驼龙侵扰事件中立了大功，并在"番族"出没地筑堡屯兵，据胜固守，使边境得以安宁；又亲率师征讨陕西土官满四叛乱，终将满四擒获。郑安居官二十年，两袖清风，家徒四壁。弟郑寓，成化十七年（1481年）进士，任吏科给事中。

"两京"，明永乐以后指北京顺天府与南京应天府。坊字"两京科道"，指郑安任京城师陕西按察副使（道台），郑寓任京都吏科给事中（给事中，御吏谓之科道），此额点明郑氏兄弟曾任的官职。坊北镌"金榜联芳"，"金榜"指科举殿试揭晓的榜，"联芳"指兄弟皆进士，这是家族的荣耀，一郡殊荣，垂芳后世。原坊建于明代中期，在太平路下水门街口北侧，拆卸于1950年之前。因为旧坊没留下照片，参考其他牌坊原址复建。

两京科道/金榜联芳坊是为表彰明进士郑氏兄弟而建，坊额南镌"两京科道"

【 侍御坊 】

潮州古城有条三家巷。传说是南宋末年，元军的铁骑踏到潮州城，因为遭到当地军民的抵抗，破城之后元军进行了血腥的屠城报复。当时全城的百姓几乎被杀光，只是因为需要有人去掩埋大量的尸体，最后留下这个小巷里三户人家的性命，让他们去做这件悲惨的事。三家巷由此而得名。

三家巷口南侧有座侍御坊，被纪念的人叫成子学，是明朝海阳（今潮安龙湖）人，嘉靖二十三年（1544年）进士，曾为河南道监察御史，奉使清理两淮盐政。唐代称殿中侍御史、监察御史为侍御，后世沿袭此称，所以称成子学为"侍御"。成子学曾官至苑马寺卿，这是为皇帝掌管舆马及牧马的职务，从三品，是皇帝的随从官。侍御坊原址就在三家巷口南畔，建于明嘉靖年间，为四柱三门四楼石坊，坊额上镌刻"圣旨"二字，说明此坊是由地方申请皇帝批准后，由家族出资兴建。旧坊拆卸于1950年，今按原貌原址重建。

侍御坊是为纪念明嘉靖进士成子学而建

诰敕重封/节镇三省坊是为明
代陈以贡、陈志颐父子而建

诰敕重封/节镇三省坊

　　诰敕重封/节镇三省坊原在太平路东门街口南畔，是为陈以赉、陈志颐父子而建。陈志颐，明海阳秋溪（今潮安官塘）人，官至贵州按察副使。陈志颐曾奉命在贵州、湖广（今湖北、湖南）的五开、广西的南州等处整顿、安抚地方行政机构和军队，政绩颇著，因此以"节镇三省"表彰其功。诰、敕是明清时期皇帝对官员家人封典的制度：五品以上用诰封，五品以下用敕封。陈志颐之父陈以赉因子有功，受皇帝敕封广西宣化知县（正七品），诰封梧州知府（从四品），故称"诰敕重封"。

　　坊额上镌刻"圣旨"二字，下枋之上各为双面通雕麒麟构件。整座石坊雄伟壮观，古朴大方。原坊建于明万历二十九年（1601年），拆卸于1950年，今按原貌重建于太平路三家巷口南侧。

少司马/大总制坊

少司马/大总制坊是为表彰兵部侍郎翁万达而建。翁万达，明揭阳鮀江里举登村（今汕头鮀浦镇）人。嘉靖五年（1526年）进士，授户部主事，升郎中，出任梧州知府。为官清廉，不畏权贵，"时总兵仇鸾横甚，纵部兵为虐，万达执其健卒挞之"。因声绩显著，擢升为广西副使，且向朝廷建议整顿土司有功，平莫登叛乱功绩更大。嘉靖二十一年（1542年）晋为四川按察使，次年转调陕西左右布政使，不久升为副都御史，十二月拜兵部侍郎总督宣（化）大（同）、山西、保定军务，人称三边大总制。后又因揭发宗室有叛乱行为而提升为兵部左侍郎，再升右副都御史。

翁万达总制三边，亲士卒，严守备，修筑大同西

翁万达画像

按原貌复建于东门街口南侧的少司马/大总制坊，坊额另一面镌"少司马"

位于东门街口南侧的少司马/大总制坊

路、宣府东路长城1000多里，并对长城的"敌台"予以改良，巩固了边防。嘉靖帝为奖励其功，特恩荫其子翁思佐为户部中郎。翁万达督战六载，主要对手是鞑靼部的俺答汗。其时俺答虽"势力张，控弦数十万"，但总不敢大规模进犯，边关一度出现了升平景象。在曹家庄一役中，翁万达亲临督师，以少胜多，威名慑敌。明世宗闻讯，立即授予他兵部尚书之职，但不幸其父逝世，翁万达匆匆南归奔丧。俺答解除顾忌，大肆兴兵犯境。翁万达归里第二年七月，大同失守，京畿震动，世宗急诏万达抵边关，万达因丧期未满，又加上自己背疽发作，派义子翁从云携带《乞恩陈情终制疏》上京。翁从云尚未抵达，俺答已从北口直迫都城，世宗又连下两道金牌催促翁万达，万达尽管背疽剧发，仍奋身兼程赶京，可离京万里，历四十一日才抵京报到，此时皇帝听信权奸严嵩、仇鸾谗言，疑万达避事，更

又因谢疏字讹，把他从兵部尚书降为兵部侍郎，后又将其削籍为民。在回乡至福建清流县途中，翁万达背疽疾发，至上杭县不幸于舟中去世，享年五十五岁。等帝感边防重任非万达莫属，诏令他再任兵部尚书，诏命到达时翁万达已去世四天了。隆庆中，翁万达被追谥号"襄敏"。

少司马/大总制坊建于明嘉靖二十五年（1546年）。司马，《周礼》六官之一，有夏官司马，掌军事、军需等事。后代以大司马称兵部尚书，以少司马称兵部侍郎。总制，即总督。明武宗尝自称"总督军务"，臣下避之，乃改总督为总制。1924年翁氏子孙重修少司马坊，为四柱三间三楼石坊，第三层正中镌刻行楷"圣旨"竖额花肚，该坊雄伟壮观，可惜拆卸于1950年，今按原貌复建于东门街口南侧。

崇祯年间的潮州府地域同榜登第进士达八位之多，遂立
盛世元凯坊，坊额另一面镌"戊辰八贤"，俗称八贤亭

盛世元凯/戊辰八贤坊

唐宋以后，随着中原政治经济中心的南移，潮州成为海上丝绸之路的重要支点。经济的发展带来了文化昌盛，明朝时通过科举进入仕途的贤明之士最多。崇祯元年（1628年）戊辰科，潮州府地域同榜登第的进士竟达八人之多，号称潮州"戊辰八贤"。这是潮州府在科举史上前无先例、后无再者的巅峰时刻，为彰扬这一辉煌盛事，遂于潮州府城大街竖立盛世元凯/戊辰八贤坊，俗称"八贤亭"，镌刻八贤之姓名碑记以传万世，这八位才俊就是被尊称为"后八贤"的潮人楷模。

辜朝荐：潮州人，明亡后投靠郑成功，积极反清。

郭之奇：揭阳人，追随南明桂王永历帝抵抗清廷，累官至礼部、兵部尚书，太子太保，武英殿大学士。清康熙元年（1662年）殉难，乾隆赐谥忠节。著有《宛在堂诗文集》，为潮汕历代存世诗作最多的诗人。

黄奇遇：揭阳人，官至翰林编修，累官至礼部、兵部尚书。明清更迭时，辅助南明抗清，后告老回乡。

宋兆禴：揭阳人，仁和县令。

李士淳：程乡人（今梅州），曲沃翼城县令，考选翰林院编修，累官至吏部侍郎。

梁应龙：饶平人，福建参议。

杨任斯：饶平人，沁水县令。

陈所献：普宁人，保定府推官。

坊额"盛世元凯"语出《左传·文公十八年》，谓帝喾高辛氏有才子八人，称为"八元"；颛顼高阳氏有才子八人，称为"八凯"。后人称辅佐皇帝的大臣作"元凯"。"戊辰八贤"被誉为贤君盛世之"元凯"，是德才兼备的人才。此坊也是潮州牌坊中最后一个科举坊。原坊建于崇祯初年，拆卸于1950年之前，没留下照片。今坊为参考其他牌坊复建。

八贤亭于1950年被拆卸，现复建于太平路口南侧

宗伯学士/三世宫端坊

宗伯学士/三世宫端坊是为纪念潮州贤达黄锦而建，1951年被拆除。图为按原貌复建于太平路载阳巷口南侧的今坊

位于府城中心的载阳巷，是每个老潮州人都知道的小巷，它连接牌坊街和义安路。这条寻常小巷还有一个通俗的名字叫"刣羊巷"，潮州话"刣羊"是宰羊的意思，相传因古时这里刣羊的行当集中而得名，后谐音为"载阳巷"。《诗经》有"春日载阳，有鸣仓庚"的句子，意思是春天回暖时，黄鹂鸣枝头，让人心驰神往。这里曾经居住着不少风流雅士、商贾达贵，但随着岁月的流逝，曾经的繁华如今都成过眼云烟，只有斑驳的老墙见证过当年的辉煌。位于载阳巷口的宗伯学士/三世宫端坊，是为纪念又一位潮州贤达而建的，他就是南京礼部尚书黄锦。

黄锦是饶平大埕人，黄氏曾是富裕人家，明嘉靖四十年（1561年）倭寇自海上来袭，黄家颇受其害，祖父黄允德避大城所，率领乡众奋力抗倭，不敌，家财被洗劫一空。黄锦目睹父亲勤耕力作，家境由遭变到中兴的全过程，奠定了其坚韧不拔的人生信念。他专心于诗文经史，天启二年（1622年）中进士，授翰林学院检讨，参与纂修《明神宗实录》；为人刚正不阿，拒绝为魏忠贤建生祠；崇祯

四年（1631年）任辛未科会试同考官，选拔的都是知名士子。黄锦所任官都是皇帝的身边侍臣，尤其是詹事一职，主掌朝廷机要文书管理，可说是"心腹之臣"；又历任礼部右侍郎，吏部左、右侍郎兼侍读学士，南京礼部尚书。后因病告归，闻崇祯自缢于煤山，悲痛欲绝。清顺治二年（1645年），唐王朱聿键在福州称帝，改元隆武，是为南明第二任君主，黄锦被起用为礼部右侍郎，不久升尚书。郝尚久反清时，黄锦倾家助饷，事败后逃匿隐居潮州石庵山，直至八十三岁才去世。黄锦博学能文，著有《华耕堂集》。

"宗伯"，周代六卿之一，掌宗庙祭祀，即后世礼部之职。黄锦官至礼部尚书，故称"宗伯"；当过侍讲学士，故额为"宗伯学士"。南额镌"三世宫端"，是因为黄锦曾任职詹事府，负责内宫事务，父祖因而赠其官，故称之。这座四柱三间五楼的石坊，匾额之下为双面镂空的石雕人物故事，非常雄伟壮观。旧坊已于1951年拆除，今坊按原貌重建于太平路载阳巷口南侧。

三世尚书/四朝大老坊

三世尚书/四朝大老坊位于分司巷口，是为明朝户部尚书林熙春而建。林熙春历经万历、泰昌、天启、崇祯四朝皇帝，"大老"是对德高望重的老人及大官的称呼，因此称"四朝大老"。林熙春的父亲林乔榪、祖父太常卿林瓒都赐封尚书，因此称"三世尚书"。

林熙春是海阳龙溪（今潮安庵埠）宝陇村人。万历十年（1582年）中进士。在京任职期间，河北玉田县军士哗变，林熙春不顾安危进城劝说，使叛军归顺了朝廷。在大理寺卿任上，革除私弊，树立廉洁之风，勇于向皇帝进谏。后因不愿与阉党魏忠贤同流合污，遂辞官回乡。林熙春返潮后，争盐税，减里役，倡建凤凰台、三元塔，浚三利溪，修文庙，在龙溪倡建许陇堤桥，建文昌阁，创龙溪会馆，向官府争取减轻龙溪差役十分之四，不遗余力为地方做了许多好事，以八十岁高龄终老。

原坊立于崇祯元年（1628年），坊额八个大字相传为万历四十年（1612年）进士吴殿邦所书，为全城坊额字之最佳者。吴氏书法与当时大书法家王铎笔法颇相似，皆习自宋代米芾而自成一家，结体敧侧，发挥精彩，是潮州书法史上一颗照耀古今的明星。清代大书法家翁方纲来广东督学时，见此八字赞不绝口，让人拓下，装裱成"世尚四书，朝大三老"，悬于广东学政任所，一时传为佳话。旧坊于1951年被拆除，今坊虽按原貌重建却已无法恢复吴殿邦的墨迹。

三世尚书/四朝大老坊是为明朝户部尚书林熙春而建

柱史坊是为明朝御史许洪宥而建

▌柱史坊▌

柳衙巷口的柱史坊是为明御史许洪宥建，许洪宥，海阳（即潮安）人，明弘治十四年（1501年）举人，任广西临桂县教谕，因为学识与品行优秀，被征为御史，以敢于直言著称。明刑科给事中窦明固言事下狱，洪宥疏救获免。

御史是谏官，秦汉设御史府，因其常立殿柱之下，东汉称"柱台"以示重要。所以御史也称为"柱史"。柱史坊为四柱三门结构，三叠牌楼，雄伟壮观。原坊建于明正德十二年（1517年）夏，当时许洪宥尚在世，这是太平路上最早兴建的一座牌坊。

理学儒宗/铨曹冰鉴坊

理学儒宗/铨曹冰鉴坊是为纪念明代大儒、理学家唐伯元而建。唐伯元，澄海苏湾都人，万历二年（1574年）中进士，一生以清节知名，《明史儒林传》说他是"岭海士大夫仪表"。唐伯元学问很深，著述甚丰，所以被誉为"理学儒宗"。牌坊原在太平路羊玉巷口，坊北镌"铨曹冰鉴"。铨曹，指主管选拔官员的部门；冰鉴，比喻明察；指唐伯元迁吏部员外郎，能悉心整剔，使铨政肃清。旧坊建于明万历四十五年（1617年），因正中两柱前后各立一对石狮子，俗称"四狮亭"，这在潮州牌坊中是绝无仅有的。

清康熙十三年（1674年）潮州镇总兵刘进忠响应靖南王耿精忠叛清，和清军副都统邓光明在潮州城里厮杀，邓见刘进忠坠马，急忙追上，将左手铁链朝刘进忠打去，却打着四狮亭的石狮子，石狮耳朵被打掉一只，邓眼睁睁望着刘直奔镇台衙门而去。自此石狮缺了一只耳朵，潮人也有了一句歇后语"四狮亭石狮——独耳"。牌坊拆除时，石狮与其他石部件一样流散民间。在21世纪初，牌坊街修复工程中，在民间征集到这尊独耳狮，狮首上唇部分已经残缺，被以水泥修复，安放于牌坊南侧靠东处。现坊柱旁所立的其他三头狮子都是修复工程中重新打造的。

理学儒宗坊是为纪念明代大儒、理学家唐伯元而建

圣朝使相/覃恩三锡坊

圣朝使相/覃恩三锡坊是为揭阳籍直隶总督郑大进而建

太平路英聚巷口北面有一座功名坊——为揭阳籍直隶总督郑大进而建的圣朝使相/覃恩三锡坊。圣朝，封建时代对本朝的尊称；使相，称呼兼大学士的总督。坊北额镌"覃恩三锡"。覃恩，指帝王对臣民的封赏、赦免；三锡，郑大进曾祖因其得赠三代大夫。

郑大进，出身书香门第，少时就有神童之誉。清乾隆元年（1736年）登进士，官至直隶总督，任职期间革除积弊，关心民生，政绩斐然，授太子少傅衔。郑氏在乾隆朝是一位既有才华又敢于革新的能臣，深得倚重。他改革盐价及征蜡征粮的办法，注重水利，赈灾救灾，体恤民情，惩治邪恶势力，

立下很多功绩。更可贵的是，郑大进官阶不小，却不许乡亲仗势欺人。郑氏故里山美村常因地界诸事与邻乡池厝渡村发生纠纷，乡人趁他回乡探亲时，想借用他的权势压制池厝渡村。郑大进当即告诫乡亲："世有千年池厝渡，而无百年郑大进。奈何修怨以累子孙乎？"郑大进的高尚品格和富有哲理的话感动了两村村民，自此旧怨全消，和睦相处。

牌坊始建于郑大进病卒三年后的乾隆五十年（1785年），系四柱三间五楼牌坊。正楼下正中透雕"圣旨"牌一块，两侧为双面镂空石刻。整座牌坊结构规整，稳重大方，有厚重壮实之美。原坊于1951年拆除，今坊位于英聚巷口北侧。

【 状元坊 】

坐落于状元亭巷口的状元坊，可以说是潮州众多牌坊中最著名的。该坊与其他牌坊相比，在外观上有很大区别：承载坊上部的最底下一层枋梁是整条的，寓意"国家栋梁"。状元坊是为明朝状元林大钦而建。林大钦，海阳东莆都（今潮安金石）人，这是潮汕历史上唯一文状元。在潮汕地区，林大钦可说是家喻户晓，他的聪明才智使其一生充满了传奇色彩。

林大钦从小家境贫寒，但十分勤勉好学，"聪颖异侪"。明嘉靖十年（1531年），刚满十九岁的林大钦在府试中初露锋芒，使有关官员"相与叹赏"，预言他"必大魁天下"。同年秋，林大钦赴省参加乡试，得中第六名举人。越年春，林大钦抵京城参加会试，得中贡士，取得了参加殿试的资格。在殿试中，"咄嗟数千言，风飙电烁，尽治安之猷，极文章之态"，终为嘉靖皇帝所器重，御擢第一。史称"年二十二，对大廷"，那其实是虚龄，实际上林大钦只有二十周岁又三个月。如此年轻夺取状元桂冠，在中国历史上确属罕见。

科举应试文章，历代相沿，早有定式。当时，主考官礼部尚书夏言格遵程式，一再告谕诸生，不可标新立异，并据此选定了孔、高二生之卷，以备御览。血性方刚的林大钦不管这一套，他毅然突破成格，一口气写下了洋洋四千余言的《廷试策》。都御史汪宏阅后，大为惊叹，推荐给大学士张孚敬，并呈嘉靖皇帝亲裁，终为世宗"拔之常格外"。《廷试策》不仅以明快奔放的文笔博得垂顾，更以切中时弊的政治见解和精辟论述打动了嘉靖皇帝之心。

状元坊上枋以斗拱承托楼面，斗拱正中为双面镌刻"恩荣"竖额的花肚，整座牌坊非常雄伟壮观。原坊于1951年拆除，今按原貌重建于太平路状元亭巷口北侧，"状元"二字由国学泰斗饶宗颐先生重书，北额为篆书，南额为榜书。

状元坊是为潮州唯一状元林大钦而建

文宗方伯/皇命三锡坊

文宗方伯/皇命三锡坊原位于太平路军厅巷口南侧，为福建布政使黄琮而建。

黄琮，饶平大埕人，明万历二十六年（1598年）进士，曾任云南督学、福建布政使。"文宗"是言黄琮的官职，明清时称提学、学政为文宗；"方伯"，古时指诸侯中的领袖，即言一方之长，明清时作为布政使的尊称。北坊镌"皇命三锡"，系说明其家族的荣耀。"皇命"，顾名思义是指皇帝的命令；"锡"通"赐"，三锡指黄琮的祖父与父亲因他得赠布政使的封号。旧坊毁于民国，没有留下照片，今坊乃参考其他牌坊而复建于军厅巷北侧。

文宗方伯/皇命三锡坊是为福建布政使黄琮而建，北坊镌"皇命三锡"

【四进士坊】

在明正德丁丑科殿试中，潮州府同登进士者有萧与成、陈大器、薛侃、苏信四人，为纪念这一科甲盛事而建四进士坊。

萧与成，潮阳人。正德八年（1513年）解元，正德十二年（1517年）登进士，授翰林院检讨，参与预修《明武宗实录》，后升为修撰承务郎。两年后告老返乡，时值倭寇扰乱中国沿海地区的高峰期，曾组织抗倭，保住了棉城。

陈大器，潮阳人。正德十一年（1516年）乡试第二，次年登进士，为官政绩卓越升御史。

薛侃，龙溪（今潮安庵埠）人。性至孝，授行人司（掌传旨、册封等事）行人。

苏信，饶平人。少习经书，家贫勤学，早有文名。中进士后，官监察御史。

原牌坊于1951年拆除，今坊按原貌重建于太平路四进士亭巷口南侧。

四进士坊是为纪念明正德丁丑科殿试潮州府同登四进士而建

▌七俊坊▌

明朝嘉靖二十三年（1544年）科考，广东全省考中十位进士，潮州居然有七位，可谓学霸岭南，遂在东门内立"七俊坊"。这嘉靖甲辰七俊为：林光祖、章熙、黄国卿、郭维藩、陈昌言、苏志仁、成子学。

在科举时代，有多少人金榜题名，是衡量一个地方教化的尺度之一。明朝开education百年，到了明宪宗成化以后，潮州府兴学育才的努力，开始在科举考试中收获硕果。嘉靖一朝45年间，潮州籍进士多达34人，而举人则有115人，可说是潮州科举史上的高峰期，尤以甲辰科最为突出。后世潮人对这件科举盛事亦念念不忘，誉之"明代前七贤"。"七俊坊"原在太平路东门街，建于明嘉靖年间。然而清朝乾隆年间的《潮州古城地形图》并未标此坊，可能在乾隆末年已不存在。因没有留下太多原坊资料，今坊为参考其他牌坊而复建于东门街东门大井西侧。

明嘉靖二十三年（1544年）科考，广东十位进士中潮州府占七位，故建"七俊坊"

恩光浒锡坊

恩光浒锡坊是为明代兵部尚书翁万达之父翁玉而建

从广济门入府城，直对城门的是约200米长的东门街，东门街除了西头的七俊坊，便是与城门相望的恩光洊锡坊。该坊是为明代兵部尚书翁万达之父翁玉而建。翁玉是揭阳鮀江里举登村（今汕头鮀浦镇）宿儒，因学识丰富，精经学，家教严谨，培育翁万达为人所称道。翁万达于嘉靖五年（1526年）登进士第，随着翁万达仕途的青云直上，翁玉因之四次受到朝廷封赠，被"敕封承德郎、户部主事，加封中宪大夫、广西按察司副使、通议大夫、兵部左侍郎、资善大夫、兵部尚书"。

恩光，即帝王给予臣民的恩惠；洊锡，意指多次赐给。恩光洊锡坊原坊建于明嘉靖年间，拆于1950年之前，今坊参考其他牌坊复建于东门街东平路西侧。

走出牌坊街，就是古城墙和城楼。牌坊街是潮人的纽带、潮州的地标，其知名度在粤东地区乃至东南亚都是屈指可数的，只要是潮州人，不管是国内各地的潮属乡亲，还是漂洋过海旅居海外的潮籍华侨，一说到大街（太平路）就会勾起深深的情感。在潮州人心目中，牌坊街就像老茶客手中的老茶壶，时间越久越让人眷恋，与潮州人相伴了千年的街区，在给古城带来财富的同时，也成了人们的精神家园。这条街上走出了世界华人首富李嘉诚，走出了国学泰斗饶宗颐，走出了一大批美名远扬、流芳百代的人物。一条街，能让天下潮人魂牵梦萦，如痴如醉，能如此深刻地影响着一座城市，这在中外文化史上并不多见，仅此一点就足以印证这片古老街区的独特与神奇。

饶宗颐与颐园

　　从下水门进入古城，可看到左边有一座古香古色的宅院，外墙为纯白色，正门为门楼式结构，面向古城墙，门前一对青色石鼓分立两边，门楼顶上镶着精美的嵌瓷，庄严中透露出这座宅院的大气和典雅。

　　走入院内，可以依次看到翰墨林、经纬堂、天啸楼、多媒体厅、贵宾休息室、办公室等主要建筑，布局合理紧凑，假山流水随处可见，平庭、山庭及山水庭穿插于各建筑之间，显得主次分明、错落有致、移步生景、美轮美奂，既体现了典雅秀丽的潮州传统民居风格，又有着南方园林的精美与大气，称得上是潮式庭园的经典之作。这座美丽的宅院就是饶宗颐学术馆，潮州人称它为颐园。

颐园建于1995年，是潮州市政府为发扬汉学大师饶宗颐的治学精神而建。为了表达崇贤尊哲之意，建成之后，取饶宗颐名字中的"颐"字，命名为颐园，并请饶宗颐先生题额。建成之后，主要用于展示饶宗颐先生的汉学研究成果、文学著作、书画等作品。随着饶先生学术研究成果的不断丰富，他捐赠给该馆的书画作品大量增加。2005年，潮州市委、市政府决定以潮州庭园风格扩建饶宗颐学术馆，翌年工程竣工。新馆占地面积约5800平方米，也就是我们现今看到的规模。

颐园外观独具一格，引人注目，内容更是丰富多彩。经纬堂分为两层，首层主要介绍先生的家学渊源、治学之道和卓越贡献；二层15个门类，全面系统地展示先生的巨大学术成就。翰墨林同样分两层，里面陈列先生不同时期不同风格的书画作品

200余幅。天啸楼的匾，是从先生故居莼园复制，配有先生撰写的对联："天涯久浪迹，啸路忆儿时。"先生小时候，天啸楼是家族中的藏书楼，楼中的藏书十分丰富，为先生的求学之路打下了坚实的基础。如今，楼内珍藏着先生的藏书、著作及字画。此外，还按饶宗颐先生之嘱，预留了粤东考古文献研究中心的场馆。

今天的颐园，已成为潮州古城的文化符号之一。这座别致的院子，隔着古老的城墙，面向韩江，与笔架山上的韩文公祠隔水相望。在潮州人眼里，这是两块文化高地。一古一今的两大文化名人，隔着一条江，共同肩负着弘扬潮州文化的重任。韩愈开启了潮州文化走向兴盛的大门，饶宗颐则让潮州文化更加灿烂。

颐园，即饶宗颐学术馆

饶宗颐

饶宗颐，字固庵，号选堂，潮州人，我国著名的学者、国学大师、书画家。1917年，饶宗颐出生于一个书香门第，父亲饶锷学富五车，曾经主编《潮州艺文志》。父亲为他取名宗颐，是期望他长大之后，能师法宋五子之首周敦颐，可谓对他寄予厚望。

饶氏家族曾是潮州首富，他们家族有座著名的藏书楼，叫天啸楼，楼中藏书超过10万册。如此浩瀚的书海，为饶宗颐的成长提供了优越于常人的环境。少年时代，饶宗颐不像其他富家子弟那样喜欢玩耍，他的乐园在天啸楼，小小年纪就手不释卷。少年时代的大部分时间，饶宗颐都待在藏书楼中，通过广泛的阅读，他不仅开阔了眼界，还养成了勤学好问的习惯，同时也激发了他对知识的渴望，从而为他日后的成就打下了坚实的基础。可以说，是"天啸楼"的富藏，滋养了这位后来的国学大师，也孕育了这位书画家的艺术情怀。

幼年时，饶宗颐对书法产生了浓厚兴趣，并很快表现出极强的天赋，他从

国学大师饶宗颐

饶宗颐山水手卷

楷体入手，循序渐进，在天啸楼中打下了扎实的书法基础。10岁那年，饶宗颐开始跟随伯父习画，后又经杨艳启蒙，从而走上了美术之路。16岁开始，饶宗颐继承父亲遗志，续编《潮州艺文志》，从而与编书结缘，其编撰的《楚辞地理考》开辟了楚辞研究的新领域。此书在上海的出版使29岁的饶宗颐一举成名，从此他便专攻文史，一发不可收，同时又从乡邦文化拾级而上，最终成为汉学界的泰斗级人物。

饶宗颐教授是海内外著名的经、史、考古和文学家，并且对诗、书、画造诣极深，治学的领域更加广泛，遍及十大门类，如敦煌学、甲骨学、楚辞学、宗教学及华侨史料等各种学科。著书立说不胜枚举，仅《20世纪饶宗颐学术集》便有12卷，内容超过1000万字，包括专著60多部、各种论文400多篇。他通晓英语、法语、日语、德语、印度语、伊拉克语等六国语言文字，同时对中古梵文和巴比伦古象形文字也颇有研究，有些文字连其本国人亦少有精通，作为一个潮籍的中国人，能通晓异国的"天书"，其才华与勤奋实在令人叹为观止。

作为一个国际著名学者，半个多世纪以来，饶宗颐先生的足迹踏遍五大洲，从事讲学、研究和文化交流。66年来，教授、研究员及院士之类的头衔有几十个，他任教、受聘的都是国际上知名的大学与研究机构，除香港和内地的大学之外，他还在新加坡大学、法国国家科研中心、法国远东学院、美国耶鲁大学研究院、日本京都大学等学术研究机构从事讲学或进行学术研究，先后被香港大学授予荣誉文学博士学位，被法国索邦高等研究院授予人文科学博士学位，并兼任中华人民共和国国务院古籍整理小组顾问和泰国华侨崇圣大学中华文化研究院院长等职务。

由于饶宗颐先生在学术领域的杰出贡献，1962年，他荣获号称"西方汉学之诺贝尔奖"的"儒莲奖"。自此之后荣誉更是接踵而来：被法国文化部授予文学艺术勋章；被香港外文学院艺术家协会授予中华文学艺术家金龙奖和国学大师的荣衔；2000年中秋节前夕，被香港政府授予大紫荆勋章。

为表彰饶宗颐在敦煌学研究上的独树一帜，国家文物局和甘肃省人民政府在"纪念敦煌藏经洞文物发现暨敦煌学百年"的活动中，颁授其"敦煌文物保护研究特殊贡献奖"。1996年8月，在潮州市举行的"饶宗颐学术研讨会"上，来自美、法、日、荷兰、新加坡及我国港澳台等地的近百名学者出席了会议，确立了"饶学"的称谓，奠定了饶宗颐先生在国际上的学术地位。

06

潮州古寨

潮州有"十乡九寨"之说，村寨是明末清初为防御外敌而建。宗祠是村寨的中心，住宅围绕宗祠而建。村寨独特的建筑形式、恢宏的气势、精致的装饰，均是丰厚的文化财富。

潮州地处潮汕平原，遗留的一些古寨，其功能类似于土楼，但在建筑结构上又不同于土楼。与土楼相比，潮州的古寨规模更大、围墙更高，且往往

开有东西南北四门。城门打开时，与外面畅通；城门一关上，就成了一座严密的堡垒。寨子里面，除民居外，还建有祠堂、书院、庙宇等，可以满足日常生活所需。潮州古寨大部分建于明代，明代以后，极少再修建。究其原因，是特定的历史环境造就了这些特殊的民间建筑出现在潮州的大地上。

明朝中叶，沿海一带倭寇四起，频繁入侵，作为海疆边地，潮州的百姓首当其冲，饱受倭寇掠抢之苦。在动荡的环境下，很多村庄纷纷修建寨子抵御倭寇侵袭，保卫自己的家园和生命财产。如《潮州府志·兵防志》所言，"无乡不寨"，可以真实地反映当年潮州筑寨之风。

明代之后，边防稳定，百姓安居乐业，海禁解除、对外贸易开放，这一连串的历史机缘，造就了闻名世界的潮商，也为潮州人打开了一扇通向世界的大门，这个原本封闭的地方，成为一个面向全世界开放的窗口。经济的开放与振兴，往往会带来生活方式的改变。作为民居，古寨所具有的自我封闭特性，不再适合潮州人"四海为家"的世界观，这些寨子逐渐被传统的潮汕民居取而代之。

如今完整保存下来的古寨，在潮州已经不多。大多古寨空置着，无人居住，显得落寞和荒凉。少数有人居住的古寨，其居民往往也是外来务工人员。他们作为外乡人，倾听这些幸存下来的古寨诉说着那段动荡的历史，诉说着潮州曾经的风土人情。

高达两三丈，也更坚实。有的寨子还在围墙外面挖有护城河，因此，其防御功能比土楼更强。

潮州古寨在外观上一般为方形，符合古人在风水学上"天方地阔"的讲究。寨子里面，街巷布局整齐，民房沿街巷而建，规范而又合理。寨子的规模，往往可以容纳几百户甚至是上千户人居住。从功能上来说，其实就是一座小型的城池。古寨一般

龙湖古寨

水是生命之源，也是文化的纽带。韩江东流，千里奔腾不息，它是潮州人的母亲河，冲刷出了富饶的潮汕平原，滋养着一代又一代的潮州人，也孕育了灿烂的潮州文化。沿韩江往中下游，西岸地势宽阔，长堤高耸于江岸，长堤下面，则是通往汕头的公路。被誉为"广东十大古村落"之一的龙湖古寨，就位于这条公路旁边。

古寨地处韩江之滨，与母亲河相互辉映。一湾碧水，一座老寨，远远看去，就像藤上结着的一颗瓜。古寨从头至尾，呈狭长形状，一条主街贯穿南北，再加上另两条街以及六条巷子，整座寨子形成三街六巷的格局。

从公路下去，是古寨的正门，外观为仿古城楼，属宋代风格。城楼前面的古榕，枝叶繁茂，如一把大伞撑开，庇护着世世代代的古寨居民。从城门进去，是古寨的主街，由石板铺就，幽静中散发着清凉的味道，每一块石板都有数百年的历史。主街长达1.5公里，是古寨的脊梁，长龙一般蜿蜒，再加上寨子四周湖水环绕，形成"蛟龙腾于湖海"的意境。龙湖古寨之名便是由此而来。

古寨始建于宋，距今已有近千年历史。南宋绍兴二年（1132年），龙湖创乡，初名为塘湖。至明朝嘉靖年间，倭寇入侵，乡贤广西布政使刘子兴率众"建堡立甲，置栅设堠"，筑建寨墙，于是有了龙湖寨。古寨东有韩江西溪，西临尚未湮没的古彩塘溪，陆路则是通往潮州府城的要道，周围是浩瀚平原，百里沃土，可耕可贾。明朝中期，龙湖经济达到鼎盛。当年的龙湖码头上，百舸争流。这些船只从闽赣等地运来大批大米、杉木、柴炭等生产生活物资，又从龙湖带走棉布、抽纱、水果。便利的水路交通带旺了各行各业，在很长一段时间里，龙湖的集市规模及贸易额、物资吞吐量仅次于潮州府城，是潮汕平原显赫一时的商业重镇，被誉为"小潮州城"。

经济繁荣也给龙湖寨带来了文化的繁荣，在历代科举考试中，龙湖寨的进士、举人达53人之多，可谓人才济济。到了清咸丰十一年（1861年），《马关条约》签订，汕头成为通商口岸，汕头港和樟林港由此崛起，而西港和潮州其他港口，作为海运口岸的功能逐渐退化，龙湖渐渐衰落。

到了近代，古寨已经凋零。然而，无论时光如

何流转，历史如何变迁，古建筑于人类的意义，亘古不变。它们就如同史册，可以照见过去，所历朝代的兴衰荣辱都记载于那些残砖败瓦之间。今天的龙湖古寨里，遗留下来的古建筑，有一百多座，堪称"潮汕古建筑博览园"。走在石板铺成的老街上，两边的家庙祠堂、名宦府第、富绅家宅，沿途铺展而来。这些古老的建筑，让时光仿佛慢了下来，千年的历史沧桑、前尘往事，随着游人的脚步在古老的石板上悠悠回响。

龙湖古寨正门

象埔寨

象埔寨中的村道和民居

象埔寨位于潮安县古巷镇古一村，距潮州古城约8公里。走进古一村，可以看到这座千年古寨静立于一片民居的环抱之中，隔远望去，现代化的钢筋水泥丛林，与寨中老砖旧瓦形成鲜明对比。寨前是个广场，搭着简易的防雨棚，商贩们在棚下摆摊，吆喝着做生意。广场上游人如织，络绎不绝。看得出来，这个古建筑群，在经历了多年的沉寂之后，重新焕发出蓬勃的生命力，这就是文化遗产的价值。

象埔寨始建于南宋景定三年（1262年），由陈氏一族开创。当年为了躲避战乱，陈氏的祖先们从中原一路迁徙，途经安徽、江西、福建等地，最终落脚于此。长年在战乱中奔波的经历，让他们对陌生的环境保持着高度警惕。他们聚族而居，将家园建成寨子，用高高的四面围墙，抵御外侵，安居乐业。在抗日战争时期，象埔寨还曾经抵抗过日军的子弹，城墙上密布的弹孔，是那段历史的见证。

象埔寨背倚象岭，因而得名。寨子的前门朝向古港，称得上依山面水，既符合风水，又有良好的防御功能。据寨内居民说，古寨的南北外围，原本各有一条护城河，俗称河沟，河水长年不断，流入古港，可惜如今已经不在。象埔寨呈方形，意蕴"天圆地方，天人合一"，且只能由东大门进出。寨门为拱形，巨石砌成，门额刻着"象埔寨"三字，苍劲雄道，并有落款，上款"壬戌之秋"，下款"颍川郡立"，表明陈氏祖先是从中原迁徙而来。寨楼分为上下两层，下层为大门，上层供奉着三山国王、协天大帝、玄天上帝、福德星君、府城隍公等神灵的神位。

由寨门入内，可以看到寨子的布局为三街六

巷，街为前街、中街、后街，六条巷子分布其间，街巷纵横，四通八达，具备古代城市建筑的特征，是皇城建筑的缩影。因此，有"象埔寨，皇城建"的美誉。象埔寨内有民居七十二座，保存十分完整。这些民居，陆续建于南宋以后的各个朝代，因此风格迥异。有的民居是明式建筑风格，有的是以精雕细刻见长的清代建筑，民国期间特有的中西合璧的建筑物亦随处可见。在这些各朝各代的建筑中，荟萃了木雕、石雕、贝雕、嵌瓷、彩绘、贝灰塑等潮汕民间工艺的精华。这些装饰富于家庭气氛，精美绝伦，彰显了"京都帝王府，潮汕百姓家"的尊贵与气度。正如一位古建筑学家所说的，象埔寨是粤东地区古建筑艺术中的一朵奇葩。

位于象埔寨大宗祠左侧的西湖公祠，是陈氏家族二房祠，建于清光绪三十年（1904年），外埕为南北向的"龙虎门"，虎门匾额"崇裡世祀"书法刚劲有力

和安寨

　　和安寨位于潮安县鹤陇乡和安村。沿着乡村公路进村，可以看到一口长形的大池塘，和安寨就在池塘附近，与池塘隔着公路相对。池塘分为两半，一半绿水盈盈，成群的鸭子在水中嬉戏；另一半种满荷花，荷叶田田，荷香弥漫，让这个古老的村庄幽香四溢。池塘边有棵老榕树，密密麻麻的根须垂挂下来，像一道时光的帷幕，隔阻着现代的喧嚣，衬托出和安古寨的悠远和苍凉。

　　和安寨始建于清顺治三年（1646年），距今已有三百多年的历史，相传为本村当年的十八富户所建。寨子坐西朝东，整体为方形，占地面积一万二千余平方米。从正面看，高大的门楼像古时的城堡，寨门为拱形，门框由花岗石砌成，上方刻有

"和安"二字，门楼后面是座两进的院子，后半部为方形，前半部呈弧状，向外突出十几米，若站在高处俯瞰，这座古老的寨子就像写在大地上的一个"凸"字。这样的结构，从视觉上烘托了寨子的气势。

　　从寨门进去，是条石板路，也是寨子的主街，从寨头一直通到寨尾。寨内布局为三街六巷十八厝，两条辅街与主街平行。寨中的十八厝，分属于当年的十八富户，虽年代久远，却座座保存完好，体现了古时潮州建筑工艺的高超水平。寨子东侧，还有清康熙年间苏彤绍所建的官厅，虽历经沧桑，但基本格局和结构保存完好。苏彤绍于癸巳科中进士及第，仕登翰林院检讨、庶吉士，是从和安寨里

和安寨门楼

走出去的高官。

和安寨外墙高约六米，厚达半米，灰砂夯成，坚如磐石，虽经历了几百年的时光，至今却无一处坍塌。

据寨内的老人说，清末时期，潮州地区"九光贼"十分猖獗，窜到和安寨，吓得村民关闭寨门，"九光贼"泼汽油烧门，企图进寨，虽费了九牛二虎之力，寨门依旧完好无损，于是贼徒守在寨门口。村民只能紧闭寨门，不敢外出，因寨内没有水井，村民的生存受到严重威胁，在此危急关头，寨中有识之士提出，用浸过牛尿的被单，晾在寨墙上，以此提醒"九光贼"：寨内有用不完的水。据说当时还有力士身背石臼，走墙示威，为吓退"九光贼"而献身，凡此种种，皆传为佳话。后来，为加强防御，村民在寨上建造了六个方形的碉堡式建筑物，俗称"寨耳"。据当地老人说，"九光贼"围寨时，虽没能攻入寨子，但临走时扔下一句："寨虽坚固，却有面无耳。"这句话提醒了村民，没有寨耳，确实难以窥探到外面的情形，于是村民们环寨建造了"寨耳"，作为守夜值更防卫之用。寨耳上下均有枪眼，可以居高临下，控制寨外四周

和安寨中的小巷

的通道，称得上是"一夫当关，万夫莫开"。

由于防御设施完备，几百年来，和安寨保障了一方平安。时至今日，它依然平安祥和，一如它的名字。

八角楼寨

从潮安的铁铺镇工业区往前走，到达八角楼村，可以看到一座外观独特的古寨。古寨位于村里的公路旁边，背后是山，前面有水，周围环绕着许多传统的潮汕民居，如众星拱月，将古寨烘托出来。寨前是片空地，多年前平整过，如今布满了杂草。杂草中，一条泥土小径通向拱形的寨门。寨门为条石砌成，像只巨大的眼睛，嵌在门楼中，观望外面的世界。门楼外表用水泥加固过，呈灰白色。门楼两边是土质的围墙，外表层已经剥落，裸露出黄色泥土。因年代久远，围墙上有些地方从上至下裂开，缝隙间长着灌木，墙上那些用于瞭望的窗口，已被杂草挤占，看上去有说不尽的荒凉和沧桑。这就是八角楼寨。

从空中俯瞰，寨子的整体为一个不等边的八角形，古寨因此得名。这种外观与构造，在潮州的古寨中独具一格，算是异类。寨子坐北朝南，中间是座两进的公厅，住房围绕着寨子四周分布，房屋共有二十七间，每间分三进，进门是灶间，中间为厅，后面为房间。寨内的水井也和寨子的外形一样，呈八角形状。由于年久失修，寨内的房屋十分破败，有些已经倒塌，八面外墙中，有几处也已经坍塌。寨中央的空地，大部分被杂草淹没。看得出来，这座古寨空置已久。

据附近老人说，八角楼寨始建于清代，大约是嘉庆年间，但具体的年代已经无法考证，如今，只有寨门口那块光绪三年（1877年）立的寨规碑，能证明它的始建时间早于光绪三年。

八角楼寨虽名为"寨"，但其规模与建筑结构应该介于土楼与围寨之间，是一种折中的建筑，也可以称之为楼寨。其形成的原因，与自然条件有关。平原辽阔平坦，可以建造规模巨大的"围寨"。而山区地形起伏不平，只能向空中发展，因而建造占地面积小而楼层多的土楼。八角楼寨背山而建，虽处平地，四周的地势却不是很开阔，因此，它的内部结构像土楼，外墙则为寨墙。

无论外观或者构造如何，潮州地区的古寨或

俯瞰八角楼寨

者土楼，都是大举南迁的中原客家人进入粤东地区以后在不同年代里建造的。从建筑特点追溯，古寨和土楼的参照体来自于中原古代的"坞壁"。因此，潮州地区的这些古寨，虽然结构和外观有差异，但文化背景完全相同，只是根据地理环境作了灵活的变通，这也体现了古人既遵从传统，又因地制宜的生活理念。

八角楼寨内部

潮州古寺

民间信仰是一种精神的寄托、心灵的慰藉，是人类对大自然、超能力的崇拜、追求和向往。潮州人自古崇尚拜神，《海阳县志》载："潮人俗崇尚巫鬼，赛会尤盛，届时奉新塑神像出游，箫鼓喧天，仪卫煊赫。"

"老爷"是潮人对神明特有的尊称，它本是旧时对官员的尊称，而潮人认为法力无边的神明才能拥有这个专用名词，可见潮州百姓对神明的敬畏。潮汕地区常见的"老爷"有：玄天上帝、三义帝君（刘关张）、妈祖、关公、双忠公（张巡、许远）、三山国王、福德老爷（土地）、城隍爷、五谷神、司命帝君等。还有一个有趣的现象，潮州乡间小庙里的神，很多是潮州人自己创造的。潮州人认为神也是人，只不过是做了人做不了的事，所以他们需要什么神就创造什么神，得心应手，仿佛这些神就来自各家各户，都是自己人。而这些神灵，其形象多取材于三个方面：神话人物、古今英烈以及各族姓的祖先。潮人认为这些神明最可靠，关键时刻能予人庇佑，因此对其礼拜最勤。

在潮人的世俗信仰中，以佛教的影响最深刻，它甚至已成为潮汕文化不可剥离的一部分。走读潮州，不难发现佛教文化渗透于人们的日常生活中，如俗语、祭祀、民间艺术、礼仪、建筑，不一而足。潮州佛教文化的发展，离不开历代高僧的弘扬和推广。自唐代开元寺肇建以来，潮州境内先后兴建的庵寺，有文字记载的就有172座，其中城区95座、乡镇77座，加上后来新建或修复的共184座。其中仅潮州市区比较出名的庵寺就有26座。

唐代大文学家韩愈，因谏迎佛骨被贬到边远的潮州任刺史。韩愈本不信佛，他刺潮不到一年，却与灵山寺高僧大颠和尚结为莫逆之交。大颠精通佛学、文学，两人论佛虽观点不同，但话语投机，谁也说服不了谁。《潮阳县志》载："谈论十数日，甚为投契。"这是历史上一段颇为微妙的儒释交往的故事，其深厚友谊一千多年来被传为佳话。

开元寺天王殿

开元寺

　　潮州老城区有四条繁华马路——开元路、西马路、太平路、义安路。这四条马路在一片红尘中围出五十多亩的禅地净土，这就是开元寺。唐玄宗开元二十六年（738年），天子诏令各州郡以年号"开元"为名建寺，作为庆贺天子诞辰的道场。又建龙兴寺，在皇帝忌日举行国忌。潮州龙兴寺已无考，而开元寺历经一千二百多年至今尚存。其实，潮州在唐朝开元之前就已有佛教信仰。

　　开元之前，这里是荔峰佛堂，南临广济渡口，北倚郁郁葱葱的荔枝林，恰似依山傍水、远离喧嚣的净土。唐朝奉敕建寺之后，历经五代的纷争，及至宋元明清和近现代十次大规模修建，逐渐形成这殿阁雄伟、圣相庄严、香火鼎盛的粤东第一古刹。当年的蛮荒之地早已发展成繁华的商业区，将开元寺团团包围起来，开元寺俨然一粒镶嵌在俗世中的舍利子。

　　很多有名气的寺庙都成了旅游区，需购买门票

才能入内，有人说这样的道场不能去，因为没有正法，不利于修行。而开元寺不收门票，除了名气遐迩和位处闹市，这也许是寺里香客如云的重要原因之一。

　　踏入大门首先是天王殿，一方巨匾高悬殿上，"度一切苦厄"五个大字赫然入目，左右篆联"百万人家福地，三千世界丛林"。弥勒佛端坐北面正中佛龛，四大天王谦恭地捧着手中宝贝，分列两侧。天王殿初建于宋康定元年（1040年），20世纪80年代初李嘉诚以其母名义独资重修，它保留了宋代建筑的风格，殿柱石木相衔，殿梁斗拱交错，承托殿顶百吨的重压，先人高超的建筑水平让人叹为观止。

　　手持宝杵降魔护法的韦驮菩萨，面对的是开元寺的核心建筑，气势宏伟的大雄宝殿，供奉的是三世佛：婆娑世界的佛主释迦牟尼佛居于中间，东方净琉璃世界的药师佛居左，西方极乐世界的阿弥陀

开元寺中大雄宝殿四周的石栏雕刻

大雄宝殿一侧

佛居右。神情各异、形态万千的十八罗汉分列两侧。大雄宝殿四周砌有唐宋时代的石栏，镌刻着佛教故事、珍禽异兽、奇花瑞草，这样的珍贵文物在开元寺里还有不少。尤其是殿前四座唐代石经幢，乃开元寺始建时所造，已历一千二百余年，其双龙夺宝及梵文雕刻尚隐约可见。殿内东侧那口直径一米有余的大铜钟，是北宋政和四年（1114年）所铸，三千多斤的庞然大物，经历几百年的岁月雕镂，至今仍完好如新，声音洪亮。文物室中的元代六层大香炉，传说用陨石雕就，有"天上材料，人间工艺"之誉。明代金漆木雕六角千佛塔，塔高六尺，计有七层，各层金瓦翘檐，门户交错，门内均刻佛像，门前则分别雕十八罗汉、二十四诸天神像，玲珑剔透，精妙细腻，有很高的工艺和文物价值。藏经楼有清乾隆御赐的《大藏经》共7240卷724函，是国内保存最完整的孤本。遍布寺内各处的壁画、官府文告、历代重修碑记等，构成开元寺源远流长、珍贵至极的人文景观。它们历经千年沧桑，得以幸存，实非易事。

开元寺在宋代得到很大发展，由于为郡中首刹，获赐太宗、真宗、仁宗的御书墨宝，并曾多次加以修葺，其中宋康定元年（1040年）的修建工程规模最大。明朝晚期以来，开元寺日渐衰落，寺产被侵占，经济实力日减。清初，连寺内房产都被占据。清朝前四帝，出于政治需要，各地佛教有较大发展，开元寺也得到多次维修。乾隆元年（1736年），罗浮山华首台曹洞宗密因古如和尚为住持。密因在开元寺开堂说法，整饬清规，并将之改为十方丛林，开元寺由此中兴。1933年恢复十方选贤制，近数十年来，住持分别由临济、曹洞、黄檗法裔出任。2001年，开元寺列被为国家重点文物保护单位。

康熙年间的《奉宪立碑》记录宰官因为施田成为开元寺田地最大的施主

天王殿中的弥勒佛

大雄宝殿前的两座经幢是唐朝建寺时的原物，也是潮州现存最早的石雕作品

青龙古庙

春节期间的潮州城年味十足，锣鼓震天响，歌舞撼人心，抽鞭纵跳的布马舞、翻滚腾飞的舞龙队、威武跳跃的醒狮、精细华丽的花灯……这飘着浓浓潮味的民俗巡游队伍，便是潮州青龙庙会的压轴环节——潮汕地区最隆重的"营老爷"。这场轰动全城的文化盛事，吸引了近三十万潮州市民争先观看，可以说是潮州民俗的"嘉年华"。

位处潮州古城南堤江边的青龙古庙，又称安济圣王庙，这座始建于明代的庙宇距今已有四百多年历史。古庙建筑中的潮州木雕、屋顶的嵌瓷、庙中潮绣服饰等物件，堪称潮文化精品的缩影。而潮人之所以对古庙及庙会"情有独钟"，却是因为庙中有人们敬仰的民间英雄——王伉。王伉扶贫济困、为民解难的精神影响了一代代海内外潮人。

三国曹魏黄初四年（223年），雍闿在南中反蜀归吴，派孟获煽动诸夷叛乱，王伉率部抵抗，因保土安民有功，诸葛亮在平叛后赞其"执忠诚域，十有余年"，并成为永昌太守。王伉死后当地人立庙纪念，因多次救民众于水火，被历朝加封至安济圣王。明朝万历年间，潮州人谢少苍在云南为官，当地发生旱灾，赤地千里，哀鸿遍野。他上表申报朝廷要求开仓赈灾，但却久未得到批复，在灾情危急情况下，他自行开仓救急，故而获罪，幸遇王伉显

圣相助，得以脱难。谢少苍认为王伉是自己的大恩人，便将其神像带回老家潮州祭拜，安济圣王信仰便在潮州流传下来。

传说有一年韩江泛滥，南堤岌岌可危，险情迭现。青龙庙前忽见青蛇群集，随后水势渐退，潮州转危为安，百姓纷纷猜测是王伉化身青蛇保境救民。自此，当地人更把王伉当作民间大英雄来崇拜。数百年来王伉恩泽百姓的美名传遍潮人所在的每个角落，庙中因此香火不灭，后来当地人把每年农历正月十三至二十八日定为青龙庙会，盛况曾持续百余年。

当年的庙会以祈福感恩、行善助善为主旨。庙会的前奏是"兴灯"，自农历正月十三至十五日，潮州城内连续三夜游花灯。从旧时的《百屏花灯》歌可一瞥当年花灯之丰富多彩，整个潮州城披红挂绿，灯光冲天，引人入胜。在庙会通宵达旦三昼夜中，全城演戏达十多台，各处香客云集，车水马龙，旅店客满，各行各业一派兴旺。庙会期间，除本地香客外，外地香客也络绎不绝，他们不但捐功德钱，还捐出不少善款，庙会主事们按照其意愿帮助办理，其中不少就是购买粮油等物品，救济贫苦家庭，成为一次群众性的自发慈善活动。

开始于清乾隆年间的"安济圣王出游"，一直

潮州青龙庙会盛况

安济王庙又称青龙古庙，潮州人称"大老爷宫"

是潮州府城最隆重的节日，在延续一百多年后，于1928至1931年，曾一度被当时的民国政府禁止。当时民俗作家沈敏先生在《潮州年节风俗谈》中，对1936年安济圣王出游的情形作了翔实描述，尽管这时潮汕地区经济衰退，节日盛况已大不如前，但一连三夜，"游人达十余万，全城如醉如狂"，仍是一派狂欢景象。此时的节日活动，与清代相比较，还多了燃放烟花节目。

1994年，海外潮人发起重建青龙古庙，重现"安济圣王山游"被提到议事日程。2014年春节，与潮州阔别六十四年的青龙庙会回来了，潮剧来了，木偶戏来了，潮州大锣鼓来了，饶平布马舞来

了，英歌舞来了，鲤鱼舞也来了……这是一次非物质文化遗产的集中大展示，是潮人民俗文化的嘉年华，更是海内外潮人对传统文化的守望和再认识。

对于海外潮人而言，青龙庙带有"根"性质的地域精神象征。青龙庙所在位置历史上曾是一个码头，从前"过番"的潮人，离家前总要到青龙古庙祈求庇护，甚至包上一点庙前的泥土随身带出洋，

青龙庙因此成为海外潮人守望和寄托乡愁的地方。于是，大多数人会选择在每年庙会期间，或慷慨解囊或回乡参拜，或进行贸易活动、洽谈生意等，庙会因而成为凝聚潮人潮心的重要纽带。现在，越南、泰国、马来西亚和新加坡等地潮人更把这一非物质文化遗产带到所在地发扬光大，青龙庙会俨然成了海外潮人寻根的重要依托。

青龙古庙外的韩江，以及远处的韩江大桥

孝禅寺

一池莲花，给喧嚣的炎夏添了些许凉意。在这样一个浮躁、沉闷的季节里，满池的清风碧莲，令人心旷神怡、物我两忘。这就是潮州孝禅寺之美。孝禅寺位于意溪镇头塘村，北依巍峨的别峰山，南临滔滔韩江，是一处避暑的好去处。它规模不大，寺门石匾上"孝禅庵"行书苍劲有力，右侧有"戊子年孟春重建"字样。红墙在灰瓦绿荫中格外醒目，"南无阿弥陀佛"六个大字几乎占满了南院墙。

清顺治十八年（1661年），潮州知府吴颖、海阳县知县王运元及僧众筹建孝禅庵。康熙年间，郡人太史杨钟岳建前座。抗日战争时，庵寺残破，香火断绝。直到1982年潮州善信才对其略作修茸，于前座塑观音像，后座塑华严三圣。1988年澳门郑士彦捐资重建大殿。20世纪90年代以后，潮州众善信陆续捐建祖堂、斋堂、僧舍、库房，易名孝禅寺，寺前再建放生池、照墙，形成如今规模。

孝禅寺北侧石壁尚存清初建寺时潮州知府吴颖的郡侯诗，字迹已模糊，寺后山腰有普同塔一座。

孝禅寺的一池荷花

松林古寺内的圆通宝殿

远眺松林古寺

松林古寺

意溪镇北郊松林峰山麓，在山脉蜿蜒环护下，有一座古寺，寺前湖泊如镜，气象万千，这就是松林古寺。1978年挖掘寺前东溪时，村民于废寺低洼处挖出一座韦驮菩萨石像及圆形石座，上镌"开山会堂和尚"六字，村民因而称之为"开山寺"。据专家考证，这些石造像及构件为隋唐时期的文物，可知该寺历史非常悠久，此后又发现清代法师碑石三块。

松林古寺于1993年重建，全寺建筑面积已达三千平方米，分为山门、圆通宝殿、大雄宝殿、地藏殿、斋堂楼、功德堂、四座普同塔等。古刹依山而筑，气势雄伟，殿宇庄严，妙法宏宣，真是一处佛门圣地，潮州胜境。

松林古寺内威仪的佛像

古大士庵

威严的观音塑像

　　潮州古城府仓旧称"永丰仓"，其内有一座以观音塑像而闻名的古大士庵。它以笔架山之中峰为案屏，独具胜概，为潮州名刹之一。

　　古大士庵创建于明代，经清朝数任州官修建，形成占地千余平方米的规模。至今尚存乾隆三十六年（1771年）《重修香火碑》等七块清代碑记、清同治十二年（1873年）潮州知府刘桂年为重修古庵所书门匾、数株百年以上树龄的铁树。清光绪十九年（1893年）进行了一次规模较大的重建。

　　新中国成立后庵寺荒废，曾被作为学校。1988年寺产移归僧人管理，筹划重建。如今古庵旧貌换新颜，庭院之中氤氲袅袅，伫立着高达十八米的四层四重式高阁，阁内中空，每层扶梯回栏可直达阁顶，左右两道通廊，连接山门，比往昔更显宽敞雄伟。慈恩阁内塑有一尊十米多高的观音大士圣像，两廊塑观音十八化身。修复后的古大士庵，比过去更轩昂宽敞，雄伟壮观。

　　焕然一新的古大士庵，慈光普照，慧灯高悬，法鼓长鸣，妙音远播，闹中有静，为千年潮州名城添了一处胜迹。

府仓内是潮州古城的一处佛教道场

古大士庵正门

08

潮州民俗

潮州铁枝木偶

潮剧

潮剧又名潮州戏、潮音戏、潮调、白字戏等，是中国十大剧种、广东三大剧种之一，其唱腔婉转优美，表演形式既丰富又独特，同时带有浓郁的潮州地方特色，从而被戏剧界誉为"南国奇葩"。潮剧主要流传于粤东地区，是潮州文化的重要载体，同时也是联络世界各地潮州人情谊的重要纽带。潮商遍布天下，因此，潮剧在闽南、台湾、香港等地和东南亚各国也广为流传。

潮剧历史悠久，距今已有四百三十多年，它是宋元时期南戏的分支。明代初期至中叶，南戏在潮州地区广泛传播，后来经过民间演变，吸收了弋阳、昆曲、皮黄、梆子戏等民间戏剧的特长，其内容和表现形式不断丰富，再融入本地民间艺术元素，如潮州音乐等，逐渐形成了独特的艺术形式和风格。至明代嘉靖年间，戏剧唱词改为潮州方言，意味着潮剧形成。

潮剧行当齐全，生、旦、净、丑各有应工的首本戏，表演细腻生动，身段做工既有严谨的程式规范，又富于写意性，注重技巧的发挥，其中丑行和花旦的表演艺术尤为丰富，具有独特的风格和地方色彩。潮剧演唱用真声，唱念用古谱"二四谱"，韵味浓郁。唱腔是以曲牌联缀为主的曲牌体和板腔体的联合体制，至今仍保留着一唱众和（帮腔），二三人合唱一曲或曲尾的形式，风格独特，表现力很强。早期潮剧的"帮声"，即登台演员唱至最精彩片段时后台众声"齐唱"相和的现象，在其他戏曲中甚为少见，是潮剧的特点之一。伴乐部分，保留了较多唐宋以来的古乐曲，又不断吸收了潮州大锣鼓乐、庙堂音乐、民间小调乐曲等，音乐曲调优美动听，管弦乐和打击乐配合和谐，善于表现感情的变化。潮剧的伴奏乐器随着时代的发展和文化的交流而不断发展丰富。20世纪20年代以前，乐器只

潮剧《红头船》是潮汕华侨海外创业的真实写照

有竹弦、唢呐、椰胡和月琴，以竹弦为领奏乐器。二三十年代，竹弦被二弦取代，月琴为扬琴取代，还增加了大笛和小笛。40年代开始，又增加二胡、琵琶和大胡。

潮剧曲牌很多，板式多变，常用二板、二板慢、三板慢等板式。潮剧传统剧目可分为两大类：一是来自宋元南戏与元明清传奇杂剧，如《琵琶记》《白兔记》《破窑记》《玉簪记》等，此类剧目文词典雅，乐曲古朴，做工细致；二是取材于地方民间传说或地方实事编撰的剧目，如《荔枝记》《苏六娘》《金花女》《龙井渡头》等，这类剧目故事生动，戏文雅俗共赏，富于地方色彩。现存早期潮剧剧本有明代宣德七年（1432年）的手抄本《刘希必金钗记》。潮剧也能结合时代需要，编演一些与现实生活关系密切的剧目，如抗日战争期间，反映抗战时事的剧目大批出现，著名的有《卢沟桥纪实》《韩复榘伏法记》等，对鼓舞群众投身抗日战争起到积极作用。

潮剧的著名编剧有谢吟，代表作有《秦凤兰》《赵少卿》《大义灭亲》等；还有吴师吾、林先玉、洪逊、陈名振等，各有一批名作传世。著名艺人有李德意、蔡龙汉、洪妙等。

根据乐器的不同组合，传统的剧目又分为大锣戏、小锣戏、苏锣戏。大锣最具特色也最为古老，善于表现低沉气氛、悲怨情绪；小锣轻巧；苏锣气氛庄严。

潮剧是中国古老戏曲存活于舞台的生动例证，是中华民族优秀文化表现形式的代表之一，具有深刻的历史意义和较高的审美价值。1990年以后，潮剧受到市场经济的制约和多种现代文艺形式的冲击，投资减少，人才流失，艺术水平下降，优秀的传统表演艺术濒临灭亡，正处在艰难发展的状况之中，亟待保护和扶植。

潮汕各地游神赛会的日子，就是潮剧团最忙的时候，潮剧因植根乡土而保持了顽强的生命力

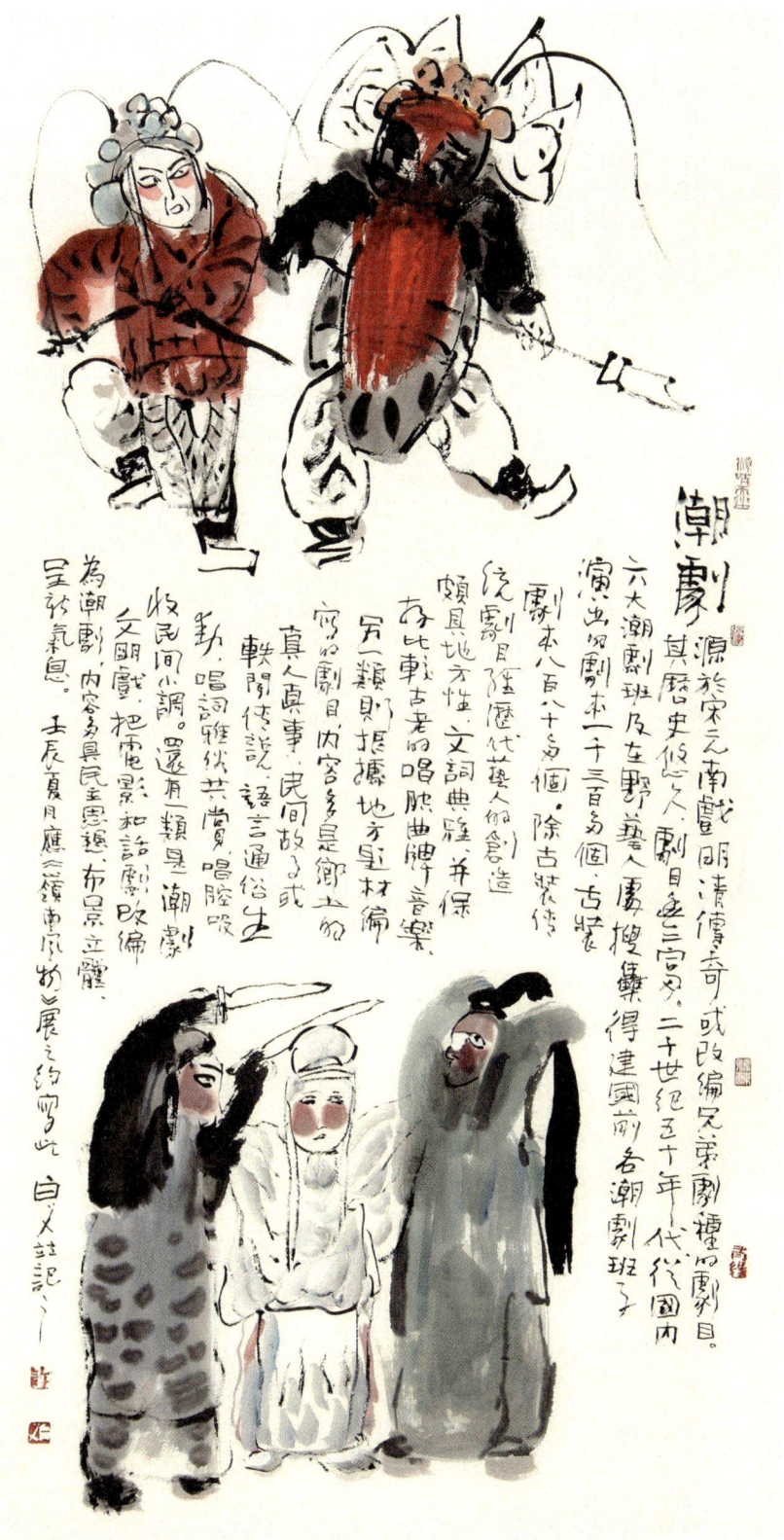

潮剧

源於宋元南戲明清傳奇或改編兄弟劇種的劇目，其歷史悠久。劇目逾三高家。二十世紀五十年代從國內演典型劇本一千三百多個，古裝劇本八百八十多個。除古裝傳統劇目匯歷代藝人個創造，頗具地方性。文詞典雅，並保存比載古老的唱腔曲牌音樂。另一類劇據搪地方題材編寫的劇目内容多是御立的真人真事，民間故子或軼聞傳說，語言通俗生劫。唱詞雅俗共賞，唱腔吸收民間小調。還有一類是潮劇文明戲，内容多具民主思想，把電影和話劇改編為潮劇，内容多具民主思想，布景立體呈現氣息。壬辰夏月廳《嶺東風物》展之約寫此，白义註記，許固令

海外华人书画家许固令作品《潮剧》，展现了传统戏曲的意境之美

潮州铁枝木偶戏

潮州铁枝木偶戏俗称"纸影"

　　木偶戏古称"傀儡戏"，在我国有悠久的历史。《列子·汤问》记载：周穆王西巡昆仑，在返途中，有能工巧匠偃师造了一个会跳舞唱歌的傀儡，当场表演给周穆王和他的宫姬看。"技将终，倡者瞬其目而招王之左右侍妾。王大怒，立欲诛偃师。偃师大慑，立剖碎倡者以示王，皆傅会革木胶漆黑白黑丹青之所为。"这便是我国最早的关于木偶戏的记载，唐代诗人李商隐为此写过一首著名的绝句："珠箔轻明拂玉墀，披香新殿斗腰支。不须看尽鱼龙戏，终遣君王怒偃师。"

　　到唐代时，木偶戏已十分流行，但其鼎盛时期则在宋代。据宋人笔记，木偶戏中的提线木偶、杖头木偶已成演出主流，当时尚有水傀儡、药发傀儡等。提线木偶表演动作能连续翻十个筋斗而寸丝不

乱，《三气周瑜》中周瑜形象的木偶能口吐鲜血，实在令人叹为观止。

　　木偶戏潮州称"柴头戏"，过去主要在节日或城乡游艺赛会时演出，多是福建、江西表演提线木偶的戏班。潮州本地的木偶戏为铁枝木偶，在木偶戏表演中别具一格。铁枝木偶个子不及提线木偶一半，由一根铁枝固定木偶躯干背部、两枝铁枝支撑活动的两臂。潮人谓铁枝木偶为"纸影"。纸影棚不大，表演时舞台中间垂一布幔，台面布置小桌椅，两边戏门可容二至三人用手把铁枝木偶带出台前，表演各种戏曲人物动作，潮人俗称为"抽纸影"。其后台唱曲和伴奏，俨然是一台小潮剧。从前有些痴迷潮曲者并不在台前看纸影，而是躲到纸影棚后听曲。现在纸影班大多改用音带伴唱，就缺

少这种诱人的韵味了。

潮州铁枝木偶虽形似木偶，其渊源却是民间的皮影戏。据萧遥天在《潮州戏剧音乐志》（饶宗颐总纂《潮州志》）的考证，潮州皮影戏属于南影的流派，在南宋接近灭亡时由一班逃难的孤臣、义民将皮影戏带到南方来。清代，潮州皮影戏最盛行，民间称为"纸影戏"。"潮郡城厢纸影戏，歌唱彻晓，声达遐迩。"（汪鼎《两韭庵随笔》）"潮人最尚影戏，以猪皮为人物，结台方丈，以纸障其前隅，置灯于后，将皮制人物弄影于纸观之。价廉工省，而人乐从，通宵聚观，至晓方散。"（陈坤《岭南杂事诗钞》）纸影戏正名"竹窗纸影"，因台面装一竹框，裱上透明白纸，如电影银幕一样。近代纸影戏日渐衰落，为以新奇争取观众，改竹窗为玻璃窗，弃皮影不用，模仿木偶戏形状，用稻草扎成躯干，穿上戏服，接上泥制头颅，多为浮洋大

吴所产的"安仔头"，纸手木足，背后及两手穿铁丝三条为操纵之具，称"圆身纸影"。圆身纸影的形制，倒是与古代偃师所做的傀儡相似，用纸影之名而演木偶之实。因此，纸影戏在全国木偶戏中独一无二。后来，连台前罩的玻璃窗也弃去，号"阳窗纸影"，以别于"竹窗纸影"，民间便简称"纸影"了。

1954年，潮安源香纸影班首次赴京参加全国十三个省的木偶戏调演，演出剧目为《唐僧收三徒》。随后纸影班作为木偶戏五个品种之一留京演出。据丁言昭《中国木偶史》一书记载，1955年广东省文化局在广州举办广东省民间艺术会演，已有潮州的纸影戏参加演出。1993年，潮安金石龙阁木偶剧团曾应邀参加奥地利第十五届国际木偶艺术节，在欧洲引起了轰动，成为中国民间艺术的一朵奇葩。

孩子们在围观"纸影"表演

潮州花灯

潮州花灯历史悠久，有确切资料记载的是，明嘉靖四十五年（1566年），在新安余民刊本《荔镜记》第六出《五娘赏灯》中，有多处描写元宵夜潮州游花灯的情景。明清时期，随着潮汕地区商贸经济的发展，潮州花灯也进入了快速发展时期，花灯在内容上逐渐广泛，造型也丰富多彩，历史人物、动物、植物以及神话故事、民间故事，都被搬上了花灯。"活灯看完看纱灯，头屏董卓凤仪亭，貂蝉共伊在戏耍，吕布气到手捶胸"，这首家喻户晓的民谣，生动地反映了潮州花灯展出的情景。

几百年来，潮州花灯代代相承，艺人既坚守传统，又不断创新，这也是潮州花灯保存旺盛生命力的重要前提。清末宣统二年（1910年），花灯艺师杜淞、杨云楼制作的《红楼梦》与《白盂玉》两屏潮州花灯，在"南京全国艺术花灯大赛"中获得大奖，自此潮州花灯名扬天下。

潮州花灯千奇百怪、风格独特，极具乡土特色。传统的花灯形式分为"素灯"和"热灯"两大类。"素灯"也叫文灯，着重表情动作；"热灯"也叫战灯，讲究盘弓走马姿势。人物形象生动传神，如脸谱就有生、旦、净、丑四大类，又各分文武老幼。丑有10多种，而净则多达40多种。脸谱的塑造构画还要讲究喜、怒、哀、乐和善恶、美丑。这些造型在制作中巧妙运用，善于变化，构成千奇百怪的不同人物形象。除人物造型、脸谱制作外，姿势表情、服装鞋帽、道具刀枪、布局景物都要紧

潮州花灯

潮州传统习俗游花灯

密搭配，构成一幅完美的图景。花灯的造型更是五花八门，有圆、方、梅、菱、鼓、六角、八角等，有壁灯、串灯、花篮灯、莲花灯、水果灯、动物灯、走马灯，还有座灯、吊灯等。潮州花灯的用料也十分讲究，以竹篾、铁丝扎架，绸、绢作衣饰及面料，内面亮光透照出来，显得通体透明，玲珑剔透，因此花灯原叫"火灯"。更有奇妙者，艺人们别出心裁，以盛装真人置于花灯屏间，以真作假，经灯光照射，朦胧间若隐若现、若即若离，胜似仙境，使观者如坠雾里。艺人们称之为"美景"，又叫"活灯"。

随着社会科学的不断发展，物质不断更新，艺师们的工艺水平也不断提高不断创新。在表达内容上，"百屏灯"唱的人物故事已为人们所熟悉，后辈艺人就选取人们喜爱的故事及人物新形象，如孙悟空、花木兰、白蛇传、金山战鼓等。过去灯面上画的大都是风景、花鸟虫鱼，到了近年，艺师们还利用灯面宣传政府政令，宣传企业形象，如防火防风、交通安全、平安保险、储蓄利民等。说到灯的光源，也在不断地更新换代。昔时的灯，其实用的是"烛"，清诗人李慈铭诗句"十万春花烛里开"，句中的"烛"指的就是彩灯。后来陆续改用电石灯、煤油灯、汽灯，直到近年，才装用电灯照射。花灯的构架，昔用铁丝，近代艺人大胆改用竹料。林汉彬、陈俊荣为参加法国巴黎华人节（春节）巡游而制作的大型花灯《女娲补天》《神农尝百草》座灯高达3.2米，如此庞然大物，还得借鉴建筑学设计呢。近年来采用机械律动、电动旋转的花灯也不断涌现，足见时代的发展也促使花灯的制作水平不断提高。

如今，潮州花灯不仅在展览会上、巡游活动上为人们所见，而且进入商业领域。通过商业渠道，潮州花灯传播到了全国各地及世界华人居住区，成为从潮州走向全世界的民间艺术。

韩江出水的南朝青瓷盘口罐

千年潮州瓷

拥有悠久产瓷历史、执外销陶瓷牛耳、名气却并不响亮的潮州，在2004年获得"中国瓷都"称号，这是一块迟来的"金字招牌"。要了解潮州陶瓷，不能不去一个地方，那就是潮州牌坊街的"颐陶轩"。

同在一条牌坊街，却不同于南边的熙熙攘攘，这条千年古街的北段安静得有些落寞。掩映在树荫下的四进士坊散发着儒雅的气息，一边的"二目井"已默默在此陪伴了数百年。看着对面红砖砌成的矮楼，以及树叶里透下的光斑，时间仿佛在此刻静止，脚下就是传说中的百花台，还有已深埋一千多年的宋代太平桥。

"颐陶轩"就坐落在这一众渐被淡忘的风景中。在古色古香的客厅中，我们见到"颐陶轩"主人李炳炎，他一边冲泡工夫茶，一边讲述他与潮州陶瓷结缘的故事。李炳炎本是个生意人，早年创业成功，而后醉心陶瓷收藏，由此走上研究潮瓷的探索之路，成为这一领域的"拓荒牛"，商而优则儒，从商人到学者的"转型"，建立起一家如此有分量的博物馆，这是一条多么不同寻常的道路。如同馆址幽静的格调，"颐陶轩"的藏瓷也散发着神秘而悠远的意韵。上及商周秦汉，跨越隋唐宋元，下至明清民国，壶钵瓶罐、碗碟杯盘，都在述说着潮州陶瓷文化的沧桑沉浮。

陶瓷是华夏文明的典型代表，中国传统美学是一种意境的表达，陶瓷则将这种写意之美发挥到了极致。潮州窑，始于唐代，盛于宋，经历元明清和民国时期的改良，在近现代再度焕发光彩。潮州窑

潮州窑博物馆"颐陶轩"

主要为外销陶瓷。西北负山、东南面海、田不足耕的生存环境促成了潮州陶瓷业的发展，内陆交通的不便促成海上贸易的繁荣。坐拥便利的水路运输，潮州历代窑址大都位于韩江或其支流区域；又因僻处海隅，自古以来潮州文化发展落后于中原地区，潮州窑即使偶有巧匠精作传世，也多数被认为中原名窑所产。随着潮州窑研究的不断深入，潮州窑的真实历史正逐步得到还原。

潮州窑以笔架山窑为突出代表。笔架山窑坐落于潮州市区韩江东岸的笔架山西麓。因位处于韩水之东而得名"水东窑"，又称"韩山窑"。在其盛存的北宋时期，此地曾有"瓷窑九十九条，窑长九

丈五尺"的传说，被誉为"百窑村"。2001年，这一拥有"百窑"之多的宋代窑址，被列为全国重点文物保护单位。当时为什么要筑建如此大规模的窑场？这是潮州作为海上丝绸之路重镇的重要佐证。文史专家曾楚楠认为，宋代笔架山一带瓷窑鳞次栉比，尤10号窑规模之大是目前国内未见，仅该窑年产量已远超其时本土用量，可见众多瓷窑的产出几乎都是为了海外贸易。

唐代是潮州窑的创始期，陶瓷生产以北关窑和南关窑为主，均属平地低温窑技艺，产品呈灰色或灰白色，胎体较厚。至北宋早期，潮州窑进入成熟期，开始出现高温瓷烧制技术。北宋中期到南宋早

笔架山潮州窑遗址

期，是潮州窑的"鼎盛期"。由于北方战乱，大批
南迁的瓷窑工匠带来了先进技术，加上中原经济重
心南移、陆地丝绸之路中断等因素，客观上为潮州
窑兴起创造了历史条件。北宋外销瓷中出现的青白
瓷产品，必须以1300℃高温龙窑烧制。笔架山地势
适合筑造龙窑，加上高岭土的发现，成为笔架山窑
兴起的客观条件。宋元潮州窑胎质细密，胎色呈白
色、灰白或深灰等，釉面较薄，均开细小纹片。

　　宋代时潮州地区经济已相当发达，朝廷对粤东
的开发进一步加强，朝廷引导东南沿海陶瓷外销，
还有一个目的是换取白银。笔架山窑规模宏大，一
窑每次产量达五六十万件，以供应外销为主。东南
沿海是北宋三大产陶瓷中心之一，而潮州则是东南
沿海外销瓷重要生产基地。

　　"海上丝路"实际上也是"海上瓷路"。潮州
陶瓷产品外销，在1860年之前的帆船时代，主要有
两条途径：一条往北销往朝鲜和日本等地，另一条
往南销往东南亚和西亚。当时，往南的销路，货物
不论是波斯人经营，还是中国人经营，到达马六甲
之后，全部上岸重新调配中转，再分船运往欧洲、
中东等地。今天的考古发现，远至欧洲、非洲，都
有笔架山窑的瓷器。

　　南宋到元明清时期是潮州窑"改新期"，朝廷
将市舶司迁移到泉州，笔架山窑的沿海外销优势随
之丧失，大量窑工往东南和西北部山区转移，进驻
在高陂、九村等地，从事青花瓷等的生产。1860
年，汕头港通商，潮州窑迎来"繁荣期"。枫溪陶
瓷产业逐步发展起来，出现大量新品种，窑户规模
得到扩大，龙窑技艺成熟普及。改革开放后，潮州
民营企业崛起，陶瓷产业随之进入"辉煌期"。

三国故事是早期潮彩的常见题材

潮州人物瓷塑，造型准确，线条优美有动态，寓意
吉祥

潮绣，
花针绣出大乾坤

潮绣国家级非遗传承人康惠芳大师

清宣统二年（1910年）六月五日，两江总督端方于江宁府举办南洋劝业会，这是中国历史上首次以官方名义主办的国际性博览会。22个行省和14个国家及地区的代表云集南京，展品达百万件，时人称之为"我中国五千年未有之盛举"。在这次历时半年的博览会上，来自广东潮州的刺绣《郭子仪拜寿》荣获金奖。一时，潮州城里人们奔走相告，锣鼓喧天，鞭炮齐鸣，参与绣制的24位男绣工被誉为"刺绣状元"。自古以来，刺绣本是女子心灵的涟漪，而在早期的潮绣中，男子竟然更精于绣功，这在其他刺绣流派中极为罕见，一度成为潮绣一大特色。

潮绣，是中国四大名绣之一"粤绣"的主要流派。这项源远流长的"针上艺术"，传说与黎族织锦同源。潮绣始于唐宋，盛于明清，在历史的长河中饱汲了凤山韩水的精华。乾隆年间，潮州妇女多勤于纺织，女子到了十一二岁，母亲便开始为她备嫁衣，刺绣是潮州女子成年时必备的技艺，这是姑娘说亲的硬件和夸耀的本钱。日常生活中，潮绣装饰品无处不在。清代粤绣工人多来自广州、潮州，而潮州绣工技巧更高。潮州人的精致细腻、心灵手巧，加上刺绣工艺的代代相传，使潮绣有着强烈的地方色彩。

在国家非遗传承人康惠芳大师的工作室，我们目睹了潮绣的巧夺天工。金线、银线、绒线、花线，或独立或结合，繁复的针法让人叹为观止。饱满的构图，鲜艳的色彩，清晰的纹理，金熠生辉。

康惠芳潮绣创作中心

圖子百

出自康惠芳之手的潮绣《百子图》

潮绣名作《九龙屏风》于1982年获得中国工艺美术百花奖金奖

潮绣独特之处，在于垫高绣，以棉絮垫定图案造型，然后绣上金丝绒线，使之呈现浮雕感，绣针下的景物栩栩如生，呼之欲出，这种绣法在"四大名绣"中独树一帜。

康惠芳生于书香门第，但"十年动乱"中被迫辍学，为谋生计，16岁那年她学做针线活，绣"枕头花"换番薯填饱肚子，这在当时是唯一出路。康惠芳对潮绣很快就上手，随后进入国营潮绣厂，师从潮绣大师林琬英，十几年间她勤学苦练，成为一个名副其实的绣娘，也成就了一手精湛的潮绣技艺。1982年，她参与绣制潮绣大师林智成的作品《九龙屏风》，获得了中国工艺美术界的最高荣誉——"百花奖"金奖。改革开放初期，潮绣开始走出国门，在境外深受青睐。康惠芳看到了潮绣的美好前景，决定自己创办潮绣作坊。然而一个女人白手起家，创业之难可想而知，最困难时连工资都发不起。经过一番摸索，她找准了市场定位，设计的绣品开始被认可，生意也渐上轨道。

潮绣曾盛极一时，也一度沉寂，但因为有林智成、康惠芳这样的潮绣艺人坚守付出，潮绣得以代代相传。现在生活条件好了，潮绣传承反而又出现断层，因为刺绣是一项辛苦活，愿意潜心钻研并以此为职业的人并不多。针法是潮绣的精髓，由于绣工缺失，市场上一些绣品只能依赖机器，效果粗糙。为避免针法失传，康惠芳挑起了潮绣传承的重任，在致力于潮绣创作的同时，竭力培养后继人才，授艺培徒已有三百多名。

从植根民间的生活用品，到如今成为文化的交流使者，潮绣的功效发生了巨大改变，老一辈艺人的坚守与创新也使潮绣得以薪火相传。如今，非物质文化遗产得到更多人的重视，相信潮绣这块艺术瑰宝一定会焕发出新生的光芒。

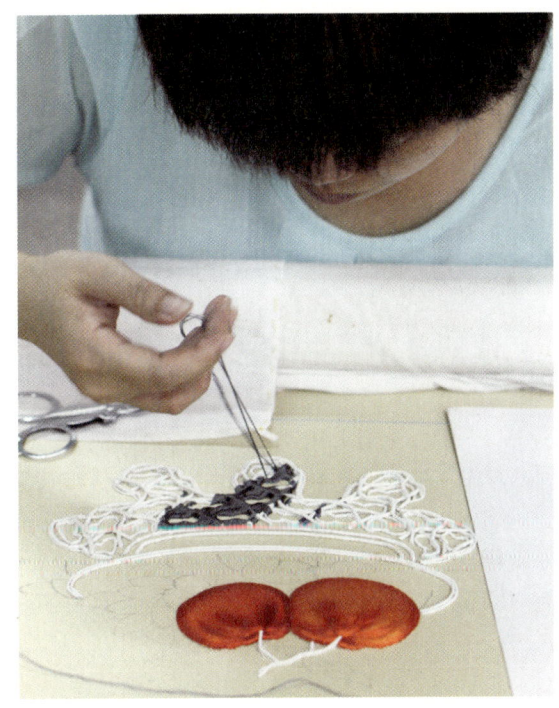

上百种针法变换之间，交织出一幅立体的刺绣，这就是传承上千年的潮绣

潮绣以富有浮雕效果的垫高技法独异于其他绣法

抽纱，
中西合璧的艺术

在潮州市人民广场文化长廊举办的潮州传统工艺精品展上，木雕、潮绣、麦秆画、陶瓷、花灯、泥塑、木偶、剪纸等工艺精品琳琅满目，制作之精细，技艺之独特，真是一场文化盛宴。角落里一件类似纱织品的桌布引人注意：繁复精致的布局、剔透玲珑的艺术特色、变化出千姿百态、栩栩如生的图案。讲解员说，这就是濒临失传的"潮州抽纱"。

2009年，潮州市抽纱公司接到一家日本企业的订单，然而他们却无力承接这笔生意，因为自20世纪90年代初，潮州本地大规模的专业生产就已全面停止，进入21世纪之后，基本已找不到会做潮州抽纱的女工了。这项濒临失传的传统工艺，被广东省列入第三批非物质文化遗产保护名单，抢救和保护已成为当务之急。

抽纱又称"抽绣"，俗称白纱，其实是刺绣的一种，相传起源于中古的意大利、法国和葡萄牙等国，所以老一辈人将抽纱叫作"番花"。关于抽纱传入潮汕的时间各有说法，较获认同的说法有两种。一是清光绪十二年(1886年)，德国鲁麟洋行领港员的妻子，将带来的西式花边交给汕头教会淑德女子学校的老师，让其教学生织出产品后运到德国去卖，当时校内的二十多名学生便成为潮汕地区最早学会抽纱手艺的女工。二是清光绪二十八年(1902年)，一个叫纳胡德的女传教士，惊叹于潮绣优美的图案、精巧的针法，于是从国外带来一批抽纱样品，以潮州的夏布居然绣出了优雅精细的新产品，它与西方粗糙的针法有天壤之别。这批经过改良的抽纱在国外被抢购一空。从此，抽纱给潮汕带来无限商机，抽纱业遍地开花。

潮州抽纱的特点是按一定图案抽出布料中的某

20世纪30年代的抽纱女工

些经纬线，以针线缝锁抽口，再加花纹刺绣。四百多种巧妙针法，繁复精致的设计布局，多层镂通的艺术特点，变化出千姿百态、栩栩如生的图案。旧时潮州女子多精于刺绣，十岁左右便跟随母亲学习绣花，准备自己的嫁衣。待到成年出嫁时，已是刺绣好手。在潮州抽纱发展的繁华阶段，幽深小巷或静谧门楼里，总有潮汕女子埋头在圆圆的花规下，飞针走线，绣遍花鸟鱼虫，无论姑娘、少妇、老妪皆如此。在近百年的漫长岁月里，潮州抽纱逐渐成为潮汕妇女普遍掌握的技艺，成为城乡千家万户一项重要的家庭副业。

20世纪20年代初，大批英国、德国和美国洋行纷纷在潮汕创办抽纱行。短短十年间，潮州抽纱业进入全盛时期，由于汕头成为华南第二大商港，抽

《鳞羽图》是著名老抽纱艺人陈铁泉设计的。72英寸×108英寸的薄玻璃纱上，102条飞龙、268条舞凤巧妙地交织在奇花异卉中。这件作品是十多位绣娘用了一年多时间，以约15万条绣绒织成，可谓"潮州抽纱之王"

纱洋行的产品通过汕头口岸销往西欧各国，抽纱从业人员遍布崎碌地区，盛极一时。其间虽经历抗战破坏，1945年潮汕光复后，抽纱商行相继复业，潮汕解放前夕，抽纱行业平稳跨入了新社会。20世纪80年代末，机绣的出现使传统的"抽纱社""绣庄"纷纷解体，后来电脑绣的出现更将手工潮绣打进了"冷宫"。潮绣的没落，使抽纱技艺也受到彻底冲击，在此后的十几年里基本没人学、没人做，完全处在断层状态。

2007年成立的"潮绣世家"位于广济门里。创办人祝书琴虽出生于潮绣世家，但从小却被母亲"排斥"在潮绣行当之外。祝书琴的童年时光，正处在潮州抽纱由盛转衰的时候，那时家家户户都在揽刺绣、抽纱的活儿，其他同学放学回家就要学，只有她母亲不让她动手。因为绣娘社会地位卑微、收入少，母亲不愿祝书琴步其后尘，只要她好好念书。但从小耳濡目染，痴迷于刺绣的祝书琴，经常创造机会"练手"和"偷师"。20世纪90年代，大学毕业后的祝书琴依靠经营服装厂和圣诞玩具厂创下家业，生活宽裕起来。用她的话说，是"先为母亲挣足了晚年退休金"之后，心中对这细针绒线的向往再次涌动起来。2007年，祝书琴注册成立"潮

潮州抽纱是传统潮州刺绣与欧洲抽纱相结合的产物

出生于潮绣世家的祝书琴，致力于挽救"濒危"的抽纱技术

绣世家"，同时大量收购散失于民间的潮绣作品，两年间，她回购并收藏各式潮绣精品多达近千件，包括《双凤朝牡丹》和《鳞羽图》。

《双凤朝牡丹》是1980年走出国门、拿过大奖的经典名作，是潮州抽纱"稀世珍品"。《鳞羽图》代表着潮州抽纱最精细高超的工艺，由抽纱老艺人陈铁泉设计。72英寸×108英寸的薄玻璃纱上，总共有飞龙102条、舞凤268条，还有奇花异卉成千上万，因为针脚细密，在针稿阶段设计师就发现普通的针都太粗，于是请来"洋"师傅用"洋"钢材磨了一批专用的绣针，十多位绣娘用了一年多时间，耗用约15万条绒才终于完成，可谓"潮州抽纱之王"。据说这件精品仅生产过三件成品，一件被马来西亚总理收藏，还有一件下落不明，而祝书琴手上的这一件，是几经周折，从一家香港洋行购买的。

2008年，祝书琴重建曾经辉煌的民间"绣庄"，让这一消失多年的传统工艺社团"再现江湖"，同时将跟母亲同时代的资深老艺人都请回来，到她的绣庄"重操旧业"。2014年，"潮州抽纱"被评为国家级非物质文化遗产代表性项目，祝书琴成为省级代表性传承人。广义上的"潮绣"，包含了抽纱及刺绣两大技法范畴，而抽纱难度更高于刺绣，但凡抽纱技法出众，则必能驾驭刺绣技法；而刺绣技法出众，却未必能胜任抽纱。

要练成一名潮绣大师，至少要历经十年一百多道工序的锤炼，而今愿意花时间潜心研究这门技艺的人越来越少。祝书琴为了培养接班人，开设免费课程，为学员提供良好的待遇，希望可以留住人才，但最终能守住寂寞的学徒寥寥无几。如今，她与韩山师范学院联手开设潮绣课程，亲自撰写教材，希望建立这门技艺的完整教育体系，在尽可能多的渠道和人群中，将潮绣源远流长地流传下去。

潮州金漆木雕

蜚声海内外的《龙虾蟹篓》木雕

走在潮州的街巷，常被老厝门楼里的木雕吸引，每次驻足观看，都会惊叹其手工之精妙。这些散发着浓浓潮州味的木雕，无不体现着中国最传统的哲学和美学。在《辞海》中，"潮州木雕"是个专有名词，这是令潮州人自豪的事。

如同工夫茶、潮剧一样，潮州木雕在潮人的生活中无处不在，它的多层镂空、金碧辉煌让人过目不忘，而那细腻精致的工艺可谓无与伦比。潮汕各地的祠堂庙宇、建筑门窗、匾额承柱以及寻常人家里的屏风几桌，都能见到它的身影，而潮汕民俗的迎神赛会、祭祖的神龛更是其大放异彩的地方。

潮州木雕形成于唐代，是中国现存四大木雕流派中起源最早的。金漆木雕最初是皇家、庙宇建筑的装饰艺术，流传到南方之后融入了地方特色，形成一种流派。到了明清两代，潮州木雕已有很高的艺术水准，其材质多选用樟木，冬季伐树锯成块状，风干后不易变形，耐虫蛀，雕刻成品之后再上漆贴金，富丽华贵，具有强烈的艺术效果。

意溪镇莲上村被誉为"潮州木雕之乡"，村民历来擅长木雕工艺，清末已负盛名。过去莲上村几乎家家做木雕、户户出师傅，曾孕育出张愚、张鉴轩、陈舜羌等大师，他们的足迹构成了一条潮州木雕的传承之路。然而斯人已逝，如今莲上村的年轻人大都出外打工，留在村里做木雕的寥寥无几。陈舜羌是潮州木雕承前启后的人物，虽然已故去多年，但他的作品和徒弟，是这项技艺得以传承的关键。

潮州市昌黎路70号大院是陈舜羌木雕艺术馆所

珍禽瑞兽是潮州木雕的重要题材

在地。馆长陈树东的父亲陈培臣是首批国家级非遗——潮州木雕的代表性传承人，也是陈舜羌大师的儿子。陈培臣虽然经常接受媒体采访，但他认为自己是个有实际技能却不擅言表的人。对潮州木雕的传承现状，陈培臣认为年轻一代已少有人愿意钻研了，潮州木雕的"镂空雕"技法很繁复，机械仅能辅助性做一些粗活，雕工若无一定水准是难以完成的。

木雕艺术馆里名作荟萃，有历代全国各地的老木雕，集近现代潮州木雕精品之大成。其中有清代六角形宣炉罩等珍稀精品，以及一代宗师陈舜羌传世佳作、迄今为止最大型的立体木雕虾蟹篓。陈培臣指着展柜里父亲的遗像说，父亲是个真正醉心艺术的人，对潮州木雕做出很大贡献。陈培臣自嘲仅读过三年书，而且读的都是一年级。出生于木雕之乡，又有一位擅长木雕的父亲，耳濡目染之下，十三岁那年他便跟着父亲学做木雕活，在他眼中，父亲既是严父，更是严师。那时学徒是按老规矩学

工艺精细又依赖手工操作的潮州木雕，无法形成规模化生产

陈培臣从20世纪80年代开始带徒弟，一直到现在

潮州木雕最突出的特点是层次感、立体感。在一面木板上雕出七八层甚至更多的画面,这种技法叫通雕,这是潮州木雕最难、最不同于其他木雕的地方

艺，没有理论，完全靠言传身教，再加上自己的想法。潮州木雕过去只用作建筑物的装饰，在1957年莫斯科的艺术博览会上，他与父亲和张鉴轩集体创作的《蟹篓》捧回了一个国际大奖。从此，潮州木雕跻身国家级美术工艺品行列，而龙虾蟹篓成为潮州木雕的拳头产品。

名师出高徒，陈培臣像当年父亲师从张鉴轩那样，从学磨刀开始，一捶一凿，用那双长满老茧的手，创作了不计其数的木雕精品。他的"师公"张鉴轩，也是这样从清末木雕大师张愚手里接过衣钵，莲上村的木雕技艺就是这样脉络清晰地一代一代薪火相传。陈培臣忧心忡忡地说，现在的年轻人不喜欢传统工艺，但他儿子陈树东是个例外。陈树东不但接过祖父的刻刀，而且时有力作，这让陈培臣感到很欣慰。眼看着父亲和自己徒弟创办的木雕作坊开花结果，陈培臣坦言，正是由于这种传承造就的竞争局面，使潮州木雕的发展走进了一个新时期。

潮州木雕在长期的发展中，吸取了石刻、绘画、泥塑以及潮剧等各种不同民间艺术的长处，融汇成独特风格。在刻刀下，没有生命的木头变得层层叠叠、玲珑剔透，成为飞禽走兽、花鸟鱼虫甚至古典戏曲中的人物景观。理论和设计是传统木雕艺人的软肋，陈培臣希望新一代的传承人既有理论、设计能力，又有实际操作能力，如同父辈塑造出四面立体的通雕"蟹篓"一样，相信不久的将来，潮州木雕会再创新高峰。

人物比例刻画写实，面部表情栩栩如生

潮州木雕的贴金效果光彩夺目，蕴含着浓郁的岭南风情

潮州麦秆画

　　巍巍古城楼，绵绵湘子桥，滚滚韩江水，点点白帆影。这是一幅用麦秆制作而成的《潮州古城》图。金黄与淡啡色交错，墨黑的底色镶嵌着密密的金丝线，灿然成锦而不落凡俗，格调质朴又栩栩如生，这就是潮州又一项非物质文化遗产——麦秆画，一种洋溢着浓厚乡土气息的民间艺术。

　　潮州麦秆画之所以有这样奇特的效果，是因为糅合了刺绣的纤细、国画的韵致、水彩的清丽、油画的浑厚。极其寻常的麦秆，经过剪、切、染、贴等办法，在画纸上形成了绚丽的图案，山水人物、花鸟虫鱼皆可入画。平面式的麦秆画色彩绚丽，浮雕式的则形象逼真、呼之欲出。

　　作为潮州的传统工艺，近百年来麦秆画历经变革与创新，诞生出一批本土的创作大师。潮州市麦秆画研究艺术馆馆长方志伟是麦秆画省级传承人，他从事麦秆画创作已四十多年，从潮州麦秆厂的一名普通工人做起，凭着对这门技艺的喜爱与执着，不断丰富和创新麦秆画内容，终于让这个日渐式微的行当焕发出新的光彩。

　　潮州市麦秆画研究艺术馆陈列的麦秆画作引人入胜，人物之逼真，山河之壮美若非近距离亲眼所见，实在不敢相信这是由麦秆做成的。平常用来生火煮饭、垫牲口棚子的麦秆，经艺人灵巧的双手达到了化腐朽为神奇的效果。潮州麦秆画最初以编织物形式出现，过去的农人用刚收割的麦秆，织成斗笠、桌椅、轿子、扇子、骏马等小工艺品，后来逐步演化成现在的麦秆剪贴画。在潮州麦秆画鼎盛的20世纪80年代，曾有从业者近两千人，来自海内外

麦秆画研究艺术馆馆长方志伟正在创作麦秆画

麦秆画《潮州古城》局部

的订单源源不绝。然而随着市场的多元化，麦秆画市场日渐萎缩，当地特种工艺厂被迫停产后，师傅们纷纷转行另谋生路。一个热销的工艺品种为何会突然消失？

麦秆画制作工艺之精细超乎想象，说它比刺绣还繁复一点也不为过，一条一寸长的鲤鱼，居然要耗费三天的工时。制作麦秆画全靠纯粹的手工，即便在高度自动化的今天，仍没能发展出替代手工的方式。一种纯手工的产品，其价格、工值都非常低，制作设备仅是一块刀片、一把镊子。所以到了20世纪90年代，已经几乎没有人，特别是没有年轻人愿意从事这门工艺了，麦秆画就这样没落了。制作麦秆画的原料麦秆，在二十世纪七八十年代大都是来自大麦，因为大麦秆直径大、草皮厚，非常适

合制作麦秆画，但农业的发展需要大麦的植株尽量低矮以抗倒伏，这导致麦秆画的优质原料越来越难找。像潮州八景题材的彩色麦秆画，用大麦就非常好做，色彩和质感都非常容易体现，但现在用本色麦秆来做，其艺术表现力远远不够，而且这种半立体的作品，既花功夫效果也不够好，原料问题也导致麦秆画的发展受到了限制。

潮州麦秆画是一门非常独特的工艺，与潮州木雕、潮绣相比，其历史还是比较短，大众的认知程度也不够高。而且原料相对廉价，在收藏价值方面不具优势。制作麦秆画的艺人，随着年岁增长，视力、精力、手的灵活性等都有一定的退化，如果缺少年轻人来接班，这门工艺想要传承下去还是比较困难的。

麦秆画《潮州古城》

插屏《雀屏似锦》获得2015年中国(深圳)国际文化产业博览交易会金奖

手拉朱泥壶

手工拉坯成型，是最原始的辘轳制陶技法

16世纪，中国的朱泥壶传到西方，欧洲人从未见过红而不嫣的东西，便将它叫作"红色瓷器"。潮州手拉朱泥壶历史悠久，积淀深厚，演化有序。宋朝以后，潮州成为陶瓷生产中心，其中手拉朱泥壶是潮州陶瓷的奇葩。紫砂的品种很多，有朱泥、紫泥、段泥、绿泥、团泥五种，朱泥是其中较好的一种，最适合泡茶，自古以来是紫砂壶中的上品。

经过明末清初长期的战乱，到康雍时代，中国封建王朝进入最后一个盛世，时局渐趋安定，士大夫之间品茗玩物之风甚炽，越是上阶层的人，对茶器越讲究，茶器已然成为社会地位、声望品位的表征。清代中期，潮州朱泥壶便独具一格，广泛生产和应用，并代代相传一直延续至今。

用"秀雅玉女"来形容潮州手拉朱泥壶最为贴切。它壶体小，大都纤秀轻巧，壶身娇嫩薄细，因吸收了潮州民间艺术的精华而富有自家风格。潮州枫溪是手拉坯朱泥壶的发祥地，一直是由祖传作坊制作，各家的泥料配方及制作手法从不外传。在古老的辘轳上，将泥料自下向上伸延且内外翻转，使器物形态或挺拔秀丽，或韵律柔美，这是技艺美与形态美的融合。造型的变化在一刹那完成，这是潮州手拉壶的独特之处。繁复的制作工序，全靠熟练的手工完成，经过拉、修、批、上水、上浆、烧等近六十道工序，烧制的成品造型精美，线条简练，色泽丰润，光滑度高，可见一把好壶来之不易。

枫溪西塘"老安顺"手拉壶有一百多年历史，其第一代传人章大得于道光二十三年（1843年）到江苏宜兴学习制作紫砂壶技艺，之后又师从多位名家，再结合潮汕陶艺，在潮州自成一派，名声颇著，"老安顺"之名也随之远播。老安顺第四代传人章燕明已届古稀之年，知名时评家洪巧俊称其为

手拉朱泥壶需经过拉、修、批、上水、上浆、烧等近六十道工序才能完成

制作中的朱泥壶

"中国手拉坯朱泥壶第一人"。章燕明将一坨坨外形笨拙朴素的朱泥，一步步变化出"环肥燕瘦"的美态，是长年累月才练就的功夫。

潮州朱泥壶最大的特点，就是"手拉"两字，这也是它与宜兴紫砂壶最根本的区别。手拉坯壶的难度除了嘴、把、钮要形成直线，还要和谐统一、浑然一体。尤其是用竹篾来测量壶口大小，这个尺寸就是壶盖的规格。章燕明凭眼光来衡量，竟不差毫厘。他的壶精密度高，流畅舒展，有一种自然的美。技艺技法、文化底蕴、胸怀心境，都是造就艺术大师不可或缺的重要因素。

在潮州朱泥壶的传承历史中，不能不提一个人，那就是潮州另一老字号"俊合号"传人、荣获"第三届中华非物质文化遗产传承人薪传奖"的谢华。谢华曾自费三百万元到北京推广潮州手拉壶，他说："因潮州人嗜茶，茶叶消费量在全国可说是首屈一指，而品茶离不开一把好壶，这是好茶之人追求的雅事，此事如春雨润物，催化了潮州手拉壶的发展。"

同为紫砂壶，潮州朱泥壶为何远不及宜兴知名？谢华认为文化背景是主因。过去潮州属偏僻之地，而宜兴位处江浙，历代的文人墨客造就了其深厚的文化底蕴。潮州虽然在明末清初就有人做壶，但因为工艺传儿不传女，且作品基本在潮汕地区已被消费完，省内知道潮州手拉壶的尚且不多，更别提省外了。此外，潮州制壶长期局限于工夫茶所用，器型做得很小，传到惯喝大杯茶的江浙京津人手上，竟不知这小壶也可以泡茶，因潮州茶壶仅够斟满他们一杯。实际上，潮州有很多好的朱泥矿，所出朱泥壶无论质地、颜色、泡养、把玩、使用样样俱佳。遗憾的是潮州朱泥壶一直缺乏宣传，造成市场对其不了解。宜兴现有十多万人在做壶，但潮州不足两百人，从产业角度来说差距依然很大。

"俊合号"传人谢华

2012年4月，谢华在位于枫一村的老宅开班广招学徒。当时有十多人来学做手拉壶，后来人多了就把一处闲置的厂房改成工作室，学徒有近六十名。谢华在韩山师范学院等几所学校开设朱泥壶专业班，已培养了约一百个学生，占整个潮州朱泥壶制壶业人数的一半。现在学徒人数倍增，大多是二十多岁的年轻人，学习两三年后就能掌握制壶技艺。

潮州朱泥壶在泥料、技艺、烧制温度、器型上已做了很多改革、创新。期望这项"绝活"在传统基础上博采众长，"百尺竿头更进一步"。

潮州本地朱泥的最大特点是氧化铁含量
极高，呈土黄色，烧制后转红色

潮州瓷板画

　　瓷板画，是在一块平素的瓷板上，以特殊的化工颜料作画、上釉，再经高温烧制，成品或装裱，或嵌入屏风，是一种陶瓷工艺品。潮州瓷板画兼容了中国传统绘画和中国的陶瓷艺术，是这两项中华国粹的完美结合。

　　在李炳炎的潮州窑博物馆，潮州陶瓷艺术的丰富多彩让人惊叹，除了日用陶瓷，还有雕塑、泥塑、手拉坯壶、潮彩、瓷板画。其中鲜为人知的瓷板画非常引人注目，充满创意的画作凝固于瓷板上，赋予了潮州瓷更纯粹的人文品格。说瓷板画是陶瓷新门类并不恰当，早在清朝，景德镇就有瓷板画，"珠山八友"就是技艺超群的代表人物。如今在潮州从事瓷板画的人不少，但最具影响力的是陈仰中，他的巨型瓷板画气势磅礴，蔚为壮观。

　　七十多岁的中国陶瓷艺术大师陈仰中从艺半个世纪，无论是在彩瓷厂，还是自己经商办厂，他始终没有放弃对陶瓷艺术的追求，他这辈子可以说是与陶瓷结缘了。陈仰中是工艺美术世家的第四代传人，他从小生活在文化名城潮州，长期潜心于潮州传统文化的研究，画风自成一家。他擅于陶瓷花鸟和佛教画，其作品古意盎然又趣味十足。陈仰中亦工陶瓷书法，其文字纯熟流畅，挥洒自如，与画作

仰中美术馆是我国第一家个体陶瓷美术馆

瓷板画《潮州工夫茶》

相得益彰，让人过目不忘。早在1986年，他的《牡丹花鸟天球瓶》就曾获得德国莱比锡博览会金奖。1990年，其作品《月光瓶松鹤》又获得全国工艺美术百花奖，其后各项大奖接踵而来，仅国家级金奖就达九项。

瓷板画制作工序复杂，难度很大，由于要两次入窑烧制，瓷板的质地极易变形、窑裂，极低的成功率造成精品难得。一旦成功出品，平整光洁的瓷板尤能显出画幅的鲜明色彩和独特高雅的质感。瓷板有比纸、绢更稳定的特性，不怕受潮，不易变质，色彩经久不褪，常年如新。

仰中美术馆位于潮州市北郊，占地3500平方米，可以说是潮州陶瓷工艺的集大成者，收藏的大型巨制比比皆是，其中一幅长十二米、高三米有余的松鹤屏风，苍松翠柏中，祥云瑞鹤姿态万千，呼之欲出，是陈仰中耗费将近两年时间完成的。在这幅巨型作品中，陈仰中运用了潮州传统的彩瓷艺术，融合国画工笔技法，其中六十只仙鹤寓意中华人民共和国六十华诞，是格调高亢、灵气逼人的精湛之作。该作品由十二扇屏风组成，每扇既可独立成图，又可以组合成一幅恢宏长卷，可谓"气壮山河，天衣无缝"。陈仰中大师的瓷板画，不仅有很高的艺术价值，更重要的是其新颖的创意、鲜明的地方特色，如同潮剧、潮绣一样，是潮州本土的文化艺术，为中国陶瓷综合装饰开创了一片新天地。

潮州嵌瓷

潮汕的祠堂庙宇实在太有特色，它们的屋脊上总是龙飞凤舞、虎啸苍穹，照壁上则麒麟踏云、鱼跃龙门，更引人入胜的是那些金戈铁马、青衣银甲，宛若一出大戏唱响屋顶。这些便是潮州嵌瓷。潮州嵌瓷与木雕、石雕并称潮州古建筑装饰"三绝"，它因色彩绚丽、形象生动而闻名于世，又因质地坚实，虽经烈日风雨却历久弥新。嵌瓷被潮人俗称为"贴饶"或"扣饶"，讲究"图必有意，意必吉祥"，着力营造欢庆、安康及富裕的格调，表达了潮人对传统美德的赞颂，是潮汕乡间的瑰宝。

明朝万历年间，一些精明的民间艺人慧眼独具，将陶瓷生产中废弃的大量碎瓷片变废为宝，创造性地将它们在屋脊上嵌贴成简单的花卉、龙凤图案，以此来装饰美化建筑。清代中后期，瓷器作坊专为嵌瓷艺人烧制各色低温瓷碗，彩以各种色釉，经风历雨而不褪色。工匠将瓷碗剪裁后，镶嵌成花鸟虫鱼、人物博古等各种造型，寓意吉祥如意、长寿富贵。此时嵌瓷已日臻成熟，形成了平贴、浮雕和立体圆雕等不同手法。

由于工艺的特殊性，制作嵌瓷需在屋顶作业，工程小则一个月，多则数年以上，而能吃苦的年轻人越来越少，这项技艺也就不如以往那样吃香了。随着钢筋森林逐渐代替传统建筑，嵌瓷曾经历了很长一段低潮期，慢慢退出了民居装饰。但是，随着人们对传统建筑文化价值认同的复苏，在营建祠堂庙宇及古建筑修复中，嵌瓷再次大放异彩，焕发出新的艺术魅力。

2012年，潮州嵌瓷被列入国家级非物质文化遗产保护名录，而年近古稀的传承人卢芝高，为这古老手艺的复活注入了新鲜的血液。

卢芝高自嘲生不逢时，他的青年时光恰逢"十年动乱"，可以说是被"尘封"在建筑队里，不过

潮州嵌瓷博物馆内以嵌瓷装饰的照壁别具特色

他的绘画和捏塑天分，还是为这段苍白的岁月添上几丝生气。那时，生产队常找他创作革命题材的美术和灰塑作品，每次工钱是二十五元，还可以痛痛快快地朵颐一顿，而做建筑工人每日工钱仅有一块六，这种指令性的"创作"对他来说真是一个"美差"。

"文化大革命"的结束使古老的嵌瓷艺术枯木逢春。随着被毁坏殆尽的潮汕祠堂庙宇开始被修复，嵌瓷这项古建筑的"头脸"成为重点修复项目。沉寂多年的卢芝高，在临近不惑之年，正式承接起家族手艺，展开了他璀璨夺目的"嵌瓷人生"。

制作嵌瓷要用铁钳将碎瓷片剪裁出特定的形

装饰脊头、屋角头的嵌瓷，
多是文武加冠的立体人物

状，然后在灰泥捏成的粗坯上，拼贴出外形、勾勒线条……一堆看似凌乱的碎瓷片，就幻化成奔腾战马、金铠银甲、花鸟虫鱼、龙凤呈祥，令人不由得赞叹这门艺术的神奇。

制作嵌瓷常常要在屋顶上蹲一整天，规模较大的作品通常要耗费几个月来完成。日晒雨淋对意志是个考验，但为了追求尽善尽美，卢芝高从不马虎

应对，因此他给自己取艺名叫"山石"，比喻对嵌瓷的执着如石头般坚韧。正是这种执念，使卢芝高的嵌瓷技艺日益超脱，相继完成了一批足以传世的佳作。韩江西岸的青龙古庙、凤凰洲的天后宫、潮安彩塘的从熙公祠，都是潮州传统建筑的瑰宝，而卢芝高的嵌瓷艺术，则成为这风景的点睛之笔，为延续潮州文脉泼下浓墨重彩。

从嵌瓷中截取某一局部，制作成可供室内陈设的摆件，这一创新做法让嵌瓷摆脱了空间的限制

《封神榜》人物形象嵌瓷，或横眉怒目，或气定神闲，无不生动逼真

大吴泥塑

大吴泥塑第二十三代传人吴光让

在中国的乡间，泥塑是一项古老而常见的民间艺术，以泥土为原料，捏制出栩栩如生的人物形象，这简直是女娲抟土造人的"活化石"。从生活陶器到庙宇佛像，甚至孩子的玩具，泥塑在华夏文明中从来没有间断过，它因"三分塑，七分彩"的制作工艺，又称"彩塑"。泥塑经历了岁月风雨和历史沧桑，与许多民间艺术一样正渐渐被冷落。潮州的大吴泥塑，因为民俗得以保存，它与天津"泥人张"、无锡"惠山泥人"并称中国三大泥塑，"压泥成片、拆片成衣"的"贴塑"功夫是大吴人的艺术独创。

潮州俗谚有云："大吴安仔，银湖小姐。"大吴和银湖是潮州浮洋毗邻的两个村庄，大吴因泥塑闻名，银湖则以足不出户的绣花姑娘著称。这句民谚反映了山清水秀的潮州到处是心灵手巧之人，而悠久的历史文化孕育出有七百多年历史的大吴泥塑。这项被潮人称为"土安仔"的彩塑，色彩艳丽、工艺独特、流程奇巧。其制作以泥为坯，捏塑与模印结合，糅合着雕、贴、裁等多种手法。泥塑成像后敷以粉底，再施彩绘。大吴泥塑最初只是应节的装饰品，后来又增加戏剧神话人物、脸谱和泥玩具"喜童"，其中以戏剧人物最负盛名。

大吴泥塑源远流长，其历史远比天津"泥人张"早。南宋嘉熙年间，因为逃避战乱，来自福建漳浦的彩塑艺人吴静山，举家南迁至潮州浮洋，因大吴村的泥土黏性特别适合制作泥塑，便在此定居下来。吴静山把技艺传给了四个儿子，泥塑就伴随吴氏家族在大吴繁衍开来。旧时潮汕盛行娶妻生子

大吴泥塑是经过低温窑烧处理后，再重新上色的"彩绘陶"

清末民初的大吴泥塑，现收藏于颐陶轩潮州窑博物馆

话，说的是吴来树手艺精湛，熬三个晚上做出来的泥塑卖的钱，就够娶媳妇过门。

出生于泥塑世家的吴光让，童年时已是村里捏塑的"小神童"。"破四旧"时，传统戏剧泥塑被认为是反映"帝王将相、才子佳人"的封建糟粕，被明令禁止。十几岁的吴光让白天创作现代题材的泥塑，夜里在家中偷偷点着煤油灯，向父亲学习传统"贴塑"技法。父亲也希望吴光让能把祖上的技艺传承下去，鼓励他坚持把手艺学全。

半个世纪时光荏苒，传统文化在经历沉淀后，又迎来价值再现的春天。当年那个战战兢兢学"贴塑"的少年，如今已当了爷爷。吴光让现在比较少捏泥塑了，儿子吴闻鑫、吴宏城接过父亲的衣钵，继续走在传承大吴泥塑的道路上。正值盛年的吴闻鑫认为，一门技艺的世代相传离不开创新。在承接父亲传统泥塑技艺的同时，吴闻鑫也开始注重自己的个性化创新。相对于父亲强调服饰的繁复，他更专注人物表情的逼真。随着大吴泥塑被列入第二批国家级非物质文化遗产名录，大吴泥塑的价值也日渐凸现，这一古老的民间艺术正迎来发展的春天。

潮州音乐

潮州音乐是流传于潮汕地区的民间音乐统称，是一种既有独特艺术风格和浓郁地方色彩，又有深厚群众基础和高度艺术价值的古老乐种。除粤东地区外，还广泛流传于闽南、港、澳、台及东南亚各国的潮人聚居地。潮州市是潮州音乐的中心和发祥地，潮州音乐历史悠久、源远流长，其源头可追溯到唐宋之际，至明清时期发展成熟。

历史上中原人几次大规模南迁，中原音乐亦随之入潮。唐代音乐艺术空前繁荣，是潮州音乐的形成期。彼时佛教盛行，潮州的开元寺等寺庙成为法乐佛曲最大的集散地。中唐韩愈贬潮时，已有民间祭神的音乐活动，宋代出现祭孔的大成乐。至明清时期，城市较为繁荣，适应市民生活的戏曲、弹词说唱、丝竹乐、鼓吹乐更为兴盛。外来戏曲剧种相继入潮，为潮音戏又注入新血液，如晚明正音戏、西秦花鼓戏，此外还有外江乐、昆山腔、弋阳腔、桂林戏等剧种也先后入潮，对潮音戏的影响极深。潮州音乐既源于唐、宋中原古乐，又承袭融汇了诸多剧种及地方民间乐调。至明代中叶，潮州音乐已成为曲目丰富、形式多样、自成体系的民间音乐艺术形式。

潮州音乐形式多样、品种繁多，不同品种的差

太平路"二目井"旁的民间文艺组织——潮州曲社

富有地方特色的潮州音乐乐器，成就了潮州音乐古朴典雅、优美抒情的特点

别主要体现在不同的乐器和演奏形式、演奏风格上。演奏形式大致可分为广场乐和室内乐两大类。广场乐包括潮州大锣鼓、外江锣鼓乐、潮州小锣鼓、潮州花音锣鼓、潮州八音锣鼓，室内乐包括笛套古乐、潮州弦诗乐、潮州细乐、潮州庙堂音乐等。其演出形式有几十人以至上百人的大锣鼓演奏，也有三五人组成的弦乐演奏。古朴典雅、优美抒情是潮州音乐最大的特点。常用乐器有二十余种，大多是二弦、二胡、扬琴以及锣鼓等打击乐器，在演奏上除锣鼓乐外，都由二弦领奏和指挥。目前流传曲目有六百多首，最著名的是称为"潮乐十大套"的《昭君怨》《寒鸦戏水》《小桃红》《平沙落雁》《凤求凰》《月儿高》《玉连环》《黄鹂词》《大八板》《锦上添花》。

潮州音乐传谱，用"二四谱""工尺谱"以及简谱。其中"二四谱"是潮州民间最古老又最普及的音乐品种弦诗乐的特有传谱。"二四谱"及其主奏乐器二弦，与唐宋筝谱和奚琴有承传变革的关系。潮乐的基本调式有五种，即轻六调、重六调、活五调、反线调、轻三重六调。

潮州音乐作为潮汕文化的一朵奇葩，在新中国成立后得到蓬勃发展。潮汕各地相继成立潮乐团体组织，参加大型演出，并出版了相关潮乐著作。2006年，潮州音乐列入第一批国家级非物质文化遗产名录。

潮州歌册

潮州歌册是用潮州方言诵唱的民间说唱本子，是一种民间说唱文学，由唐代以来的潮州弹词演变而成，主要流行于潮汕方言区。

明清时期，弹词在潮州已经非常盛行。由于弹词要配合弹拨乐器自弹自唱，相对不易普及。后来一些闲散文人、潮剧编剧先生将其改编成更为通俗宜唱的歌文，书商见销路甚佳，也大量刻印刊行。这些刻本，一般都标有"全歌"字样，群众将其称为"歌册"。

歌册用潮州方言编写，有曲有白，以唱曲为主，旁白辅助。曲文多为七字句，平仄不拘，四句一韵，押韵以节为单位，换节可以换韵也可以连韵。因其通俗化、口语化，唱读起来朗朗上口，在民间广为流传。潮剧多以潮州歌册为基础改编而来。

潮州歌册的传统本子，多为清朝末年至民国时期潮州李万利、吴瑞文堂、吴生记等商号木版印刷，内容多为历史演义、民间传说、才子佳人故事等。潮州歌册俗中有雅，以女性题材为多，诵唱者也多为女性。封建社会重男轻女，"女子无才便是德"成了女性接受教育道路上的桎梏。而在听歌册和学唱歌册的过程中，广大女性获得了知识，了解了历史和社会，并有了追求自由自主的想法。歌册成为她们的精神食粮，为她们的思想解放打开了一扇窗。潮州歌册客观上促进了潮汕历史上独有的女子文化的形成。

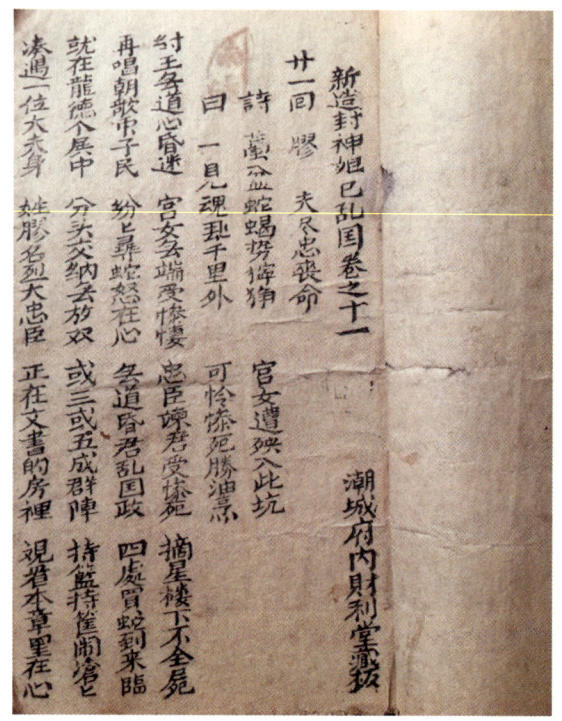

潮州歌册都以潮州方言编写，有曲有白，一般曲文多为七字句，四句为一节，押韵以节为单位

潮州歌册是民间智慧与实践结合的文化产物。从最初唐代的佛经变文开始，演变到明清时期的弹词，潮州歌册吸取民间艺术营养，不断地丰富和发展，成为潮州民间文学和民俗活动独特的样式。

2008年，潮州歌册被列入第一批国家级非物质文化遗产扩展录项目名单。

潮州剪纸

潮汕民间在节日喜庆和祭神祭祖的供品中，总要以玲珑剔透的剪纸做些装饰

潮州剪纸艺术源远流长，是潮州传统民间艺术之一，起源于明代，繁荣于清代，在清光绪年间达到鼎盛。其涉及题材广泛，有花鸟虫鱼、人物民俗、历史故事和文字图案等，其内容基本是表达人们祈求祥和吉利的美好愿望，具有浓厚的传统文化和地方特色。

潮州剪纸有纯色、多色、錾纸等三种。纯色剪纸不画稿，仅凭借想象力，直接剪出花样。这种匠心独运的剪法极富创造性，最能展示剪纸艺人的高超水平。多色剪纸则用多种色纸分别剪出物像的各个部分，然后再合并为一件完整的剪纸作品，生动细致，展示了劳动人民的聪明才智和生活向往。而另外一种手法"錾纸"则是将图案放在色纸或金箔上，用刻刀錾刻而成，其线条流畅，图案简明，装饰性强。

清代中期，潮州修祠建庙蔚然成风，潮州剪纸深受礼教、信仰的影响，它配合民俗活动，表达人民大众祈福辟邪的理想与愿望，成了节庆祭祀、游神赛会等民俗活动中的一种饰物，并在庵寺祭祀活动中迅速发展。因此，潮州剪纸艺人也多为出家人。20世纪60年代以后，因寺院出家僧尼少，潮州剪纸渐失传人。

潮州剪纸多具有传达喜庆吉祥的意义，因此潮州剪纸大都是红色的，在视觉效果上，特别引人注目，极具冲击力。剪纸艺人们还汲取潮州刺绣、泥塑、木雕等民间艺术的精华，并融合个人的创意，创造了题材各异、形式多姿多彩、具有鲜明地方特色的剪纸作品。

2006年，潮州剪纸入选第一批国家级非物质文化遗产名录。方寸之内，剪出大千世界；刀纸之间，刻出的是人们对美好生活的淳朴愿景。潮州剪纸是当地人们智慧与创想的劳动结晶，对于弘扬中华传统文化弥足珍贵。而这一项民间手艺的传承，无论从剪纸艺人到剪纸内容，都需要注入新鲜的血液，才能让这朵潮州民间艺术奇葩，长开不败。

第二章
湘桥

湘桥也称"府城"，是潮州的经济、政治、文
化中心，因中国四大古桥之一的湘子桥位于境内而
得名。在地理位置上，湘桥东望台湾海峡，北通闽
赣，南达南洋，自古以来，这里便是粤闽古道和海
上丝绸之路的重要通道，交通便利，贸易发达。

湘桥历史悠久，文化底蕴深厚，素有"岭东首

邑""岭海名邦""海滨邹鲁"之称，其境内拥有韩江和西湖，又有葫芦山、金山和笔架山，与西湖形成"三山一水护城廓"的格局，是天然的建城之地，历朝历代，湘桥都被置为潮州古城郡、州、路、府之治所。

湘桥物华天宝，人杰地灵，乃历代文人名宦之地、儒商巨贾之家。在两千余年的历史长河中，从这里走出了赵德、许申、卢侗、刘允、庄静庵、李嘉诚、谢慧如、饶宗颐等一批又一批名贤俊彦。湘桥有粤东最高学府之一的韩山师范学院，也有金山中学、高级中学等中等教育阶段名校，是现代精英的聚集之区和未来人才的培养基地。可以说："海滨邹鲁是潮州，潮州人杰聚湘桥。"

湘桥拥有丰富的旅游资源，因韩愈而得名的韩江穿区而过，滔滔江水中，流淌着数不尽的历史故事。"湘桥春涨""西湖渔筏""北阁佛灯""金山古松""凤台时雨""鳄渡秋风""韩祠橡木""龙湫宝塔"为潮州外八景，这八处景观各有特色，就如同八张精美的名片，装点着粤东的这座中国历史文化名城。

除此之外，湘桥还有明代古城墙，有牌坊街，有古城十巷，还有广济楼、广济桥、开元寺、韩文公祠、凤凰塔、海阳儒学宫、己略黄公祠、许驸马府、卓府等一处又一处文物古迹；这里也有潮州工夫茶、潮州大锣鼓、潮州金漆木雕、潮剧、潮菜、潮绣等一项又一项饮誉全球的潮字号文化遗产，可谓人文荟萃，百花齐放。

01

古城的江与湖

自然风光

韩江江心的凤凰洲将韩江一分为三，韩江大桥跨洲而过衔接四岸

凤台看时雨

　　潮州地处北回归线上，城内金山、笔架山、葫芦山三山环抱，韩江如带绕城，形成"三山一水护城廓"的格局，自然风光极为秀美。在广济桥的南边，有块沙洲卧于韩江江心，洲上绿树成荫，一些丹墙朱瓦的古建筑夹杂其间，透出一股典雅古朴之气。这片沙洲叫凤凰洲，形状就像把弯刀，将滔滔江水劈开，韩江在此一分为三，流入南海。虽是弹丸之地，但凤凰洲却是潮州的一块福地，自凤凰洲开始，韩江下游便是富饶的韩江三角洲平原。

　　凤凰洲原本叫老鸦洲，取自"老鸦投林"之典故。到了明末，侯必登出任潮州知府，当时潮州备受倭寇扰乱，战祸连年，到处断井颓垣。侯必登到任之后，革除苛政、捐税徭役，为潮州百姓营造了

凤凰洲上的凤凰台是潮州八景之一"凤台时雨"的最佳观景点

一个太平的环境。从民间谚语"不可一日无侯公"可见其官声。除政绩卓越之外，侯必登还是位大雅之人，他曾经数次游览老鸦洲，并把"老鸦洲"改成了"凤凰洲"。明隆庆二年（1568年），侯必登在凤凰洲筑建了一座十余丈高的石台，命名为"凤凰台"，寓意此地有凤来仪。自此之后，凤凰洲便成为集自然风光与人文景观于一体的名胜。

凤凰洲四面环水，与千年古城隔水相对。往西边眺望，古城风貌尽收眼底；往东则可以看到龙湫宝塔带着几百年的沧桑立于对岸江边。因韩江在此分叉，又可以体验到唐诗中"三山半落青天外，二水中分白鹭洲"的意境。依山伴水的环境、宽阔的视野，使凤凰洲成为人文荟萃之地。自韩愈刺潮以来，潮州文风长盛不衰，人才辈出，数不尽的文人墨客在凤凰洲留下了属于潮州的文化印记，也为这座中国历史文化名城留下了珍贵的财富。

潮州八景之一的"凤台时雨"，便是源于凤凰洲。古时又称"凤台侍雨"，指的是这里夏季时午雨午晴，江上景观也随之千变万化。有时薄雨疏疏，江面轻烟淡淡，帆影穿梭。此时若远望湘子桥，烟雨蒙蒙，车水马龙，宛如海市蜃楼；仰视笔架山，则轻云渺渺，山上楼阁似乎笼罩在薄纱之中。而在晴天烈日，时雨骤降，好似万斛银珠从天抛洒，阳光辉映雨点，又如千幅珠帘凭空摇荡，令人流连忘返，心旷神怡，疑入仙境。

今天的凤凰洲，俨然是韩江中的一颗明珠。韩江大桥跨洲而过，这座飞架一江四岸的斜接桥蔚为壮观，为凤凰洲增添了现代之美。潮州人利用凤凰洲悠久的历史和深厚的文化积淀，建成了凤凰洲公园，修缮了其中的部分古迹。在凤凰洲上，除凤凰台之外，还有天后宫、奎阁等文物古迹。这些古代建筑以精湛的建筑工艺以及源远流长的文化内涵，吸引着众多游人前往。

凤凰台由台体和亭阁两部分组
成，是个古式台榭建筑

潮州西湖

　　山倚湖苍翠，湖傍山青黛。在中国文人的笔墨中，湖光山色历来不可分割。潮州西湖位于潮州古城西北部，面朝环城西路，背靠葫芦山。从地图上看，这一山一水，就像一条春蚕卧在半片桑叶上，生动而形象。

　　潮州西湖的正门是座石牌坊，牌坊下面一桥横跨湖面，湖边有栋白色的洋楼格外显眼，叫涵碧楼。涵碧楼始建于1922年，是灰砖水泥结构的洋式双层小楼房。该楼轩窗开阔，院子里，流水奇石错落其间，楼前有棵木棉，据说已有四百多年的树龄。1927年，"八一"南昌起义军入粤，周恩来、贺龙、叶挺、刘伯承、郭沫若等于9月23日到达潮州，指挥部队转战于潮汕各地，至30日撤出，史称"潮州七日红"。当时，贺龙部第三师司令部就设于此楼内。该楼于抗战时为日军所毁，1964年按原貌重建。现辟为"潮州市革命纪念馆"，被列为潮州爱国主义教育基地。

　　过桥之后，沿湖滨至山下。名胜古迹，楼台亭榭，比比皆是，每处古迹都有一个雅称，如"古洞佛灯""水仙夜月""紫竹钟声"等。从山脚沿石阶上山，依次经过景韩亭、摩崖石刻等人文景观，追寻以韩愈为代表的文人墨客在潮州所留下的踪迹，可以感受到潮州厚重的人文气息。

　　登顶抵达凤栖楼，这里是葫芦山的最高处，楼旁边还遗留着一段古老的城墙，为清代"三藩之乱"时所建。凤栖楼以仿古城楼承托凤凰雕像为外

位于潮州西湖公园内的涵碧楼，"涵碧楼"三字为郭沫若所书

潮州西湖正门牌坊

湖心亭

观，融建筑功能与雕塑艺术于一体。登楼四望，潮州"三山一水护城廓"的格局一览无遗。葫芦山和西湖是潮州城区分界线，以这一山一水为界，一半是古城，一半是新城，泾渭分明。

潮州西湖历史悠久，为天下三十六处西湖之一。唐代以前，西湖曾与韩江相通，是片长达十余公里的狭长水域。到了唐代，潮州修建北堤，西湖被与韩江切断，成了独立的长形大溏。唐肃宗在位期间，令建放生池八十一处，潮州西湖便是其中之一。由于背山靠水，自古以来，西湖一直是潮州古城的天然屏障，历代官府均重视对它的修筑。南宋时，知军州事林骠和知州林光世大规模修建西湖，使其具有了景观和城防的双重功能，林光世还写了篇《浚湖铭》留世。到了元代，潮州战乱不断，作为古城屏障，西湖和葫芦山首当其冲，饱受战争摧残，西湖内的景观大多被毁。明洪武初年，天下初定，潮州大修城墙，从葫芦山开采了大批石块，使山体受损，还把西湖填掉一半成为当时的城壕。后来又陆续重建，恢复了部分景观。清康熙年间，刘进忠反清，被耿精忠封为"宁粤将军"，他以西湖和葫芦山为营，控制了整个潮州城，西湖再次遭受洗劫。刘进忠在西湖和葫芦山一带挖壕沟、围栅栏、设炮台，使之成为兵家要塞。民国时期，军阀洪兆麟将西湖占为私产，还建了自己的塑像立于湖中，并称之为"洪园"。再后来，西湖和葫芦山为日本人占据，一些景观逐渐荒废，面目全非。直到新中国成立以后，才慢慢复建恢复。

有人把西湖的经历概括为：始于唐，著于宋，毁于元，盛于明，芜于清，民国不清不明，于今湖绿波平。西湖的历史，也是一部浓缩的潮州历史，它反映着潮州古城的沧桑与变迁。无论战乱还是和平，潮州人从未停止对它的修缮。今天的西湖和葫芦山，被建成了西湖公园，成为潮州人茶余饭后最爱去的休闲之处。无论节假日还是平时，西湖边总是人流如潮。在人们的欢声笑语中，映照出来的是一个太平盛世。

陈波儿纪念园。著名演员、新中国电影事业奠基人、中央电影学校（北京电影学院）创办人兼首任校长陈波儿，是广东潮安人

摩崖石刻"龙飞凤舞"

出将入相潮州厝

对话古建筑

广济桥航拍全景

湘子桥下觅铧牛

　　潮州有句民谣："到潮不到桥，白白走一场。"此语所言之"桥"，指的即是广济桥。广济桥也称湘子桥，是世界上最早的启闭式桥梁，与赵州桥、洛阳桥、卢沟桥并称为中国四大古桥。从民谣中可以看出，对于潮州古城来说，广济桥的意义非同一般，它是潮州的一张文化名片，也是潮州历史源远流长的见证。

　　广济桥位于古城东侧，横跨韩江，东连笔架山，西通广济门。这座神奇的古桥始建于宋代，桥墩上的每一块石头，都有着几百年的历史。自第一个桥墩动工修建开始，直至明代，才形成"十八梭船二十四洲"的格局，前后共经历了三百多年的时

由十八条木船拼成的浮桥将广济桥东西两部分连接起来

光，工程的浩大与复杂程度可想而知。

广济桥设计之奇妙举世罕见，桥长五百余米，外形独具一格。主桥体分为东西两部分，东边桥墩十三座，西边桥墩十一座，每座桥墩上均建有亭台，东西两部分之间，以由十八只船组成的浮桥相连。这种独特的设计使整座桥有舟有亭，有动有静，起伏变化，妙不可言。一眼望去，亭台楼阁浮于江面，连接成一条水中长廊。每年三月，韩江水涨，浮桥随水位上升，与桥面相平，十八只船随波起伏，宛如苍龙卧波，构成了韩江上一道壮丽的景观，这就是潮州八景之一的"湘桥春涨"。

除桥梁功能之外，广济桥还承担了物流集散的功能。其启闭式的设计，充分体现了古人的智慧。这种设计的功能主要在于通航、排洪，同时还起着关卡的作用，守桥人每日会定时解开浮船，便于船只自由通行。历史上，潮州是粤东通往福建和江西的必经之路，韩江又是粤东的水运动脉，所以，广济桥建成之后，很快便成了货物集散和转运的重要通道。由于桥上亭台众多，进行商贸活动时风雨无阻，广济桥自然而然地成为了桥市，其热闹繁华的场面，就像是一幅潮州的清明上河图，创造了"一里长桥一里市"的繁荣景象，也留下了"到了湘桥问湘桥"的故事。

清雍正二年（1724年），潮州知府张自谦修广济桥，并铸了铁牛两只，分别放在西桥第八墩和东桥第十二墩上，意在"镇桥御水"。道光二十二年（1842年），潮州发洪水，东桥上的铁牛坠入江中，被泥沙掩埋。自此之后，只剩下西桥一牛。故有民谣流传："潮州湘桥好风流，十八梭船二十四洲，二十四楼台二十四样，两只铁牛一只溜。"

随着时光的变迁，广济桥几经修筑。1958年，

潮州民谣"两只铁牛一只溜"中仅存的一只

政府对全桥进行了加固，拆除了由十八艘船组成的浮桥，改建为三孔钢桁架及两处高桩承台式桥梁，使桥面可以通车，广济桥名存实亡。1976年，又一次对广济桥进行了大规模的改建，按照记忆和资料，还原成了亭台加浮桥的模样，广济桥又得以重生。1988年3月，广济桥被国务院公布为全国重点文物保护单位。2007年6月18日，潮州市政府举行了广济桥修复庆典仪式，广济桥持续了多年的修复工程终于圆满结束。重修之后的广济桥，成为潮州最热门的旅游景点之一。古桥历经八百余年时光，俨然已经成为潮州古城不可或缺的部分，因为它见证了潮州是怎样从当年朝廷大臣的流放之地成为今天的历史文化名城。

儒学宫

儒学宫内部

昌黎路位于潮州古城当年的府衙前，因此又称府巷。从路名可以看出潮州人的好学之风，"昌黎"二字，是世人对韩文公的敬称。韩愈刺潮时，在潮州兴教办学，使潮州文风兴起，宋明两代更是达到了鼎盛。据统计，在宋代一朝中，潮州中进士者有172人，明代也有160人，"海滨邹鲁"的美称便是由此而来。

昌黎路与文星路交界处，有座石牌坊，背文题额为"邻海名邦"。该牌坊叫昌黎旧治坊，建于明嘉靖十七年（1538年），是为彰显潮州文风以及缅怀韩愈所建。牌坊的右边，有片宫殿式的古建筑群，被红色的院墙包围着，庄严中透露出一股书香之气，这就是儒学宫。儒学宫俗称孔庙，由于其中的建筑清一色黑瓦丹墙，放眼望去，呈现出一片灿烂的红色，因此又称"红宫"。

儒学宫始建于南宋，原址位于"府治西偏附郡学右"，绍兴年间，由县令陈坦迁至锦坊，也就是现址。景炎三年（1278年），宋王朝盛极而衰，元军踏破中原抵达南疆，元兵在攻占潮州时，一把火将学宫焚烧殆尽，使之成为一片废墟。直至明洪武二年（1369年），天下初定，百废俱兴，潮州通判张杰在学宫原址上重建了大成殿，才使学宫重现于潮州。在随后的几百年中，潮州历任官吏对学宫不断进行增修，一直延续到清朝，儒学宫逐渐成为一

儒学宫门楼"棂星门"

昌黎路原为府治所在，韩愈曾为潮州刺史，因其号昌黎，明嘉靖十七年（1538年）建"昌黎旧治"坊以示怀念。原坊1951年被拆毁，今坊为1983年重修，坊额为旧物

处规模宏大的古建筑群。在鼎盛时期，其南北向的长度，等同于整条文星路，可见其时潮州的文风之盛。

由于历史的变迁，学宫现有面积仅存四千余平方米，其正门面向昌黎路，为双柱式石牌坊结构，外观颇具特色，上有"棂星门"三字。从门口望去，可以看到孔子的塑像，面呈微笑，拱手抱拳，向来往行人表达着儒家的礼节。除棂星门以外，学宫内的主要建筑物有泮池、两庑厢房、大成门及大成殿。大成殿是学宫的主要建筑，保留着明代的建筑风格，重檐歇山顶，西阔五间，进深四间，金箱斗底槽柱网布置，既古朴又大气。

潮州市博物馆现就设在学宫内，馆中陈列有玉石器、陶瓷器、铜铁锡器、潮州木雕、织绣品、古字画、地方文献、民俗文物、革命文物等。

韩文公祠

在潮州古城之东，正对着广济桥的方向，有座山形似笔架，名为笔架山，因地处城东，又名东山，后因韩愈之故，改名为韩山。韩山上有座韩文公祠，是我国现存历史最久、保存最完好的为纪念韩愈而建的祠堂。该祠面向韩江，象山和狮山分立于左右，祠旁边是韩山师范学院，可谓绿林万顷、碧水滔滔、书声琅琅。登山临祠，山水绝美，从半山腰俯瞰千年古城，十里韩堤如画，滚滚韩江中，似乎回荡着韩愈在潮州留下的故事。

韩文公祠始建于宋真宗咸平二年（999年），原址在潮州刺史公堂后面。宋元祐五年（1090年），知州王涤将韩祠迁至潮州城南七里处。苏轼脍炙人口的《潮州昌黎伯韩文公庙碑记》便是为此次迁建而作。到南宋淳熙十六年（1189年），丁允元任潮州知州，主持将韩祠迁到了韩山的古揭阳楼遗址处，也就是现址。此后历经修缮，八百年来再也没有搬迁过。清光绪十三年（1887年），两广总督张之洞主持大修韩祠，使其规模和布局都发生了巨大的改变。今天的韩文公祠，就是在此基础上改建而成。

在潮州的古建筑中，韩文公祠在风格上独具一格，可谓人文与建筑的完美结合体。入口处是个临江的广场，广场上斜放着一本翻开的大书，由白石雕刻而成，上题韩愈《劝学解》中的两句名言：

韩文公祠门楼

"泰山北斗"出自《新唐书·韩愈传》："自愈没，其言大行，学者仰之如泰山北斗云。"

明嘉靖碑刻"功不在禹下",取自韩愈称赞孟子的文章。韩愈认为在神权、皇权的双重统治下,治人的思想比治水还艰难

"业精于勤,荒于嬉;行成于思,毁于随。"走上斜坡,是韩文公祠正门,由一座高大的牌坊构成,匾额上"韩文公祠"四字,乃胡耀邦手书。据记载,旧牌坊是明朝天顺年间所建,可惜早已损毁,只有牌坊上的对联流传下来:佛骨谪来,岭海因而增重;鳄鱼徙去,江河自此澄清。

这副对联的内容,记载了韩愈与潮州之间的渊源。唐元和十四年(819年),宪宗皇帝派使者迎佛骨,长安一时掀起信佛狂潮。韩愈不顾个人安危,毅然递上《论佛骨表》,痛斥佛之不可信,并要求将佛骨"投诸水火,永绝根本,断天下之疑,绝后代之惑"。宪宗得表后,龙颜大怒,要对韩愈处以极刑。幸亏宰相裴度及朝中诸大臣极力说情,

韩愈方免一死,被贬为潮州刺史,由此而与潮州结下了流传千古的深厚之缘。

从韩文公祠正门进去,是条石板路,路的尽头有台阶与半山腰的祠堂相连,台阶共五十一级,寓意着韩愈到潮州时的年龄。祠堂是韩祠的核心建筑,内供韩愈及侍从李万和张千的塑像,四壁上存有碑刻四十面,记载着韩祠的历史和韩愈治潮业绩以及颂扬韩祠的诗文,为历代文人名士所留。在祠堂的前面,曾有韩愈亲手所植橡木。民间有传说,橡木开花的多少,预示着当年科考录取人数的多少。后来"韩祠橡木"成为潮州八景之一,可惜的是,因年代久远,韩愈当年亲手种下的橡木早已枯死,如今的橡木,为清代时所补种。

祠堂的左面是允元亭,为纪念韩祠迁建者知州丁允元而建。右边是新建的庭院,庭院中间的白玉石雕像,再现了韩愈离开潮州时和潮州名士赵德惜别的场景。赵德是韩愈在潮州普及教育、推行儒学教化的得力助手,两人在八个月的工作中建立了深厚的情谊。韩愈对这位助手的精明能干赞叹有加,后来韩愈被调往江西任职时,曾力邀赵德同往,但赵德立志于潮州兴学,因此婉拒,韩愈便以《别赵子》一诗相赠。

祠堂的后面是侍郎阁,分上下两层,依山势而建。侍郎阁和祠堂之间有石阶相连接,两级石砌平台之间的影壁上题写了"吾潮导师"四字。上到第二级台阶上,凭栏远眺,韩江有如白练从山前飘过,潮州城区景象尽收眼底。阁楼前面的空地上,安放了一尊韩愈的石刻胸像,形态安详。

韩愈刺潮,虽然只有八个月时间,却影响潮州千年。他驱鳄释奴,兴教延学,使潮州文风兴盛、人才辈出,成为岭东文化中心。因此,在潮州人心中,韩愈的地位无人可代,甚至超越孔孟等圣人,被潮州人视为神灵的化身。潮州自古就有半城江山皆姓韩的说法,人们改鳄江为韩江、东山为韩山,以示对这位大文豪的纪念。千年以来,潮州人对他的怀念就如同韩江之水,经久不息。

允元亭

元功垂史籍祠鍾古郡秀靈

允德繼先賢政紹昌黎餘緒

允元亭，纪念以韩愈为榜样治理潮州的州官丁允元

黄尚书府

潮州市重点文物保护单位黄尚书府

在潮州古城的西平路北段和打银街之间，有座尚书府，为明代尚书黄锦的府第，其正门紧邻西平路市场，面向打银街。顾名思义，打银街是打制银器的地方，古时白银代表着富贵，可想而知，打银街曾经是潮州古城最繁华的地带。尚书府建在这里，与主人尊贵的身份相符。

尚书府坐北朝南，主体建筑为三进院落，占地四千多平方米。进门可见天井，天井北面正中是府第中门，门前有石鼓一对，象征着主人的权势与地位。府内正座为三进厅堂，东西各有火巷，正座后面有后包厝与东西火巷连成一体，构成类似四合院的纵向连接式布局。从其整体来看，为潮汕地区的"驷马拖车"布局。

这样的一座明代府第，能历三百多年风雨洗礼而保存下来，与府第主人的生平有关。黄锦是饶平东界大埠上黄村人，明天启二年（1622年）考中进士，自此走上仕途。崇祯十二年（1639年），黄锦任知制诰副总裁，时值太监邓希诏、孙茂林为首的阉党作乱，黄锦毅然上谏，请求朝廷肃清乱党，使朝政得到了稳定，令朝野上下称快，因而升任礼部侍郎。两年后，黄锦又因退清兵有功，升任礼部尚书，一时位高权重，达到其仕途巅峰。72岁高龄时，黄尚书因病告假，回到潮州，建造"尚书府"，安度晚年。他为官二十余载，一身正气，两袖清风，为朝野所敬重。正因如此，黄尚书府被世人俗称"三达尊"。听府内的居民介绍，尚书府内原本有座牌坊，为清朝政府所赐建。坊匾北面书"累朝元老"，南面为"三达尊"，意谓该府主人黄锦的官职、长寿和政治气节，都值得世人尊重。身为明代重臣，却为明清两朝所赞叹，可见黄锦之气节。后来，"三达尊"不仅成为黄府的俗称，世人把尚书府附近一带地方也称为"三达尊"。

几百年来，"三达尊"影响着黄氏后人，影响着整个潮州古城。尚书府就像一面旗帜一般，立在打银街上，以其规模和历史成为潮州古城的一处文化标志。随着时光推移，打银街逐渐偏为古城一隅，尚书府今非昔比。这座深宅大院，淹没在后来所建的骑楼之中，失去了昔日的光环与颜色。如果不是那块文物保护单位的牌子，这样的一座老宅是很难被找到的。因年代久远，府第的大门不知毁于何年，曾经的赫赫朱门，如今成了西平路市场内的摊贩们摆放摊位的地方。来自于市场的喧嚣，映衬着这座古老宅第的冷落门庭，让人唏嘘。然而，无论时光如何变迁，也无论老宅如何破落，作为潮州的文物古迹，尚书府的存在，早已超越了建筑本身的意义，"三达尊"的称号，是黄锦留给潮州人的一笔巨大的精神财富。

黄尚书府中"当代龙门"匾额

黄尚书府内部

鳄渡秋风

提到潮州古城，就不能避开韩江与韩堤。多少年来，这一江一堤，就像是一根贯穿潮州历史的链条，串起了这座千年古城的文脉。在韩江北堤中段，有个古渡口叫"鳄渡"，是古时连接韩江两岸的重要通道。古渡口边有座亭子，由花岗石建成，外观简洁大方，四根石柱撑起重檐四角攒尖顶。亭子四周有栏杆围护，从远处看，造型端庄典雅，就如同一位镇守在韩江边的士兵，这就是潮州古城著名的鳄渡亭。

鳄渡亭背向古城，面朝韩江，亭额匾刻"鳄渡秋风"四字，两边柱子上有一副对联："佛骨谪来岭海因而增重；鳄鱼徙去江河自此澄清。"说的是韩愈刺潮时为民除害，铲除江中鳄鱼的故事。

鳄渡亭正中央有座祭鳄台，台上有石碑压住一条巨鳄。石碑正面刻《唐韩文公祭鳄鱼文》，背面刻《鳄渡亭碑记》。元和十四年（819年）三月廿五日韩愈到潮州后，从百姓口中了解到韩江中有鳄鱼为祸。韩愈亲自去观察后，于四月廿四日写了一篇《祭鳄鱼文》，并叫他的部属秦济杀了一猪一羊，到北堤中段鳄鱼经常出没的地方，点上香烛，宣读祭文，限期叫鳄鱼回归大海，不再祸害百姓。当时，潮州人倾城而出，人山人海，鸦雀无声。只听韩愈严厉宣布："鳄鱼！鳄鱼！韩愈奉天子命到这里来做刺史，为的是保土庇民。你们却在此祸害百姓。如今姑念你们无知，不加惩处，只限你们在三天之内，带同族类出海，三天不走就五天走，五天不走就七天走，七天不走，便要严惩不贷。"说毕，将祭文焚化，连同猪羊投入溪中，拜祭鳄鱼。相传，当日拜祭了鳄鱼，晚上恶溪骤起暴风雨，雷鸣电闪；不过数日，溪水尽退，鳄鱼不得不迁徙去

祭鳄台原为古鳄渡口，韩愈刺潮时曾于此处设坛祭鳄

五六里外的大海。后来，人们把因鳄鱼作恶而得名的"恶溪"改称为"韩江"，韩愈祭鳄的地方叫"韩埔"，渡口叫"鳄渡"。

鳄渡处在韩江上游江面最宽阔处，鳄渡亭自古便是潮州的著名景点。每年入秋，这里秋水蓝天，落叶纷飞。坐在亭中放眼望去，十里韩堤蜿蜒雄伟，韩江中帆影点点、水鸟翔集，让人想起"落霞与孤鹜齐飞，秋水共长天一色"的绝美意境。这就是"鳄渡秋风"被定为潮州八景之一的原因。

李厝祠

李厝祠位于潮州古城中山路44号,是一栋建于清代的古建筑,原本为李姓宗祠。潮州人重视宗族,因此各大姓氏的宗祠都保存得较为完整,李厝祠也一样,几百年来,它依然保持着初建时的格局——主体建筑坐北朝南,带前后两进,带左右从厝,占地面积一共一千三百多平方米。尽管建筑内部很多地方已经残破,但房梁上的木雕,以及屋顶的嵌瓷,仍然体现了该祠在初建造时的精细工艺。

如今,这座古建筑的外墙被刷成统一的白色,外墙上的窗子漆成草绿色,远远望去,古朴的屋顶下面,夹杂着一丝现代的气息。在潮州现存的古宅中,这也算是独具一格。潮州市潮剧艺术培训中心就在李厝祠内,祠堂大厅是学员平时练习的地方,里面的房间分别作为教室、教务处、宿舍等。每当学员上课时,站在祠堂外面,可以听见院中传来的乐声,乐声悠扬,唱腔婉转,让这座老宅保持着青春与活力。

李厝祠歌舞升平背后,曾经有着一段刀光剑影

1925年国民革命军二次东征,曾设黄埔军校潮州分校于李厝祠

彩绘、木雕、石雕，在屋檐上交相辉映

的历史。1925年3月，东征军占领潮州，为使随军东征的黄埔军校第二期学生有机会补习课程，东征军筹设潮州分校。1925年9月，国民革命军第二次东征抵潮州时，在李厝祠创办了黄埔军校潮州分校，12月18日举行开学典礼，初名为"陆军军官学校潮州分校"，1926年5月1日改称"中央军事政治学校潮州分校"。招收惠州、潮州、梅县、海丰、陆丰等地的有志青年，还有东征军中部分未受过训练的军人同时就读，分别称学员和入伍生。校务、军需、教室等均设在李厝祠内，学生住近旁搭建的简易棚房，入伍生则住海阳儒学宫。

潮州分校设立早期，周恩来曾担任政治部主任，为分校的创立和开展政治工作倾注了一腔心血。他聘请熊雄、恽代英、萧楚女等共产党员为分校的政治教官，聘请共产党员李春蕃、李春涛到分校授课，并指示政治部宣传科长、共产党员杨嗣震创办校刊《韩江潮》，以此作为宣传革命思想的平台和阵地。周恩来主持分校政治部，着重对学生开展阶级教育和形势教育。周恩来充满感染力的演讲、恽代英讲授的社会发展史、萧楚女讲授的经济学概论，都非常吸引学生。

潮州分校于1926年12月18日结束办学，共办二期，共招收学员990多名，毕业生728人。第一期学员348人，第二期学员380多人。这两期分校毕业学员分别与黄埔本校第三、第四期学员同等待遇，被分配到革命军各军中。这些毕业生在北伐军各部队中担任军事或政治工作，参加了北伐战争的历次战斗，先后有近200人伤亡。他们的名字被载入黄埔军校同学会荣哀录。

据统计，黄埔军校设立的有完备机构建制的分校12所，《中央陆军军官学校史稿》称："该校之有分校，当自潮州分校始……"1987年12月，李厝祠被潮州市人民政府公布为第一批市级文物保护单位。

李氏家族堂联，语出"射虎家风，登龙世胄"

精美繁复的斗拱木雕

凤凰塔上眺韩江

摄于清同治九年（1870年）的凤凰塔

自凤凰洲开始，韩江三分，由一水变为东、西、北三溪。三溪当中，以北溪流域面积最小，逢旱易涸，因此也叫涸溪。涸溪和韩江分流处，有座建于明代时期的古塔，叫涸溪塔，因与凤凰洲和凤凰台相对，又名凤凰塔。古塔穿越数百年的历史，历尽沧桑，隔水遥望潮州古城，就像是韩江中的一柄利剑，指向苍穹。

凤凰塔始建于明万历十三年（1585年），是当时的潮州知府郭子章所建，工程量浩大，建筑工艺精巧绝伦，无论从造型上，还是建筑工艺上，都称得上是不可多得的经典古塔。该塔塔门向西北，两边有郭子章所书对联："玉柱擎天，凤起丹山标七级；金轮着地，龙蟠赤海镇三阳。"全塔高45.8米，基围46.6米，墙厚2米多，七层八面，砖石结构，第一、二层为石砌，第三层以上为砖砌，塔身中空，有螺旋形台阶可登顶层。塔尖为一个3米高的铁葫芦，重达2万多斤，在中国的古塔中，这样的结构十分罕见。塔基的须弥座上雕有龙、凤、鹤、马、羊等各种祥禽瑞兽以及精美的花卉，塔座的几个角还雕有不同造型、不同形态的力士像。这些石雕刀工精美、形态生动、寓意美好，向人们展示了潮州古代精湛的民间工艺。

塔起源于印度，梵文的意思是指坟冢。据佛经记载，塔是保存或埋葬佛陀舍利的建筑物。公元1世纪左右，也就是在东汉时期，这种源于宗教的建筑物随佛教传入我国，并迅速发展。在漫长的历史长河中，塔逐渐脱离印度特色，转变为中国传统的建筑，其建筑形式和文化功能不断演化。它渗透儒、道等华夏文明基因，被人们寄予镇风水、旺文

凤凰塔塔基上精美的石刻

风、祈福等美好的愿望，成为代表一个地方人杰地灵的象征。

凤凰塔属于风水塔，它扼守北溪与韩江，正当两股江水要冲，具有一塔镇二水的作用。凤凰塔不单单是一处历史建筑，也是了解潮州文化的窗口。同治九年（1870年），英国摄影师汤姆逊来到潮州，用镜头分别拍下了广济桥和凤凰塔的照片。自此之后，这座古塔以照片的形式，从潮州走向了世界。

听潮州人说，离凤凰塔不远处，曾经有座龙湫宝塔，为潮州八景之一。可惜宝塔于清代已经倒塌，残存的塔基后来也被洪水冲去，建塔的那座小洲，则因治理韩江而被炸掉。幸运的是，四百年来，凤凰塔虽经台风、洪水、地震考验，仍昂然屹立。

"凤凰塔"匾额及大门楹联，为万历年间潮州知府郭子章所题

宋左丞相陆秀夫陵园入口处石牌坊

陆秀夫陵园

英山村位于潮州市黄田山东麓，紧靠枫塘山，村中居民普遍姓陆。走进村子，第一眼看到的便是位于路旁的陆氏宗祠。这座古祠已有几百年的历史，虽年久失修，外观残旧，但从其建筑细节上，依然可以看出祠堂规格很高，为潮汕"四点金"建筑，在过去，"四点金"建筑往往是达官显贵们的住宅。祠堂中现存的石构件上，浮雕栩栩如生，体现了潮州石雕的高超水准。推门而入，"宋末三杰"之一的陆秀夫画像跃入眼帘，令这座古老的祠堂顿时生辉。同时，这幅画像也说明了陆秀夫与英山村之间的渊源——这里的陆姓居民都是他的后人。

离陆氏宗祠不远，有一处陵园，是陆秀夫的衣冠冢，也是潮州陆氏后人重要的祭祖之地。据史料记载，潮州陆秀夫

墓始建于明代。明正德十四年（1519年），为了纪念陆秀夫，潮州的地方官在东郊白塔岭下拨官田百亩，建成有石人、石马、石牌坊，具有一定规模的"陆秀夫衣冠墓"。沈麟的《重修陆忠贞公墓记》中，对此事有所提及。可惜在20世纪50年代平整土地中，墓园被夷为平地，碑石散失。直至近年，陆秀夫墓碑才被发现。潮汕陆氏宗亲联谊会各乡代表经过商议，于2003年把东郊的陆秀夫墓碑迁至英山村，重建陆公墓，并扩为陵园。

陆秀夫陵园依山而建，入口处是座石牌坊，为四柱三门结构，中门上刻着"宋左丞相陆秀夫陵园"，两边的门分别刻着"节参""天地"。穿过牌坊，往前约五十米，有一座六柱六角的碑亭，亭中的碑刻上，记载着陆秀夫的事迹以及陆秀夫墓的重修传记。过了碑亭，是条蜿蜒的石阶，沿石阶往山上走，约两百米之后，就是陆秀夫的衣冠墓。墓型为传统的潮汕风格，墓碑上刻着"宋丞相忠贞陆公之墓"。墓前是片开阔的水泥地，打扫得十分干

陆氏宗祠里古韵犹存的精美石雕

净，墓后是莽莽苍山。墓的周围种满了松树，象征着这位宋末英雄的高风亮节，也象征着他坚强不屈的精神。

翻开历史，陆秀夫是一个值得世人去尊敬的名字。南宋末期，因与丞相陈宜中政见不合，陆秀夫遭贬，举家迁居澄海辟望港口。后来元兵进犯，宋京临安陷落，皇室南逃。在国难当头之时，陆秀夫挺身而出，保护幼帝辗转粤海，坚持抗元。祥兴二年（1279年）二月初六日，崖门战役发生，宋军溃败，陆秀夫背负幼帝投海，宁死不降，南宋王朝从此结束。

陆秀夫殉国后，其后人在潮汕地区生息繁衍，700多年下来，已传至30多代。陆氏后人分布在潮汕各市、县的20多个村落中，总数约有3万余人。英山村的陆姓居民，便是陆秀夫后裔中的一支。一直以来，英山村的人以先祖陆秀夫为荣，他们重建陆秀夫陵园，世世代代扎根于此地，守护着祖先的英灵，也继承着祖先精忠爱国的精神。

陆秀夫墓

外江梨园公所

外江梨园公所内部

在潮州古城上水门街，有一座古建筑，虽经历了几百年的时光，却保存得相当完整。老宅为斗拱抬梁式木结构，共有三进，布局极为工整。古香古色的大门前面，有朱色木栅栏相护，门口是座木屏风，以精细的镂空雕刻，显示了潮州木雕工艺的高超水准。门两边的墙壁上，刻着几幅反映传统戏剧内容的浮雕，为整座建筑增添了浓厚的艺术色彩，也恰如其分地对应着门额上刻着的"外江梨园公所"六个字。

外江梨园公所始建于明代，清光绪年间大规模重修过一次，其主体建筑在建造和设计上充分融合了明清两代建筑风格。它既是潮州现存古建筑中的佼佼者，也是潮州文化的一个重要载体。该公所是研究潮州戏剧发展史的重要物证，也是广东省现存唯一一处古代戏剧艺人活动的场所。

外江梨园公所是外江戏艺人集聚之地。外江戏即指广东汉剧，由湖北的皮黄声腔传播到岭南演变而成。明清时期，外江戏在广东省演剧有两个中心，即广州府和粤东潮州府。清咸丰八年（1858年），潮州、汕头被开辟为通商港口，从而变成粤东、赣南、闽西的主要港口和商贸集散地，潮汕地区一跃成为粤闽赣交界地带的经济中心。按照"商路即戏路"的戏曲研究理念，戏班总会寻找经济发达、有观众基础的地域演出。粤东地区的经济繁荣，为外江戏的发展提供了广阔的舞台。光绪元年（1875年），潮州的外江戏班踊跃捐资，重修"外江梨园公所"，作为外江戏从业者们共同的家园。

外江梨园公所，主要用于外江艺人集会、交流，以及举行各种活动，是外江戏在潮州发展的平台，也成为记载潮州外江戏的史册。今天的梨园公所内，还存有六块捐资重修"梨园公所"的"题银碑"。碑文记载：光绪二十六年，潮州外江荣天彩班的黄春元、方永信、朱永兴等八十四位艺员为重修梨园公所题银；光绪二十六年，潮州潮音外江老正兴班的衣主喜、欢妈平、陈来葵等四十三位艺人为重修梨园公所题银；光绪二十七年，分别有潮州外江双福顺班、老福顺班、老三多班的多位艺人题银；光绪二十九年，有潮州外江新天彩班的艺人题银。这些题银碑不仅仅是外江戏班各自经济实力的证据，从中可窥见此时外江戏已在粤东兴隆昌盛。

新中国成立以后，随着传统的戏剧市场走向萧条，曾经热闹非凡的外江梨园公所门庭逐渐冷落，公所内的陈设也相继被毁。直至1987年，外江梨园公所被列为潮州市文物保护单位，才重新获得了人们的关注。

外江梨园公所门额

许驸马府

在潮州古城中山路葡萄巷东府埕，有一座建于宋代的古建筑，距今已有八百多年的历史。老宅建筑结构严谨，古朴大方，尽管宅内现今已无人居住，然而翘角飞檐之间，依然散发着昔时的旺族之气。因规模宏大，构造精巧，又加之年代久远，它被专家誉为"国内罕见的宋代府第建筑"。这就是许驸马府。

自宋代开始，潮州人才辈出，潮州八贤之一的许申，便是其中的佼佼者。许申的曾孙叫许珏，天资厚质，娴韬略而精易理，被宋仁宗选为近卫武官，授左班殿直，深得皇帝信任，后来娶英宗皇帝的长女德安公主为妻，成为驸马。一般来说，驸马府都会建在京城，但许珏娶妻之时，英宗还是太子，等英宗继

潮语"灯"与"丁"同音，寓意人丁，所以祠堂里一年四季灯笼长挂

位之后，许珏已到地方为官，因此，许珏在潮州的祖屋，便成为了驸马府。

许驸马府坐北朝南，主体建筑为三进五间，院内共有房五十五间，天井十一处，外带两条花巷和四口水井。从高处俯瞰，建筑的整体格局可以分为内、外两个"四合院"，此种布局十分切合中国古代的宗法和礼教。其中"三宝"更是让人叹为观止，所谓许府三宝，指的是竹编灰壁、石地栿、S形排水系统。这三宝设计精巧，将美观与实用结合为一体，体现了宋代潮州人在建筑上的突破和创新。

走进许驸马府，仿佛穿越历史隧道，来到了封建时代的皇宫中。那高高的门槛、随风摇曳的灯笼、粗大的厅柱、精致的雕花门窗，以及院中的古井，似乎都在向人们展示着主人当年的尊贵身份。

据当地人说，现存建筑只是原驸马府的中心区，初建时，两边还有两处从厝，其初始结构与潮汕地区的"驷马拖车"很接近。府后面还有供人休憩用的花园和楼阁，放眼望去，九曲回廊，假山流水，花开满园。那时的许驸马府，无论是建筑规模，还是建筑工艺，在潮州都首屈一指。

许驸马府高高的门槛，代表主人身份和地位的高贵

宋駙馬公像
公諱珏字國璽
申公之曾孫大理
寺正卿因誨公
之孫參政聞誨公
之子初授駙馬左
使繼遷廣南西路
班殿直賓州觀察
大總統兵馬都監
敕封武功大夫
尚宋英宗之女
德安郡主為夫人
當公之任賓州也
金帶三圍金蓮寶
帝賜錦袍六褶
炬十對寵錫寶優
渥馬享壽五十五
御葬於郡東之
司馬橋埔實載郡
志
裔孫應槐謹識

许珏因娶宋英宗的女儿德安公主为妻而成为驸马

民间相传，许驸马在京时，公主曾问驸马："潮州祖居如何？"驸马回答："前有千里龙潭，后有百里花园。"所谓龙潭，是指屋前有韩江、浮桥，而花园则是指后山花木四时盛开。数年之后，驸马与公主回到潮州，公主倚韩山而面韩江，对驸马说："驸马好眼力，千里龙潭映百里韩山。"由此可见，其时的许驸马府，无论地理位置还是建筑规模，都可以媲美京城的官府。

随着时代更迭，许家后人官运日衰，渐成平民百姓。明天启年间，许驸马府转归潮人福建布政使黄琮所有；清乾隆年间转归杨姓，不久又复转黄姓；清代末叶，许驸马府前座改为"武试馆"之用。对于重视光宗耀祖的潮州人来说，耻莫大于祖业旁落。民国三年（1914年），许氏族人将许驸马府赎回，重振门庭。大门口两旁又贴上"驸马府第，宰相家风"的对联。新中国成立后，随着人口增多，许驸马府中住户由二十多户增至四十多户，人口的激增及自然灾害的侵蚀，使府第岌岌可危。1986年，潮州市政府决定对许驸马府予以全面修缮。1999年4月，许驸马府维修工程正式动工，历经二期修缮工程，于2006年8月工程全面竣工。驸马府重现当年芳华，从而得以让世人感受中华宋代府第建筑的风貌，也因之而加深了对潮州文化的了解。

在1998年维修之前，许驸马府里仍居住着二三十户几百口人，因为一千年来都有人居住，且历代皆有修缮，所以保留了很浓的生活气息

卓府

卓府门前栩栩如生的石狮子

在潮州古城，历来有"北官南商"的说法，其意是指城北出达官，城南出富商。在地理位置上，城北紧靠韩江，东望巍巍韩山，西边又有金山和葫芦山以及秀丽的西湖相傍，无论从风水还是风光上来选择，都是达官贵族们建宅的钟爱之地。因此，城北官宅众多。俗话说"皇宫厝，潮州起"，这些规模宏大、建筑工艺登峰造极的老宅，曾是潮州古城壮观的一景。著名的许驸马府和卓府，就在古城北边。

卓府位于中山路中段，是潮州现存不多的几大"驷马拖车"古建筑之一。因城市发展，府第中的大部分建筑被毁，只剩下主体建筑尚存，此外，门前的石狮与石鼓也都完好地保存着，镇守着老宅，这两样东西，曾是一代武将赫赫功勋的象征。主体建筑分为两进，前院叫建威第，后院叫裕德堂，堂中的墙上挂着主人卓兴的画像。名将已去，只有这座陈旧的老宅带着历史的尘埃在繁华中静默。

卓兴字杰士，揭阳棉湖人，早年孤苦，浪迹江湖，后于道光年间投军。由于骁勇善战，屡立战功，受到清廷重视而逐步擢升。他曾历任平镇营都司、潮州总兵、虎门水师副提督，曾受赏赐顶戴花翎和"格良吐巴图鲁"名号。封总兵时，还赐赏三代一品封典，可谓功勋赫赫。清同治七年（1868年），卓兴告病辞归，在潮州度过了十余年的时光，他所建的卓府，成为当时潮州最为气派的住宅之一。

如今的卓府，尽管在规模上远不及从前，但从建筑的细节上，依然可以看出这座府第当年的气派。最显眼的是府中的石柱，这些石柱有方有圆，形状各异，甚至还有八角形的，横直相间，式样大方，可谓别出心裁。石柱上面的雕刻，更是体现了当时潮州工匠具有极高的雕刻水准。在潮州的古建筑中，像卓府这样的石柱极为罕见。

卓府内现在仍有老人居住。据老人回忆，以前的卓府格局，为二进五开带西巷。正座左右，一边有两条花巷，另一边只有一条。因多出来的这条花巷，当地人又将卓府叫成"驷马拖车背单剑"。以前卓府前面还有广埕，埕中央有面彩瓷镶嵌的"磷吐玉书"大照壁，照壁前是口大池塘，风光秀丽。府中后有花园，前有戏台，除此之外，卓兴还在离府不远的地方，建了座书楼，用于读书。由此可以看出，卓兴虽为武将，但能文能武。正因如此，这位武将才能用自己传奇的一生，为潮州人留下"草厝出大蛇""同拍砂锅寨"等脍炙人口的故事。

"草厝出大蛇"，用来比喻穷人家的孩子争气，长大之后出人头地。卓兴小时候家里穷，邻居也都是穷人，住着简陋的草房子，当地人称草厝巷。卓兴曾想到陆丰碣石玄武山出家，混一口饭吃，但住持和尚看他相貌不俗，断定他他日定能飞黄腾达，便劝他放弃遁入空门的念头，并取出白银

卓府前院"建威第"门匾

二十两相赠，鼓励他从军。卓兴后来投了军，立了功，被封了官，最后被封为潮州总兵，管辖一方军事行政，成了赫赫有名的人物。所以民众都高兴地说："这是草厝出大蛇。"

"同拍砂锅寨"，是指同生死、共患难的意思。卓兴小时候结交了一帮穷朋友，有一次，他煮了一锅偷来的黄豆，大家手忙脚乱，把砂锅打破了，大豆撒了一地，卓兴即兴打趣说："众将听令，打破砂锅寨，放走黄豆大王。"后来卓兴官拜潮州总兵，那帮穷哥们便来找他。门官见他们衣衫褴褛，不肯通报。这帮穷朋友声言，只要跟卓总兵说是"同拍砂锅寨"的弟兄们，他肯定会开中门迎接。门官这才进去通报，卓兴果然大开中门，并亲自出门迎接这帮朋友。他富贵不忘贫贱之交的品德受到了后人的赞扬，"同拍砂锅寨"这一句戏言也成了同甘共苦的同义词，同时，它也与卓府一起，成为了潮州文化的一部分。

卓府内"一品大将军卓兴画像"

03

做菜如绣花

行走的餐桌

百年小吃胡荣泉

个地方的饮食习俗，既是生活需求，也是当地人文特色的体现。俗话说，"民以食为天"，锅碗瓢盆中，既装载着人们的物质需求，也装载着人们对文化的需求。潮州历史悠久，素有"海滨邹鲁"之称，有着许多具有浓郁地方风味、饮誉海内外的小吃。

在潮州古城，有家百年老店，叫胡荣泉，以经营潮州小吃而名满粤东。老店在牌坊街上，每天早晨，店内热气腾腾，顾客满座，店门口排着长龙，这幅充满人间烟火的画面，是牌坊街上一道独特的风景。

胡荣泉小吃始创于清末。胡荣顺、胡江泉兄弟俩在东府巷头昌黎路口摆摊，经营潮州小吃。他们一边经营，一边摸索小吃的制作手艺，生意不断壮大。1911年，兄弟二人在太平路开了家饮食店，店名取两人名字中各一字——荣、泉——而成胡荣泉。在兄弟两人的悉心经营之下，胡荣泉的生意越来越红火。

胡荣泉小吃的第二代传人胡炳均，是胡荣顺之子。胡炳均自小就跟随在父亲身边，在店中做杂务工作。长大之后，胡炳均继承了父亲的技艺，并将胡荣泉小吃发扬光大。退休之后，胡炳均

为四个子女在潮州各开了一家胡荣泉小吃店，并将技艺传授给他们。自此之后，胡荣泉走上了连锁经营的模式，成为享誉潮州的小吃品牌。

百年老字号胡荣泉最畅销的小吃"鸭母捻"

【春卷】

潮州春卷由春饼演化而来。早在古代，潮州人就有吃春饼的习俗。东晋时就有春盘问世，春盘即在立春日用蔬菜、饼饵、果品、糖果等汇集而成的盘，用于馈赠亲友，取其生发迎春之意，象征一元复始、万象更新之吉祥。

春饼传至近代，经胡荣泉创始人的努力，又衍变成春卷，成为潮州著名的小吃。与春饼相比，春卷的外皮摊得更薄，卷入馅料封口后，再放入油锅炸成金黄色，吃起来特别香脆可口，不仅立春日吃，一年四季均可吃了。

关于春卷的演变，还有一段趣闻。胡荣泉长年经营糖葱薄饼。有一次，店家别出心裁地想出用萝卜和猪肉作馅，包后放入油锅炸，结果味道香美，很受欢迎。但苦于萝卜水分太多，春饼炸后不久便回软，店家又苦苦琢磨，终于创造了著名的潮州胡荣泉春卷。

胡荣泉春卷制作工艺极为精细：先用面粉制成薄饼皮；绿豆碾碎，去壳蒸熟，再与蒜白、鱼露、味精搅拌调匀；虾米切片、香菇切丝、猪肉切成细条。用一张半薄饼皮将以上馅料包起，卷成长方形饼，加盖红印，油炸至金黄色便可出锅。金黄的春卷，热气腾腾，咬上一口，外酥内香，浓浓的春意扑面而来。

胡荣泉的绿豆馅春卷，酥香松脆

鸭母捻

鹌鹑蛋　　　　　　　银耳　　　　　　　　莲子

百合　　　　　　　　白果　　　　　　　　绿豆

潮州传统甜汤"鸭母捻"的配料

鸭母捻是潮州传统名小食，首创于清代初年，原名为糯米汤圆，类似北方的汤圆。与汤圆不同之处在于鸭母捻的外形比普通汤圆稍微大一点，但不是球形，而是多了一个小角，这就是"捻"的效果。鸭母捻加上鹌鹑蛋、银耳、莲子、百合、白果、绿豆等配料制成的一碗小甜汤，应有尽有，十分清甜。

鸭母捻的制作要求非常严格。馅有四样，即绿豆馅、红豆沙、芋泥、芝麻糖；每粒的馅约15克。将鸭母捻放入白糖水中煮至浮上水面即熟。传统的鸭母捻是每碗三粒，每粒的馅各不相同。为区分每粒馅的不同，在包的时候，不同馅的鸭母捻形状各异，如有的形状略圆、有的略尖等，各有记号。

关于鸭母捻名字的由来，有两种解释：一为这种汤圆过去形状大如鸭蛋，潮州话鸭蛋又叫鸭母卵，故称为鸭母捻；二为这汤圆煮熟浮于水面，如白母鸭浮游于水面，故称为鸭母捻。

出锅成品的"鸭母捻"

腐乳饼

　　腐乳饼是最受潮州人欢迎的小吃之一，也是最讲究制作工艺的小吃之一。腐乳饼以精面粉制成饼皮。在饼馅中，腐乳块占2.5%，名酒占2%，精选肥猪肉切成的肉丁占18.2%，粉糖占27.5%，还有蒜头等，配料总共在十四种以上。投料先后有序，烤焙也遵从严格的时间和步骤。这样，饼皮薄而不裂，饼馅饱而不露，干润而不焦燥。

　　关于腐乳饼的来历，在潮州民间有一段有趣的传说。据说清代末年，潮州有一专卖小食的老板，对所雇用的工人非常苛刻，经常借故不发工钱。有一年年关将到，在制饼作坊打工的一个老师傅，想到已经有好几个月没拿到工钱，年关将到，恐怕到年底又是拿不到一文钱，越想越气，一个傍晚收工后，老师傅便把作坊里所有制作饼食的原料，如花生、芝麻、肥猪肉、蒜头、南乳、面粉、糖油、酒等，一股脑儿收起来，倒进一个大缸里，并使劲搅拌，然后收拾行装，愤愤地离开财主家。

　　几天后，财主的老婆打开作坊门，突然闻到一股特殊的香味，这股香味竟来自被老师傅当垃圾倒进缸里面的原料，财主的老婆便把缸里的原料作馅，制成饼食来卖，生意竟十分红火。后来财主家便按照缸里原料的成分来制馅做饼，因做成的饼腐乳味特别突出，故人们便称这种饼为腐乳饼。

潮州经典小吃"腐乳饼"

勝饼

勝饼也称潮式月饼，是享誉中外的潮汕小吃。勝（音lāo）字在潮汕方言里指猪油。顾名思义，用猪油掺面粉作皮，包甜馅烤焙熟的饼便是勝饼。勝饼以其馅料不同分为绿豆沙勝饼、红豆沙勝饼、芋泥勝饼等。

勝饼的制作工序十分繁杂。首先是备馅。把碾碎的绿豆放进清水中浸渍，使之皮肉分离，脱去绿豆壳；然后把去皮的绿豆放入锅中炊熟，加上白糖、自制猪油、面粉混合，和成稀泥状。其次是制皮。备好馅后，用面粉和猪油按一定比例配比"起酥"，再用面粉、清水、白糖、猪油和少量麦芽糖混合揉捻成皮，把皮包上适量的酥，用一把木滚棒不断滚压成片状，方成为一张可用于包馅的饼皮。最后是烘焙。将饼皮包上饼馅，放进烤炉，烘烤至饼面、饼底都呈赤褐色时方可出炉。成品色泽金黄鲜艳，皮酥薄脆，豆沙馅厚润滑，口味清甜，肥而不腻。

潮式勝饼遵古法手工制作，皮酥薄脆，多以芋泥、豆沙为馅

潮州牛肉

"炊炖炆焯，刮片截斫"，这八个字，常用来概括潮州菜的烹饪特点。前四字指潮州菜常用的四种煮法，后四字则指的是潮州菜常用的四种刀法。焯，在潮州音里读"捉"，最常见的说法是"焯牛肉"，也就是牛肉火锅。

牛肉火锅是潮州的特色饮食之一，以味道鲜美、原汁原味为特点，加上制作方法简单、牛肉种类丰富，因而受到潮州人的喜爱。如今，潮州的牛肉火锅已经闻名天下，牛肉火锅店开遍全国各地。然而，要想吃到真正地道的牛肉火锅，还是得到潮州本地。潮州的牛肉火锅店很多，大街小巷里，随处可见挂着牛肉火锅招牌的店子，其中具代表性的，是位于彩虹路的粤兴牛坊。

粤兴牛坊创于2003年，粤兴牛坊的火锅最讲究的是锅底，汤水用牛骨慢火熬制，不加任何作料，其味道尽得牛骨中的精髓。火锅的食材，采用当天宰杀的新鲜牛肉，厨师以极快的刀法，将牛肉切割成片，置于白色盘中。每盘牛肉都取自牛的不同部位，有着不同的颜色和纹理。一盘盘牛肉端上桌时，虽同是牛肉，看上去却是五花八门，琳琅满目。

牛肉火锅吃法简单，肉片放入锅中烫熟之后，立即捞出，根据食客的不同口味，可以直接食用，也可以蘸以各种佐料进食。常见的佐料有沙茶酱、红辣椒酱和普宁豆酱。蘸上佐料的牛肉，入口鲜嫩、滑爽，既有佐料的香味，又有牛肉的原汁原味。一个"牛"字，既丰富了人们的生活，也道出了潮州饮食文化的内涵。

除了牛肉之外，粤兴牛坊的另一招牌菜是手打牛肉丸。牛肉丸是潮州美食的一个符号，小小的一颗牛肉丸，却充分体现了潮州人的聪明与创新。牛肉丸本为客家美食，聪明的潮州人看到客家的牛肉丸很有特色，便将它移植过来。但潮州人并不是简单照搬，而是汲取其优点并加以改进。客家人捶打牛肉丸，是用菜刀的刀背。而潮州人改用两根特制的铁棒，每根3斤重，横截面呈方形或三角形，用双手轮流捶打，左右开弓，直至把牛肉打成肉糜。粤兴牛坊的牛肉丸，继承了潮州做牛肉丸的传统工艺，由资深师傅配料，经过连续捶打一个半小时之后制作而成，具有"够弹，够劲，够香"的特点。

牛肉火锅老字号粤兴牛坊

牛杂煲

手捶牛肉丸

雪花牛肉口感柔润、鲜嫩，易嚼易咽

潮州人的家宴

潮州菜善烹海鲜，重汤轻油，崇尚清淡

　　潮州是中国著名侨乡，潮人的足迹遍布五大洲四大洋，因远离祖国，思乡之情更切。故乡的味道，永远是潮州游子在远方的牵挂。背井离乡的潮州人，当他们带着乡愁回到家乡时，最渴望的事情，莫过于找个地方，遍尝记忆中的家乡美味。儿时的味道可以唤醒内心深处对故乡最真切的记忆。

　　位于新洋路上的千潮宴就是一个可以让潮州人寻找记忆的地方，潮州菜八大类二百三十四个品种，在千潮宴都可以找到，可谓应有尽有，千年潮州饮食文化，尽在一宴之中。

千潮宴，传承潮州味道的潮菜酒楼

〖 卤味 〗

卤水拼盘里必不可少的卤鹅掌

在潮川人的宴席上，卤水拼盘一般会作为首道菜。俗话说"先入为主"，别看小小一道卤味，它是食客评判酒家潮州菜水平的重要指标。水平高的潮州菜酒楼，卤味拼盘一定做得地道。

据千潮宴的大厨介绍，"潮州卤水拼盘"这道菜要想做好，关键在于卤水的使用。潮州卤水天下闻名，用几十味药材、香料、上汤研熬而成，经过上百年的雕琢，这一技艺堪称岭南一绝。潮州卤水与其他地方卤水的不同之处是，先将药材下铁锅炒香后再煮，因此酱香浓郁，口感厚重。除了卤味本身，卤味拼盘配的蘸料小碟也很重要，它的作用在于增进客人的食欲。千潮宴的大厨在小碟上做了一番创新，在蒜蓉、醋的基础上配辣椒酱，既保留了潮汕小碟的风味，又兼容了外地口味，非常适合长期生活在外的潮州人。

千潮宴的潮州卤菜包括许多令人垂涎的品类，有卤水鹅、掌翼、五花腩、大肠等，都是饮酒佐膳的佳肴。千潮宴"潮州卤水拼盘"一般由鹅掌、鹅翼、鹅肉、鹅肝、五花腩组成，药材入味恰到好处，既保留了药香，又咸淡适中。尤其是卤鹅掌，一般由千潮宴大师傅精心制作，除了潮州本地人喜爱之外，还深得外地人的青睐，千潮宴的卤鹅掌除了供应本土食客，还远销珠三角等地，是潮汕卤味中的佼佼者。

肉鲜味美的卤鹅肉

【 蚝烙 】

蚝烙是传统的潮州小食，历史十分悠久。在清末民初，潮州制作蚝烙的小食摊已十分普遍，最有名的是泰裕盛老店，这家店里制作的蚝烙特别好吃。抗日战争前，在潮州市太平二目井脚和宫仔巷头，分别有外号为"人龟"和"赊树"的小贩煎蚝烙出卖，据说此二小摊煎蚝烙的功夫相当到家，每每有客人到时，才点火制作，现做现吃，味道特别可口，在当时闻名潮州。

蚝烙的传统做法是先热锅放入猪油和葱花炒出香味，再把生粉水均匀地倒下，煎成圆饼形，约1厘米厚，煎至生粉水成形，即把蛋浆均匀淋上，再在上面放蚝、腊肉丁等，略煎，用锅铲切成四角，从锅边再注入猪油，翻过来继续煎至外香脆、内嫩滑。蚝烙搭配鱼露蘸食风味绝佳。

千潮宴的蚝烙，严格遵从传统蚝烙制作工艺，在选料上十分讲究，专门选取饶平洪洲出产的珠蚝，采用优质雪粉，甚至连猪油都要用本地猪的鬃头肉煎出来的猪油，制作的每个步骤都十分考究，其煎制的"蚝仔烙"，具有特别鲜美的蚝香味，口感酥而不硬，脆而不软，吃过之后回味无穷。

潮州传统小吃蚝烙，主料是肥美鲜嫩的蚝，混入薯粉，加鸡蛋一起煎

【 咸煎肉 】

外酥里嫩的咸煎肉是潮州菜里的招牌菜

咸煎肉是潮州菜中的招牌菜，其特点是外酥里嫩，肥而不腻。千潮宴的厨师，经过不断探索和改进，使这道传统的菜散发出独特的魅力。

咸煎肉看似简单，制作却并不容易。最关键的是备料，猪为当天现杀，肉必须是精选出来的五花肉，肉中带有脆骨最佳。先用水煮至七分熟捞出，然后加入佐料，用食品袋裹好，放入冰箱腌制入味保存。腌制的时间必须严格控制，腌制太久，肉容易变老；腌制时间过短，则不易入味。

将腌好的五花肉切成1厘米厚的肉片，再放入铁锅，用中火煎至两面金黄，一道地道的咸煎肉就算是做成了。起锅后，肉片盛于白色盘中，如同一块块黄金，颜色十分诱人，咬上一口，满嘴留香，是下酒的美味。

古城私房菜

潮州古城上水门附近，有条老巷，两边都是空置的老宅，人很少，乍看显得十分萧条。沿巷子往前，走到尽头，会出现一家饭馆，冷清的巷子便突然有了几分热闹气息，给人一种柳暗花明的感觉。饭馆由一栋三层的民宅改建而成，规模不大，看上去十分普通，就连门口挂着的招牌，也显得很不起眼；然而里面却另有一番景象，门外还有一些顾客在排着队候餐，可见生意之火爆。

这家隐藏于市井深处的私家菜馆，是潮州市烹饪协会会长郑著阳所开，以经营高端精致的潮州菜品为主，开业之后，以正宗的潮州口味获得了好口碑。郑著阳为潮州菜大师，在全国烹饪大赛上曾经以一手地道的潮州菜，取得了不俗的成绩，由此将潮州菜推向了全国。为了弘扬潮州菜，郑著阳开了这间私房菜馆。

走入菜馆，第一眼看到的便是墙上挂着的照片，那是郑著阳以潮州八景为题材而创作的菜雕作品，每个作品都巧夺天工，栩栩如生，显示了极强的雕工以及造型能力。在这些令人惊叹的菜雕作品面前，顾客品尝佳肴的同时，也可以感受潮州古城文化的灿烂，从而一举两得，享受到物质和精神的盛宴。

郑著阳走上烹饪道路，是受父亲影响。他的父亲叫郑炳辉，是当年潮州颇有名望的厨师，尤其擅长制作斋菜。在新中国成立以前，十里八乡每有重大活动，都会邀请郑炳辉在宴席上主厨烹制各式筵席，郑炳辉一个人经常要制作上百款菜色。俗话说，"只要功夫深，铁杵磨成针"，日积月累下

来，郑炳辉磨成了大厨，被称为当时潮州四大名厨之一。后来，郑炳辉被潮州首富"吴半城"聘为私人厨师，整天与高档食材打交道，使他有条件研究各种精美菜肴。他烹饪出来的菜品，代表了当时潮州菜的最高水准。

后来，郑炳辉将厨艺传予儿子郑著阳。在父亲的指导下，郑著阳用普通材料代替高档材料学习潮州菜烹饪技艺，这为日后他在美食事业上大展鸿图打下了坚实基础。在多年的烹饪生涯中，郑著阳凭借自己的丰富实践经验，不断改善潮州菜的烹饪技艺。他秘方制作的咸膏蟹，是潮州美食中的一绝，被美食圈内的人戏称为"毒蟹"，意思是像鸦片一样，越吃越想吃，越吃越过瘾。

郑著阳说，做菜是一门艺术，一道菜看要成为佳品，需要用心去加工美化。美食之所以成为一种文化，在于它在各个细节上的考究。潮州菜从选料、制作、烹调、上桌到入口各个环节的考究，体现了潮州乡土文化的深刻内涵。潮州菜独有的酱碟调味，不同菜色配以不同酱碟，一菜一碟，咸甜酸辣各有讲究，所谓"一食合百客"。

郑著阳在传承潮州菜传统烹饪技艺的基础上，还进一步发展了"食雕"技艺，填补了潮州菜在这一方面的空白。正是他的食雕技艺，使潮州菜在全国烹饪大赛上大放异彩。除了极尽雕工的"潮州八景"外，"太极百花鸡""满载而归"等菜雕品也向世人展示了潮州"食雕"的独特魅力。而郑著阳本人，也凭着高超的厨艺，成为潮州菜非物质文化遗产的传承人。

传统的潮式蒸鱼

原汁焗鲍

沙拉龙虾，又称龙虾饭，属潮州打冷

芋泥焗角螺

第三章
潮安

潮安地处于汕头、潮州、揭阳三市的"金三角"交界地带，其南边是汕头经济特区，城区距汕头港、汕头机场各10多公里，交通十分便利。

滔滔韩江贯穿潮安全境，直抵入海口，潮安通过海洋，可以连接世界各地。便利的海上通道，造

屹立在潮安江东镇井美村鲤鱼山上的三元塔，濒临韩江，洪峰季节江水湍急，故有"急水塔"之称

就了著名的中国侨乡，据统计，分布在世界各地的潮安籍侨胞超过100万人，从而获得"海内一个潮安，海外一个潮安"的美称。这些生活在世界各地的侨胞，为潮安带来了丰富多元的文化。

自古以来，潮安便有"海滨邹鲁"的美誉，其境内现存历史文物众多，全区现有文物保护单位500多处，其中全国重点文物保护单位1处，省级重点文物保护单位1处，市县两级重点文物保护单位36处，其中最值得一提的是全国重点文物保护单位从熙公祠，该公祠以琳琅满目的木雕和出神入化的石雕堪称建筑艺术中的瑰宝。

潮安民俗文化独特，是粤东非物质文化遗产的宝库。韵味隽永的潮剧、潮乐、歌册、方言，素淡清新、跻身于全国八大菜系的潮菜，饱含传统文化哲理的工夫茶，以及潮绣、潮式凉果、木偶戏表演等，均具有鲜明的地方色彩，蕴涵着浓郁的中古遗风。其中金石铁枝木偶戏被列入国家级非物质文化遗产代表项目；"凤凰山畲族招兵节"、大吴泥塑和浮洋方潮盛铜锣制作技艺被确定为省级非物质文化遗产代表项目。

潮安拥有得天独厚的旅游资源，是广东省旅游特色县。北部凤凰山凤鸟髻海拔1497.8米，常年云雾缭绕，群峰叠翠，蕴藏着高山风光、天池仙境、原始森林等自然景观；南部桑浦山、梅林湖古海蚀石群是韩江三角洲沧海桑田的见证。"桑浦禅泉""凤凰天池"等景区被评为"潮州新八景"。

01

高山出秀水

天池的面积为76亩，特殊的气候使池
面时而波浪滔天，时而水波不兴

凤凰天池

在中国，高山上的湖泊称为天池。凤凰天池位于凤凰山第二高峰乌岽山上，乌岽山主峰海拔1391米，凤凰天池海拔达到1325米，可谓池高接天。因凤凰山气候湿润，常年云雾缭绕，上山的游人经常可以见到雾锁天池的壮观景象，浓雾时聚时散，虚无缥缈，让人有置身仙境之感，凤凰天池因此有"南国第一天池"之美称。

在天池堤边，立着一块石碑，上面刻有"凤凰天池"四个大字。石碑对面是片辽阔的草地，绿草如茵，呈现出一派高山草原的风光，游人可以在此闲庭信步。在凤凰天池的西北角，筑有一座凉亭，每逢傍晚，凉亭在落日余辉中的剪影与湖水构成一幅泼墨般的山水画，颇有些"夕阳悬高树，薄暮入青峰"的意境。云消雾散之际，从亭中可以俯瞰凤凰山全貌，自半山腰起，万亩茶园层叠而上。

俗话说，高山出秀水，凤凰天池水质清澈通透，甘美清甜。凤凰山茶区因常年云雾缭绕，茶质良好。凤凰单丛历史悠久，是潮州工夫茶必不可少的主角。以天池之水来泡凤凰单丛，可谓绝配。

若仔细观察，会发现天池里有许多游鱼，关于这些鱼还有一个传说。相传宋帝逃难路过此地，腹中饥饿，见天池中有鱼若隐若现，想要捕捞却没有工具，宋帝只好望鱼兴叹："鱼要是能自动上岸就好了。"谁知宋帝刚说完，池中的鱼竟然长出四脚，爬上岸来。宋帝大喜，遂赐名为"四脚鱼"。因为有这样一段传说，凤凰镇的人一直把天池中的这种鱼当作神鱼。不过传说毕竟是传说，按照当地人的描述，这种神秘的"四脚鱼"应为大鲵，也就是世人俗称的"娃娃鱼"。

已故著名书画家谢稚柳，1988年题碑"凤凰天池"

人迹罕至的乌岽顶，终年云雾氤氲

桑浦山

两亿多年前的一场地质运动，使得亚欧大陆东南沿海的一个地方从地面隆起，古老的花岗岩不断在这里积淀，最终形成了绵亘27公里的山脉，即是如今潮州、汕头、揭阳三市交界处的桑浦山。

"昔时同南滨海，北麓遍植桑树。"桑浦山因这句古话而得名。据当地人说，桑浦山的景点多达99处，它的历史遗迹和古墓群对于研究潮汕古代人文有着极为重要的参考价值。因为岩石众多，桑浦山的许多景点因地制宜，依托巨大的花岗岩修筑而成。潮安彩塘镇玉简峰南麓的甘露寺，原本是由一块巨石覆盖而成的石窟，里面可坐几百人，后改为寺庙，成为广东最大的巨石岩寺。除了天然巨岩，

桑浦山一角

桑浦山的石刻也极具特色。鸡笼山东侧的摩崖石刻，字体从篆体到行楷应有尽有，其中"阴阳报"最广为人知。

作为潮汕第一名山，桑浦山在文化传承上有着举足轻重的地位。桑浦山一带有许多的书院，其中比较著名的有中离书院和宗山书院。这两个书院的创始人都是明代正德年间的进士薛侃。薛侃是第一位将明代哲学家王阳明的思想传播到岭南的人，明嘉靖二年(1523年)，他创办中离书院讲课授业，传播王阳明学说，吸引了一批来自五湖四海的学子。九年后，他又以纪念王阳明的名义在鸡笼山创办了宗山书院。古往今来，无数历史名人在桑浦山发祥、成长，为潮汕大地的人文添下了浓墨重彩的一笔。

百年石亭千岁祠

对话古建筑

潮州宗祠比拼的重点集中在门楼、山墙和屋顶的装饰彩绘上，极尽雕饰工艺之能事

韩江急水三元塔

潮安江东镇地处韩江下游，四面环水，俗称"溪中"。它北接潮州市区，南通汕头澄海，自古属于商旅必经之路。在其境内的韩江上有一座小岛，因形似鲤鱼而被称为鲤鱼岛。这座小岛凸出江面，使得韩江弯曲收窄，每到夏季汛期，这里的水流就变得汹涌湍急，过往的商船和渔船经常在此翻沉。民间传说，在这鲤鱼岛下住着一条鲤鱼精，船只翻沉皆由鲤鱼精作怪所致。于是人们便在鲤鱼岛上建造了一座宝塔，以用于震慑鲤鱼精，保佑平安。这座宝塔就是如今井美村的三元塔。

三元塔又名急水塔，始建于明代万历三十三年（1605年），由当朝户部侍郎潮安人林熙春所倡建。此塔七层八面，高达51米，历时两年竣工。据井美村人介绍，颇具传奇色彩的三元塔历经三次才建成。第一次人们将塔建在鲤鱼岛的岛尾上，然而不久它便倒塌了；第二次人们将建塔方位选在岛中央，还是屡建屡塌；最后风水先生提议将塔址选在鱼头，塔建成之后，再也没有倒塌过。

三元塔面向韩江，塔门上方刻着刚遒有力的"三元塔"三字，两旁一副石刻对联，描绘了宝塔镇江的气势："霞标插汉三千界，砥柱当潮九万程。"三元塔建成之后，林熙春登上此塔，极目远眺，挥毫写下了一篇建塔记文，将塔的宏伟描绘得淋漓尽致，如今这篇塔铭被刻在塔中第五层。

韩江南去，物换星移，历经四百多年风雨的三元塔，早已不复原貌。1918年，南澳岛发生7.8级大地震，波及潮州地区。这场地震将三元塔塔顶震毁，砖石落入江中，水花溅起数十米高。"文化大革命"期间，三元塔遭到人为破坏，塔内文物被盗窃一空，令人扼腕叹息。然而，虽然经历天灾人祸，但三元塔依然挺拔，夕阳余晖中，古塔独立韩江，以残缺的塔顶向世人展示出一种历史的沧桑之美。

鲤鱼岛上的三元塔

从熙公祠的石雕艺术

　　潮州彩塘镇的金砂管理区，是个古朴的村庄，一条小河从中穿过，河畔的青石板被水冲刷得温润发亮；随处可见的榕树，增添了这个村落的勃勃生机；带有民国风格的南门楼，是当地的一大地标，青灰色的砖墙和斑驳的门漆，见证了古村的兴衰荣辱。

　　从熙公祠位于金砂管理区的东南角，处于大型古建筑群"资政第"的中心，是当地华侨陈旭年所建，资政第始建于清代的古建筑，以精细的石雕工艺闻名，体现了潮汕地区高超的建筑艺术水准。

　　陈旭年又名毓宜，早年丧父，以卖油为生，17岁漂洋过海，远走马来西亚。陈旭年既吃苦耐劳，又善于交际，他认识了马来西亚贵族天猛公阿布·巴卡，并与阿布·巴卡的表妹结婚，被称为"番驸马"。自此之后，他的事业兴旺发达。到19世纪70年代，陈旭年已成为南洋最著名的华侨领袖和实业家，他的声誉、地位和事业，都达到了巅峰，被封为柔佛州华侨侨长，该州首府至今还有以他的名字命名的街道。

　　俗话说："叶落归根。"发迹之后，陈旭年思乡之情日盛。清同治九年（1870年），陈旭年回到家乡，斥巨资兴建从熙公祠。经过14年的精雕细琢，这座潮汕地区最为壮观的公祠于光绪九年（1883年）竣工。

　　从熙公祠坐东向西，面宽30余米，进深40余米，为二进院落式，房梁与门窗上的石雕、木雕精美绝伦。尤其是石雕，让人叹为观止。据说为了使石匠安心工作，陈旭年特意为石匠在家乡修建了住宅，且平日敬若上宾，让石匠吃好喝好睡好，精神饱满时才动手工作，每天只工作一两个时辰，从某种程度上讲，这些精美的石雕几乎不是"凿"出来的，而是用刀"剔"出来的。

　　从熙公祠中的石雕不仅刀工精细，且内容丰富，生动又贴近生活，既有"君子四友""渔耕樵读"等民间故事，也有"士农工商""喜鹊登梅"等喜庆画面。石雕内容取材于民间，真实地反映了当时潮州各个阶层的生活习俗，具有很高的艺术和文物价值。2006年，从熙公祠被国务院批准列入第六批全国重点文物保护单位名录。

从熙公祠正门

资政第石匾

精雕细刻、威风凛凛的石狮子

栩栩如生、工艺繁复的石雕

剔透玲珑的倒吊石花篮

丁宦大宗祠

丁宦大宗祠位于磷溪镇仙田村，于明万历年间所建，是潮安丁姓一宗敬祀宋代潮州刺史丁允元和丁氏先祖的场所。该宗祠环境优雅，周边地势开阔，充分遵从了潮汕地区古建筑背山面水的风水习俗——背后是绵绵山脉，左边是株老榕树，榕树下有两排石旗桩，正对面则是一方半月形的池塘，水面上漂满绿色浮萍。

宗祠主体建筑为三进、两火巷、三山门、八滴水格局。配有石鼓、石旗杆，进门处的屏风上有副对联："宋室忠卿第，岭南世宦家。"祠内雕梁画栋，柱楹结构处装有鳄龙头，并装饰有许多具潮州特色的金漆木雕。

丁宦大宗祠于20世纪80年代由丁氏后人捐资重修，古祠从里到外焕然一新，只有祠前的石刻对联尚保存着原貌，对联内容为："官纪太常五马清风余凤水，绩崇名宦千秋禋祀荐仙田。"该联为潮州先贤、明代礼部尚书黄锦所撰写，由此可以看出丁允元在潮州的影响。

丁允元原籍江苏常州，宋淳熙十四年（1187年），因谏免盐铁税，由太常寺少卿被贬为潮州知军州事。在潮州任职期间，丁允元主持在韩山古揭阳楼遗址修建韩文公庙，把原城南的韩庙迁往韩山，并以唐贤赵德、宋贤陈尧佐配祀，题匾为"忠佑庙"；又主持增筑韩江西岸石墩，在石墩上架设桥梁，建亭修屋，修建后的韩江西桥被称为"丁公桥"；除此之外，丁允元还很重视教育，曾拨田租365石作为教育经费，使学子有所助。

潮州人对丁公知潮期间的政绩予以充分的肯定。清乾隆二十三年（1758年），潮州知府周硕勋议定，丁公配享韩庙。这是所有丁氏子孙的骄傲，也是今天的丁宦大宗祠所承载的荣耀。

丁宦大宗祠外观

薛侃与宗山书院坊

塔下村位于潮安金石镇，村子背靠宗山，中离溪绕村而行。走进塔下村，远望青山叠翠，近听流水潺潺，村庄古朴而又幽静。四百多年前，潮州先贤薛侃考中进士，却无意为官，他选择了回乡治学，在塔下村旁边的宗山上建了座书院，叫宗山书院，用于传授王阳明的思想和学说，并为王阳明立了座牌坊，名为宗山书院坊。

科举时代，潮州唯一的状元林大钦曾在宗山书院读书，他在这里接受了启蒙教育，在科举考试中连连告捷，最终一举夺魁。因薛侃和林大钦，宗山书院名声大振，成为潮州学子争相求学的地方。

如今，书院已不知毁于何年，仅存宗山书院坊。该坊位于塔下村村口，高约6米、宽约7米，为三开间二层全石结构，梁柱榫卯接合，稳固巍峨，古朴壮观。坊额刻有"宗山书院"四个大字，背镌"仰止"二字，寄托着薛侃对王阳明的崇敬之情。

塔下村因宗山书院坊而为外界熟知，但塔下村的历史古迹却不仅仅只有这座坊，还有众多石刻。这些石刻，来自历代文人雅士之手，记载了与宗山书院以及塔下村相关的各种人文轶事。在中离溪畔，有块著名的石刻，上面刻有《中离溪开溪记》，该文记载了薛侃在塔下村的事迹。返乡之后，薛侃体察民情，深悉水运不通给当地老百姓造成生活、生产不便之苦。他经过实地勘察、掌握地势情况后，倡议村民开掘渠道，疏通东西两溪，从而有了塔下村这段十里长的人工河道。

如今，宗山书院坊已成为塔下村的精神标志，塔下村的人利用坊周边的空地，建成了一个广场，每年都会有许多活动在这里举行，慕名而来的人在此观赏古迹，瞻仰先贤风采。

宗山书院坊

急公好义坊

急公好义坊上的石雕

在潮安彩塘镇华美乡的塘东桥边，有座急公好义坊，距今已有一百二十多年历史。"急公好义"这一成语出自汉刘向《新序·节士》："楚昭王有士曰石奢，其为人也，公正而好义。"意思是形容一个人热心公益，见义勇为。

彩塘的急公好义坊，是为表彰沈学全夫妻乐善好施的事迹而建。清光绪年间，直隶（今河北省）水灾，户部主事沈绍远尊其故祖父母沈学全夫妻"济贫救灾为急"之遗训，捐助棉衣一千二百件，解直隶灾区散发，并述其故。

直隶总督李鸿章上疏光绪皇帝，要求恩准沈绍远于故里建坊，并赐以"急公好义"四字。为表彰沈绍远的善行，朝廷恩准了李鸿章的奏章。

急公好义坊始建于清光绪十四年（1888年），竣工于光绪十七年（1891年）。牌坊为三门四柱式结构，双面雕刻，两面匾额均为"急公好义"。建成之后，有直隶总督李鸿章的奏折及对联题刻，还有"毅勇嗣侯曾纪泽""两广总督张之洞""礼部尚书崑岗"等人的题刻。

潮州市重点文物保护单位急公好义坊

急公好义坊

郭陇砖瓦窑群

　　庵埠镇郭陇四村，有几座废弃多年长满杂草的圆形建筑物。这些"碉堡"似的建筑就是古代窑群的遗址。

　　明朝嘉靖年间，郭陇人郭友烈到福建莆田做官，当地的砖瓦生产引起他的极大关注。告老还乡时，郭友烈便带了工匠回乡建窑，烧制砖瓦，并一代代传承下来，发展到最鼎盛时曾有砖瓦窑十五座。从此郭陇几百年窑火延烧，烧制出来的青砖瓦片价廉物美，"郭陇砖瓦"声名远扬。郭友烈被后代子孙称为窑公。

　　郭陇的砖瓦窑以青砖垒砌而成，外层用灰砂夯筑，高约5米，窑壁厚达2米半，形制不同于现代龙窑，其外观略呈圆锥形，弓身钻进窑门，好似进入穹庐，底部直径有四五米；圆圆的顶部，中间留有2米的封土孔，底壁还有几处排气孔。

　　这些明代砖瓦窑主要烧制青砖及瓦片等建筑材料，销往潮州各地。如今保存下来的三座，其中头窑、二窑位于郭陇四村村内，另一窑位于潮安大道旁郭陇四村路段。这三座古窑平面呈圆形，均用石条、灰段青砖垒筑而成，极为坚固，保存基本完整。

　　为了便于运输，这些砖瓦窑都建于河道旁边，后来随着河流改道，窑场没落，才成为荒野上的"弃儿"。

　　然而，尽管这些窑群已经被时代遗弃，但其具有的意义却不可取代，因为在这些遗址下面，埋藏的是郭陇土法烧窑的历史。

郭陇砖瓦窑群遗址

万里桥，
潮州第一桥

在潮安凤塘镇东龙村，有一座看上去其貌不扬的石桥，桥长仅十多米，桥面狭窄，仅可容一辆小三轮车通过。该桥看上去饱经沧桑，桥身虽严重扭曲，却依然在承担着不可替代的交通重任。这即是被称为"潮州第一桥"的万里桥。

万里桥始建于南宋绍兴八年（1138年），是一座五墩六孔的普通石桥，既无万里之长，也无奇特灯光，游人至此皆大失所望："这桥是如此平常，因何要讹传骗人！"

万里桥虽其貌不扬，但对地方官员和百姓来说，却是一座了不起的建筑，因为它扼守着潮州府通往揭阳县的官路要道。南宋之前，这里没有架桥，过渡非常不方便。绍兴年间，凤塘一位叫翁元的乡贤，捐资建造了一座石桥，取南岸海阳县李畔和北岸揭阳县凤浦两村各一字，定名为"李浦桥"。清同治十年（1871年），潮安发洪水，李浦桥被冲毁，后来由当地一位名叫林万里的员外出资，重修李浦桥，便将桥名改为了万里桥。

万里桥历史悠久，比有着"千古一桥"之称的潮州广济桥建成还早三十多年，被列为潮安文物保护古迹。这座小石桥，不仅打通了两岸数百年的经济人文交流，更是古时潮汕地区文化底蕴的见证。

"潮州第一桥"万里桥，建成比广济桥还早三十多年

武状元府，
光耀孚中寨

状元练武石

后设置十二幅用优质紫梨木雕刻而成的闪门。这十二幅梨木雕刻闪门分为"麒麟送子""八岁学武""习文练武""京城潜修""状元及第""头等侍卫""威镇南疆""光耀南粤"等图案，讲述黄仁勇的生平。可惜，1942年6月，日本侵略军在孚中村烧杀抢掠，这些珍贵的建筑遗产在战火之中毁于一旦。

如今，黄仁勇的后人皆客居海外，这座代表着黄家荣誉的府第因疏于照料益发显得破落不堪。但从摆放在南廊上的几个练武石上，尚可以看出黄仁勇当年武艺的高强。这些石墩是黄仁勇练武时所用的，每个重达150公斤，两名成年人都难以搬动，而黄仁勇却能单手提起。黄仁勇不仅功夫过硬，智慧也为人称道。相传在御试时，黄仁勇不小心将大刀掉落在地，在座众人无不捏了一把汗。他却不慌不忙地用脚尖将刀柄挑起，接过刀又舞了起来。御试完毕，嘉庆皇帝问他："刚才踢刀是何架势？"黄仁勇急中生智，跪奏道："这叫'魁星踢斗'。"嘉庆帝听后甚为满意，当即钦点他为武状元，并封御前带刀侍卫。

在潮安古巷镇孚中管理区，有座古寨叫孚中寨。宋度宗年间，黄姓先祖迁居孚中，在此开枝散叶；至明嘉靖年间，黄姓家族已发展得十分壮大，于是创建了这座寨子。

孚中寨呈长方形，坐西向东，前望潮州笔架山，后依羊铁岭，在数百年的时光中，这座寨子庇佑着黄氏一族，使这个家族人才辈出。在历代科举考试中，孚中村共出过十名举人，黄姓十占其八。清嘉庆元年（1796年），黄仁勇一举考取武状元，更是为这个家族和这座古寨添了光彩。

历史上，广东仅出过五位武状元，黄仁勇是其中之一。他的武状元府就建在孚中寨里，由潮州府和海阳县两级官员按清廷官制所督建，总面积四百多平方米，是一座二进阶三座落的官宅，前座、中座和后座都是一厅两房，前天井设南北两廊，后天井设两间南北厅。前厅设臻屏，臻屏上面挂着钦点状元匾。据本地人讲述，以前的状元第，中厅前

孚中寨正门

状元第门顶各种精雕细琢的石雕

洪氏家庙，
名贤手笔

　　梅溪管理区属庵埠镇，距潮安约三公里，面向韩江，相传最初为梅姓所创，后来洪姓自福建迁入，在此开枝散叶，逐渐成为该村的一大姓氏。他们修建了洪氏家庙，用以凝聚宗族力量，同时建立自己的宗族文化。

　　洪氏家庙建于明朝，几百年来，这座古老的建筑见证了这一家族的发展，也承载着这个姓氏的荣耀。走进梅溪村，一眼便可以看到洪氏家庙，这座带着浓郁传统风格的古建筑，位于村中最空阔的地带，在周围现代化民居的衬托中，显得尤为耀眼。家庙应该是近年重修过，外墙焕然一新。庙前是个大广场，广场前有口池塘，池水如镜，倒映着岸边的风光。左边有棵巨大的古榕，繁茂的枝叶撑开来，几乎盖住了半个广场。池塘有护栏围着，紧挨护栏的地方，有一排石旗桩。池塘、榕树、旗桩这几样东西，在潮汕大型古建筑中必不可少，它们代表着风水和地位。

　　洪氏家庙属于二进式建筑，门楼前约五米处有牌坊一座，为花岗岩石砖结构；三门四柱，因建有墙壁相围，使牌坊与门楼之间的空间变成了院落，初看起来很像是三进格局。牌坊顶端为平缓屋脊，装饰嵌瓷双凤朝牡丹，正面额书"世德流芳"四字，为户部左侍郎林熙春所题。除此之外，家庙中还有福建布政使黄琮、户部福建司郎中夏懋学、云南按察司副使张凤翼等潮州先贤的题字，可见当时的洪氏家族在潮州的影响之大。

　　从建筑特色来看，洪氏家庙采用斗拱抬梁式木结构屋架，除了"三载五木瓜"梁架这一极为普通的潮式传统建筑工艺之外，里面的房梁和门窗并没有用木雕或石雕这类精细高雅的工艺来装饰，可谓朴素简洁至极。洪氏家庙中的每一处题词都出自潮州名贤之手，这是洪氏家庙最具文物价值的地方。1987年，该家庙被列为潮州市重点文物保护单位。

洪氏家庙屋顶富丽堂皇的潮州嵌瓷

缵美楼

在潮州市区通往凤凰镇的路上，有个村子叫康美村，村里有座古老的土楼，一眼望去，像座环形的城堡，奇异的造型和独特的风格，使之在一片现代化的民居中显得格外突出。土楼坐西朝东，背靠绵绵青山，外墙由黄土夯成，圆形的屋顶覆盖着一圈黑瓦，石砌的拱门前面，是口半月形的池塘，土楼隔着池塘与那条穿村而过的公路正面相对，墙上那些深邃而幽深的瞭望口，审视着过往的行人和车辆。这便是缵美楼。

在动荡年代，客家人建造土楼，聚族而居，既可以抵御匪贼，也有利于宗族的生息繁衍。凤凰镇地处潮州北部，与粤北客家山区和福建山区交界，是客家通往富庶的潮汕平原的必经之路，历来为兵家必争之地。历史上，曾有过多次土客民系之间的械斗，再加上强盗土匪横行，以上众多因素加在一起，导致了土楼在这片地方的盛行。

缵美楼始建于清雍正元年（1723年），其结构和建筑工艺继承了福建土楼的特点——背山而建，就地取

环形土楼缵美楼

缵美楼背面外墙

材。土楼外观为圆形，墙体的材料是泥土、砂石以及石灰混合成的三合土，整座土楼只有一门进出，这种封闭式的结构，具有浓郁的客家特色。

从正门进入土楼，穿过长长的巷道，中央是个圆形广场，卵石铺地，右边有口古井，楼内的所有生活用水，都由此井供给。土楼内共有32套住宅，环绕着广场而建。住宅分为前后二进，第一进为平房，有低矮的门楼和狭小的天井、客厅；第二进为第三层的楼房，每层之间有木楼梯可供上下。在三楼内侧，有一道环形通廊，将32套住宅连接起来，使整座土楼内的居民可以不用下楼就随意往来，在防御时也更具有机动性。

听住在土楼附近的村民说，缵美楼里曾经住着一百多人，改革开放后，土楼内的居民陆续搬了出去。如今的缵美楼已成空楼，四处积满灰尘，圆形的外墙也已经有好几处崩塌，墙头生长着杂草。土楼内供着曾氏的"伯公炉"，相当于曾氏祠堂。这座曾经人丁兴旺的土楼，事实上已经成为曾氏家族祭祖的地方，逢年过节，曾氏族人都要到这里祭拜祖先。或许正是有了曾氏族人祭祖活动，缵美楼才不至于被人遗弃。

种茶与制茶是缵美楼附近居民的主业

顺德居的南洋风

潮安与丰顺县的交界处，有座山叫白莲山，山下的村子叫白莲村，潮安著名的古建筑顺德居就在白莲村里。从地图上看，顺德居三面背山，一面临水，其位置正好处在"美女织白莲图"的"莲托"上。因此，顺德居在潮汕谚语中也叫"白莲大厝"。

和潮州的许多大厝不同的是，顺德居并非由官宦人家所建。清朝时期，白莲村人刘桂顺一家贫困不堪，他与兄弟迫于生计，漂洋过海，到泰国去谋生。也许是幸运之神眷顾，刘桂顺的弟弟在购买泰国政府首次发行的彩票时，中了头奖，一夜暴富。他拿着这笔巨额钱财，回乡建起了这座大宅，取名为"顺德居"。

在建筑风格上，顺德居博采众家之长，既吸收了潮汕地区"百凤朝阳"的建筑风格，也吸取了客家围屋的防御特点，同时还加入了西洋建筑的骑楼设计以及广东碉楼的设计，使这幢豪华建筑在具有观赏性的同时，又兼具防御外来入侵的功能。

顺德居共有五进四列厢房，还有一座书斋和两处花园，加起来，房间、厅堂有近百间。全宅以"四点金"为核心构筑形式，同时借鉴了传统的"驷马拖车"的做法，建筑前部有一个半月形大池，左右池旁各建一座碉楼。全宅结构讲究对称，中轴部分，递进层次分明，共分五进，体现了旧时礼制秩序在家庭里的至尊地位。大门后匾额"兰桂腾芳"和正堂后匾额"光前裕后"则体现了主人刘桂顺的"感恩感德、祈望德泽绵延及后代"的思想。

在细节装饰上，顺德居更是令人叹为观止。不论是其中的木雕、石雕，或是嵌瓷壁绘，都分外精细。尤其是克昌书庄门匾下的两只石雕驮狮，一雄一雌，一威猛一妩媚，相映成趣。在纯手工雕刻的年代，不知要耗尽多少心血才能打造出一件这样完美的艺术品。

随着时代的变迁，这座深藏民间的大厝，逐渐失去了昔日的荣光，正面临着荒废。刘氏族人已陆

顺德居内部中西结合的装饰构造

顺德居的壁画

续迁出，老宅的日常维护成了问题。门楣、梁柱、墙体都有着腐朽坍塌的迹象，两侧碉楼早已被毁。然而，既使已面目全非，顺德居仍然具有着非凡的意义，因为它承载着那一代潮州人闯南洋的经历。

甘露寺——摩崖石刻的世界

潮州最奇特的寺庙，非甘露寺莫属。这座位于桑埔山狮子岩半山腰的石窟寺，是一处面积近6000平方米的岩洞。据《海阳县志》记载，该地"前为玉简书院，后改甘露寺"，其上有一块700平方米的巨石似凌空飞出，其平如削，其固如磐，蔚为奇观。甘露寺正是以这条巨大石缝为基址，因地制宜顺势而建，远远看去就像狮子张开大口，稳稳将寺庙含在其中。甘露寺于明万历四十八年（1620年）由潮州知府贾宝悌募化修造，关于甘露寺名字的由来，相传有个孝子在山上结庐守墓，其孝感动了上天，竟致天降甘露，甘露寺因而得名。

从山脚登上蜿蜒曲折的石阶，迎面便有一块大石拦住去路，上面刻有"万寿云宫"字样的，可证甘露寺过去又称万寿云庵的说法。上山的路到此分岔，右边直通山巅，左边通往佛寺。佛寺上的凌空飞石凿有"玉简书院"，每字二尺见方，传说是林大钦手书。还有"甘露洞天"石刻，每字一尺三寸见方，传说是明代工部侍郎陈一松手书。走近跟前又有两行小字映入眼帘："甘露禅寺飘渺云中，天然石室鬼斧神工"，此联是清同治年间儒士林大铨所题。

依岩凿就的高大弥勒佛像，坐东朝西于寺北，高近三米，宽四米有余，大肚深脐，袒胸露臂，笑逐颜开，造型优美。当地有民间谚语"梅林湖沉船，甘露夺出来"，说的便是这尊石佛。甘露寺西南约十公里处的梅林湖，相传古时常沉米船，而甘露寺中石佛的脐眼却常出米以供客餐，但后来有僧人贪心而把石佛肚脐眼挖大想多流一些，结果适得其反，米也不流了。佛前石桌现存刻有"千古斗"石香炉，传说是当年盛米容具。

寺中尚有"威灵宝嶂""天竺源流"等摩崖石刻多处。而甘露寺背后朝向玉简峰的那一面也有很多碑记，如馒头石上有林熙春撰《修玉简塔记》，是长二米余、宽一米半的大幅楷书。《修玉简塔完登眺漫赋》也是林熙春撰题的石刻，还有《陪林大

从"万寿云宫"题刻可证甘露寺过去曾是道观

依岩凿就的弥勒佛像，是甘露寺最重要的石刻

谏先生登狮山塔三首》等石刻诗篇。从寺壁《林大诠题句》石刻"甘露禅寺缥缈云中，天然石室鬼斧神工。同治庚午（1870年）十月乘兴留言龙山寺，非人力也，乃神助之也。儒士林大铨。"可知，清末甘露寺曾改名龙山寺。寺北又有"甘露涌泉"，秋冬旱季也不枯竭。明清有许多文人学士在此修学著作，明朝嘉靖年间的工部侍郎陈一松，就是在此完成他的《玉简山堂集》。

甘露寺是潮汕最大的天然
石窟寺，其平如削，其固
如磐，蔚为奇观

03

凤凰单丛茶

　　茶圣陆羽在《茶经》中说："茶之为饮，发乎神农氏。"中华上下五千年，中国茶道从物质衍生出行为，从行为上升到精神。中国茶道又以闽南文化圈为极致，说闽南话的人，是一个嗜茶的族群。福建人爱喝铁观音；台湾人喜欢冻顶乌龙；以工夫茶闻名的潮汕人，却对单丛茶情有独钟。

单丛茶经晒青、晾青、碰青、杀青、揉捻、烘焙等工序，历时10小时方能制成成品茶

正宗凤凰单丛产地以凤凰山东南坡为主，分布在海拔500米以上的乌岽山、乌譬山、竹竿山、大质山、万峰山、双譬山等地

凤凰单丛是青茶中的半发酵茶，其主产地潮州，为中国三大乌龙茶产区之一。有"潮汕屋脊"之称的凤凰山，是畲族的发祥地，隋唐时期，凡是畲族聚居地，就有茶树种植。畲族与茶树共同繁衍，形成了"畲山无园不种茶""山上无茶不成村"的盛况。南宋末年，凤凰山茶农发现叶尖似鹤嘴的红茵茶树，茗香较乌龙茶更佳，便开始试种。几百年来，民间流传凤凰鸟曾为宋帝昺衔茶解渴，后人因此而称它为"宋种"。明朝弘治年间，出产于乌岽顶待诏山的凤凰茶被指定为宫廷贡品。经历数十代茶农的精选细培，"凤凰单丛"已成为中国

茶树品种中的珍稀名茶。

凤凰山主峰凤鸟髻由三条平行的地质断裂岩组成，是粤东第一高峰，海拔1497.8米，凤凰天池则位于海拔1320米的第二高峰乌岽峰上。上山有两条路可走。老路位于S334省道凤凰客运站段北面，进入Y201乡道后经福北、凤溪、深垭上山。这条路相对狭窄，很多路段曲折陡峭，比较危险，但沿途经过凤溪水库及一系列茶乡，风景如画。新路在S334省道南段，入口位于旅游集散中心附近，这是旅游中巴专用路，由旅游公司开发，不允许普通汽车行驶，全长约10公里，20多分钟便能到达天池。一条蜿蜒的水泥公路，盘旋而上七八公里，便是凤凰茶发祥地乌岽村。

终日缭绕的云雾，让乌岽东峰上的凤凰天池时隐时现，俨然人间仙境。寒风中的茶树，叶子失了生气和光泽，然而只要一过春分，千万片嫩绿的芽儿，便从那暗褐色的老叶中纷纷绽开，散发出天然浓郁的香气。生长在海拔1300米以上的茶树，收获季节大约在清明和谷雨之间，比低地上的茶季来得晚。凤凰山上有棵久负盛名的"千年茶王"，生长在海拔1391米的乌岽山李仔坪村一处叫泰石鼓的地方，相传是南宋末年村民几经选育繁殖而成，是凤凰山最古老的一棵茶树。这株老干虬枝的宋茶，饱经600多年的风霜雪雨，历史最高春茶产量仅17.8斤。其茶最初称为"团树"，后又叫"大叶香""岩上珍""黄栀香""宋茶"，"文化大革命"时还叫过"东方红"，而在改革开放之后终于重新叫回"宋种单丛茶"，但本地人则称之为"老茶王"。

登临潮汕屋脊，仿佛置身于缥缈虚幻的仙境中。云雾里不断传来游人的说笑，但只闻其声不见其人。掬天池之水，泡一壶单丛，从世俗的喧嚣中遁隐，从日常的忙碌中抽身，从纷扰的人情世故中复归空灵。

在凤凰山，于茗香中品天地平和。

04

潮安人的雅食

行走的餐桌

全笋宴，一笋吃出百味

在中国民间，竹笋是很受欢迎的食材。它土生土长，来自于大自然，绿色健康，同时又具有鲜、甜、嫩、脆、香等特点。春天是竹笋生长的最好季节。每年清明前后，春雨绵绵，滋养万物，竹笋便在此时破土而出

俗话说，"靠山吃山，靠水吃水"，盛产竹笋的地方，其百姓自然也爱吃竹笋。他们学会了以竹笋为食材，制作出各类美食，无论是干的还是鲜的，老的还是嫩的，只要是竹笋，在他们的餐桌上就能变出菜来。烹饪的方法也是五花八门，炒的炖的、蒸的煮的，端上桌后，让人无法相信那让人眼花缭乱的一桌美味佳肴，居然全部是用竹笋做成的。这就是声名远扬的潮州全笋宴。

潮州四季如春，雨水充沛，土壤疏松，有适宜竹笋生长的得天独厚的条件，其境内江东镇的蓬洞、新宫等地，都是盛产竹笋的地方。一般来说，春笋的味道最为鲜美，但在潮州，人们吃竹笋的季节却有所不同。因为潮州属海洋性季风气候，竹笋的生长期较长，每年的七八月份，方为竹笋盛收期，也是竹笋味道最好的时期，此时的鲜笋含水量高，其味清香鲜美，被视为菜中珍品。因此，在潮州，七八月份，才是吃笋的最佳时期。

江东镇位于潮州东部，其境内所产竹笋远近驰名。据说樟厝洲村的竹笋已有200多年的种植历史，在江东镇很有名气。进入樟厝洲村，"竹笋店""竹笋宴"的食肆招牌林立，村里沿公路一带，已形成竹笋食店一条街。有的笋店就开在韩江边上，空地上搭个凉棚，摆上桌椅，敞开大门，接待四方来客，有点像江湖中的客栈。

笋干炒香菇

竹笋的烹调方法和吃法有很多，最常见的做法是竹笋熬鸭、竹笋焖鸭、炒笋丝、竹笋炒粿条（河粉）、笋粿、笋饺、炒竹笋饭、竹笋煎饼等等，应有尽有，可以说是"一笋烹出百味"。无论哪一款菜品，都是地道的潮州口味，清而不淡，浓而不腻，入口香浓，清爽带脆，柔滑爽润，令人回味无穷。店家煮笋，在调味上总会下些功夫，比如在炖汤里放少许潮州咸菜，使味道更加香浓可口；又如炒笋丝加点韭菜，笋粿馅里加点香菇、翅脯等，都会使味道更加相融、更加可口。

江东人爱吃竹笋，也懂如何吃竹笋。他们吃的是竹笋，体现出来的却是一种精打细算的生活态度，更是一种与大自然和谐相处的绿色饮食文化。如今，每年的8月到江东去吃全笋宴，已成为多数潮州人的习惯。

笋丝炒粿条（河粉）

笋汤

凤凰浮豆干

浮豆干是凤凰镇的特产，"浮"在方言里是油炸的意思。到凤凰山旅游的人，都喜欢吃上一道风味独特的凤凰浮豆干。凤凰浮豆干做法并不复杂。先选取优质黄豆，用凤凰山泉水浸泡五六个小时，再用石磨将其磨成豆浆，放在炉火上煮滚，加入盐卤，使表面形成米粒状；接着用布包好，装入约10厘米见方的小方块板模中，用木板压上挤出水分，形成一小块一小块的豆干；最后用花生油炸成金黄色，就制成了美味的凤凰浮豆干。

凤凰山是粤东地区的风景名胜，山势巍峨，常年云雾缭绕。山顶的凤凰天池，水质清冽甘甜，且富含各种有益矿物质。凤凰浮豆干便是以天池之水和优质黄豆精制而成，因而有着一种特别爽口的感觉。

浮豆干不但制作过程讲究，吃法也很独特。除了辣椒蒜泥醋等酱料，还需配以"草仔"一起食用。"草仔"是凤凰人对薄荷草的俗称，长在凤凰山，青翠色，小叶略圆，高二三十厘米。生摘后放到嘴里一尝，有股淡淡的薄荷味，略带苦甘。凤凰人吃浮豆干，都要采来"草仔"，用清水洗净，和着豆干，蘸酱料一起吃下，有消食开胃的功效。清爽的浮豆干，和略带薄荷味、苦甘味的"草仔"相配，味道上相得益彰，口感极好。

凤凰特产浮豆干，"浮"在方言里是油炸的意思

05

遇见历史熟人

状元宰相出潮安

潮州牌坊街

林大钦

明代嘉靖初年，潮安有一个孩子，因为家里贫穷，买不起学生专用的红鞋，于是自己动手做了一双木屐漆成红色，开始了他的读书生涯。一天，他放学回家，看见一个老人抱着一只公鸡，在市集上对对联。上联写着"雄鸡头上髻"，只要对出下联就可得到那只公鸡；反之，若是对错了便要付他一文铜钱。正当众人面面相觑时，这个孩子走上前去，挥笔写出下联：牝羊颔下须。此联一出，众人纷纷叫好，老人也信守承诺，将公鸡送给孩子。孩子便将鸡拎着回到家里，父亲喜出望外，将公鸡宰杀，并将炖好的鸡头夹给孩子吃，寄望他读书能独占鳌头，将来能当官戴红

林大钦画像

冠。谁也没有想到，十年后，这个孩子果然高中状元，名扬天下。他就是潮州历史上唯一的文状元——林大钦。幼年林大钦穿红木屐和吃鸡头的事迹也从此演变成潮汕地区孩童的成人礼俗——出花园，以示孩子从此长大，应走出花园出人头地。

明正德六年(1511年)，林大钦出生于金石镇仙都村的一个贫苦家庭。他年少时便聪慧过人，喜好读书，尤其嗜爱苏洵、苏轼、苏辙的文辞，因此他写出的文章奔腾磅礴，酷似"三苏"。嘉靖十年(1531年)，不到20岁的林大钦参加潮州府乡试时初露锋芒，广东提学副使赞其曰："必大魁天下。"第二年，林大钦赴京城参加会试，中贡士，取得了参加殿试的资格。他在殿试中一气呵成写了一篇五千字的《廷试策》，文字汪洋恣意，论说精辟独到，嘉靖皇帝对此赞叹不已，当即钦点林大钦为状元，并授予了翰林院修撰。

遗憾的是，林大钦的仕途极为短暂。父亲早逝

的他由母亲抚育长大，因此他格外孝敬母亲。由于久居岭南，林母不适应北京气候，加之自己又受到权臣严嵩排挤，两年后，林大钦告假，带母亲回乡侍养。后来，朝廷多次招他出山为官，均被他婉拒。虽然未能平步青云，但作为一千三百多年科举史上潮州唯一的文状元，林大钦是家喻户晓的人物，著名的潮剧《林大钦》就是以他为原型。林大钦在潮州还有许多流传千古的故事，不少潮汕俗语都因他而起。闻名遐迩的潮州牌坊街中，有一座高大挺拔的状元坊就是为他而立。他十年寒窗终于蟾宫折桂的事迹，为一代代潮汕学子树立了一个自强不息、勇往直前的榜样。

嘉靖十九年(1540年)，林母去世，林大钦因哀伤过度，大病一场。五年后，林大钦将母亲移葬在家乡的桑浦山山麓后，在归途中不幸病逝，年仅34岁。

纪念状元林大钦的林氏家庙

林氏家庙

林氏家庙位于潮安金石镇仙都村，坐北朝南，一条公路穿庙而过，将家庙主体与庙前风水塘分开。根据林氏族谱记载，此家庙始建于南宋，林大钦高中状元后，主持重修。如今的家庙主体是清代康熙三十六年（1697年）林氏后人扩建后保留下来的，有着典型的潮汕建筑风格，由乌砖、石柱、琉璃、杉木等构成，宽16米、纵深达40米，分为三进二火巷、三厅双天井。

宗祠正门匾额上刻着遒劲有力的"林氏家庙"，落款为明代兵部尚书翁万达和工部侍郎陈一松。潮安素有"西林三女贵"的故事流传，说的是明代潮安西林村孙员外有三个美貌的女儿，分别嫁给了兵部尚书翁万达、工部侍郎陈一松以及潮州历史上唯一的文状元林大钦。林大钦修建祖庙时，同是潮汕名人的连襟兄弟鼎力相助，共题匾额。

走进林氏家庙，里面气势非凡。前厅翘角飞檐，正中是潮州嵌瓷艺术所塑造的双龙，下方则是双凤朝牡丹，尽管久经风雨沧桑，却仍然保持着绚丽的风姿。内厅雕梁画栋，内容多为花鸟虫鱼、飞禽走兽。其中还刻有林大钦的一副著名对联："天增岁月人增寿，春满乾坤福满堂。"整座林氏家庙做工精良、美观大气，即使处于车水马龙的公路旁，仍然散发出一种与众不同的典雅与庄重气势。

林氏家庙内部

【林大钦墓】

潮安沙溪镇桑浦山东山湖附近有座山丘，山上的灌木丛中掩映着一座古老的碑亭。潮州历史上唯一的文状元林大钦就长眠在碑亭下方，而这个山丘也因此得名"状元埔"。林大钦作为潮州第一才子，年仅34岁，令人痛惜。关于林大钦早逝，有这么一段传说。

相传古时每有新科状元折桂蟾宫，皇帝就赐他游街三天，让其一展威风。林大钦也不例外，当他游街至御街时，适逢皇后在楼上看见，见他年轻英俊，甚为怜爱，在他走过皇楼后，皇后情不自禁地呼喊林大钦的名字，意为让她多看一眼。这时林大

钦听到皇后在喊他，要回头又恐犯"偷看皇帝内人"而被治罪，林大钦遂想出一个办法来：头脸保持原来方向，把状元帽反转对着皇后，算是朝见了皇后。皇后在楼上看得真切，也就明白他的意思，不由喃喃称赞道："林大钦这个短命仔真聪明。"不久林大钦因母亲去世思念过度，也病逝了。后人传说，皇后也是"圣君嘴"，林大钦早逝是皇后说他"短命仔"的应验。

林大钦墓早在1987年就被列为潮州市重点文物保护单位，但却屡遭破坏，可谓"残碑衰草伴寒烟"。沿斜坡上山，来到约3米高的碑亭前，横额

林大钦墓

刻着的"东莆佳城"四个字赫然入目。林大钦号东莆，"佳城"在古时喻指墓地。"佳"和"城"二字之间开裂，这是120多年前潮州一次大地震造成的。堆放在一侧的破碎大石则是"文化大革命"时遭破坏所留。墓前原有一对精致的石马、石羊，在1993年被盗走。在2007年，盗贼在墓碑后掘洞毁棺。碑亭采用潮安本地所产花岗岩雕砌，虽历经数百年风吹日晒，仍然保存完好，亭内藻井所刻的八卦太极图也清晰可辨。

2007年，林大钦墓被盗掘，修复时意外发现林大钦的骸骨。当时，潮州市文管部门让当地乡民就

墓碑上刻着"东莆佳城"字样

林大钦墓早在1987年就被列为市级文物保护单位，但却屡遭破坏

地修复，但在修复过程中，人们竟在乱扔的衣服中发现一个小布包，打开一看居然是一些年代已久的骸骨。由于墓地被破坏已久，寻找遗骨的工作非常困难，只能是小心翼翼地在被盗墓者翻出来的泥土中寻找，经过近一天的仔细寻找，墓中分散的遗骨终于全部找齐，被包在红缎上，依序摆好。

这也就解开了一个谜团——《仙都乡族谱》中曾记载："林大钦长逝后的遗体葬于何方，传说有几处，难于证实。"而今，状元墓被盗，遗骨出现，解开了这个尘封几百年的谜团：林大钦墓是林大钦真墓而非衣冠冢。

王大宝

中华历史灿若星河，涌现出来的杰出人物不计其数，潮安县归湖镇人王大宝便是其中之一，他代表了一种刚正不阿、勤政为民的潮汕精神，自古以来激励着一代又一代的潮汕人。他不仅身居高位，且满腹经纶，后人将他与崔与之、李昂英等同尊为"岭南六先生"，并推其为"潮州八贤"之首。

王大宝的仕途开始于南宋建炎二年（1128年），34岁的他考中进士，廷试第二，成为宋代岭南唯一的榜眼。绍兴十六年（1146年），王大宝被任命为连州知州，他体恤百姓，与民同甘共苦。三年后上京接受考课，他上书奏称：广南路连、英、循、惠、新、恩等六州户口稀少，应诏各小州裁减每月所纳"免行钱"。王大宝的奏疏获高宗赞赏，并欣然采纳。他目睹各级官吏利用"月椿钱""折帛钱"等赋税，向江南百姓横征暴敛的情况，奏请"委监司核月椿为定制，减折帛惠小民"。接着，王大宝先后被授为敷文阁直学士、温州知州、福建路提点刑狱、广东提点刑狱。这期间，王大宝处处为民谋福利。福建漳州葵冈，林茂岭峻，山道难行，他亲自捐出俸禄，铺设了一条十多里长的石道。除了为老百姓谋利，王大宝还是一位敢于直谏的好官，尤其对贪赃枉法深恶痛绝。绍兴三十二年（1162年），王大宝成为右谏议大夫后，先后弹劾、罢免了新任潭州知州刘章、南雄知州廖迟、福建转运副使樊光远等十多位官员，一时朝野为之震动。朝中奸佞，都心惊肉跳地称他为"王老虎"。

隆兴元年（1163年），金兵南下，王大宝积极支持抗金名将张浚，一再明确地指出对金宜战不宜和，从而成为朝廷中抗金派的代表人物。在主战派影响下，宋孝宗开展了多次北伐，王大宝也升任兵部侍郎。孝宗后期，以汤思退为首的主和派掌权，

王大宝（1094—1170年）

王大宝多次上书痛切陈言："今国事莫大于恢复，莫仇于金敌，莫难于攻守，莫审于用人。宰相以财计之，军储虚，符离师溃，名额不除，意在核军籍，减月给。臣恐不惟边鄙之忧，而患起萧墙矣。"王大宝力斥主和派行径，但未被孝宗接受，他愤然辞去右谏议大夫、兵部侍郎的官职。宋乾道六年（1170年），王大宝在家乡病逝，临死前，他长叹着说："收复失地的事竟是遥遥无期的了！"

乾隆《潮州府志·坊表》："秋台坊，在大街。为尚书王大宝建。"1950年拆卸，2009年按原貌重建于砖亭巷口南侧

王大宝墓前尚存南宋大型石雕群，有翁仲、石狮、石羊、石笋、石望柱、石马等14件，每件重千斤。这些石雕线条粗犷，工艺简练古朴，雄浑厚重，气势非凡，反映了南宋的雕刻艺术水平和风格

【 王大宝墓 】

王大宝辞世后，归葬于广东省潮安县归湖镇神前山的"沉江月"地，其墓占地面积约4亩，墓碑高约2.3米，用楷书阴刻着"宋礼部尚书人宝王公墓"。在他的墓前排列着义武翁仲、石狮、石羊、石笋、石望柱、石马等14座极具价值的宋代石雕，这座古墓因此被列为广东省重点文物保护单位。

王大宝墓保存十分完好，墓前的翁仲石像，其来历可以追溯到秦汉时期。翁仲原本指的是匈奴的祭天神像，大约在秦汉时期被汉人引入关内当作宫殿的装饰物。它初为铜制，被称为"金人""金狄"，随着历史发展，后来被用于专指陵墓前面的文武官员石像，成为中国两千年来上层社会墓葬及祭祀活动重要的代表物件。

每年农历十二月二十六日，潮汕各地王氏宗亲都会到王大宝墓祭拜。这位高风亮节为国为民的潮安人，尽管仕途坎坷，壮志未酬，但他的精神感染了无数潮汕人，激励着他们奋发图强，勇往直前。

王大宝墓占地约4亩，墓前的宋代石像生保存完好，在潮汕地区实属罕见

薛侃

明代大儒薛侃画像

薛侃（1486—1546年），字尚谦，因讲学中离山，又称中离先生。明代潮州府揭阳（今潮安）人，岭南明代大儒。明正德十二年（1517年）登丁丑科进士第。

薛侃一门三进士，但家世并不显赫。除其二世祖薛鼎曾经于宋嘉定四年（1211年）中进士，直至其父辈，家族中再无仕宦之人。到了薛侃这一辈，其兄薛侨中进士为官，其父方父凭子贵，"加赠奉政大夫兵部郎中"。

据《行状》记载，薛侃虽然进士及第，但是不愿为官。其中很大一部分原因是受了王阳明的影响，他一心钻研王阳明学术，怕入仕之后，身不由己，会耽误了学术。明正德十五年（1520年），薛侃与杨骥兄弟及澄海人陈明德一起，讲学于潮州金山的玉华书院，并结斋于梅林湖，开始了他对阳明学说的传播。明嘉靖六年（1527年），薛侃在海阳、揭阳两县的桑浦山麓一带考察，得知从海阳县龙溪至揭阳县枋口这一地段，"为渠为池，旱则涸而涝则溢"，因而主持打通了中离溪，为当地百姓解决了水源问题，今天塔下村的石刻上，还保存有《中离开溪记》。

明嘉靖七年（1528年），薛侃被朝廷召用，任职行人司司正，这一次他没再推辞，到嘉靖十年（1531年）秋，薛侃针对皇位继承问题，上疏直谏，犯了皇帝的忌讳，被革职为民。薛侃落职回乡之后，在中离溪畔的宗山办学。他主持修建了宗山书院，讲授王阳明心学，南方各省共有百余士子慕名而至。如今，宗山书院仅剩一牌坊，即宗山书院坊。

薛侃的整个晚年，都在潮汕地区度过，留下了"居官则思益其民，居乡亦思益其乡"的人生格言。他为官清廉正直，做了不少利民的好事。据《薛氏族谱》记载，薛侃为家乡所做实事善举达12项之多，包括浚溪、建桥、修路、捐田地等。作为潮州的一代大师，薛侃的影响至今犹存。

宗山书院前的溪畔石亭，镌薛侃《中离开溪记》

近代文化名流翁辉东题诗

第四章
枫溪

枫溪地处韩江三角洲平原顶部，位于潮州市区西部，北与湘桥毗邻，西接潮安古巷、凤塘两镇，南临潮安浮洋镇，东靠潮安江东镇。

枫溪历史悠久，底蕴深厚。从陈桥村（历代皆属枫溪镇，至1991年归属湘桥区）贝丘遗址出土的大量陶片可以证实，早在新石器时代，枫溪镇域内已有先民在此繁衍生息。北宋元丰年间（1078—1085年）枫溪属海阳县大和、归仁、登云诸都，原为怀德乡一个辖村，相传因有溪流贯村而过，岸上多植枫树，村以溪名，故名"枫溪"。据清光绪卢蔚猷《海阳县志》记载，枫溪镇清代属海阳县大和、登云、登隆、登荣、南厢、西厢、北厢诸都，其中枫溪村属西厢都。民国初，都改区，枫溪镇各村分属南厢、西厢、北厢（今属湘桥区）、归仁、大和、登云、登隆、登荣诸区。1914年，海阳县改名潮安县，并调整区划，枫溪镇分属潮安县。1995年枫溪撤镇建区（县级区），成立枫溪区管委会，隶属潮州市。

枫溪水月庵始建于明代中叶，经历代重修，如今依然香火旺盛。枫溪最令人瞩目的当属"枫溪陶瓷"，早在一千三百多年前的唐朝，枫溪人就利用当地陶土生产各类器皿，传统的工艺一直传承发展至今。潮州作为南国"瓷都"，便是以"枫溪陶瓷"之"白如玉、薄如纸、细如丝、声如磬"的特色闻名遐迩。"枫溪瓷烧制技艺""枫溪手拉朱泥壶"先后被列为国家级非物质文化遗产保护项目，作为"中国民间文化艺术之乡"，枫溪多个陶瓷创作工艺项目被载入世界吉尼斯纪录，又于2014年入选"国家新型工业化产业示范基地"。古老而珍贵的陶瓷文化遗产，随着一代代枫溪人薪火相传，彰显着瓷都枫溪的精湛工艺，成为潮州一张代表性的城市名片。

枫溪窑的沧桑沉浮

枫溪，位于潮州城西约五公里处，相传创于南宋，原为海阳县怀德乡的辖村，因有溪流贯村中，岸上多植枫树，故名枫溪，村以溪名。枫溪素有"郡西门户""府城重镇"之称。

陶瓷是水、火、土以及人类智慧的神奇产物。中国各地的陶瓷龙窑，都借助山坡地形而筑，唯枫溪地区受平原地形平坦的条件限制，产生了"平地龙窑"的筑造方法。

枫溪陶瓷生产历史悠久。明万历二十八年（1600年）立西厢陶工碑载："西厢下社民以造陶营生……"西厢陶工碑是潮州陶瓷史中的重要碑刻史迹，其上记载明末枫溪窑承担潮州府衙礼祭及日用瓷的制作，从一个侧面反映了明代后期枫溪的陶瓷生产情况。枫溪窑业的创始，当为晚明之前。

清乾隆二十六年（1761年）《潮州府志》中也有记载："墟市：海阳县……枫溪墟，县西南十里，陶冶之所，逐日市。"清初，社会动荡不安，枫溪窑大多迁入乡内。经营较活跃的有丘灶窑、宫后大窑、窑心灶等，商号有三十余家，主要生产日用陶器。清中后期，枫溪有合顺、胜合、合成、名记、达顺等陶瓷商号。

清末民初，汕头港开埠通商。枫溪陶瓷业在海外市场需求的刺激下迅速发展。谢雪影在《潮梅现象》中写道："潮瓷为土货出口之大宗……潮属枫溪，素为出产瓷器最多地方，水陆运输，均极便利，销路异常活跃，该区人民业此者，约占十之七八，全潮人民，日常用具之瓷器，多采办该区出品，其余大部分倾销南洋。"由此可一窥当时陶瓷出口贸易的繁荣局面。

近代枫溪窑引入外国陶瓷原料，成功创烧了中温的枫溪大窑彩，赢得了国际市场。由于大量潮人漂洋过海，前往东南亚谋生，"平地龙窑"技术传

小口瓶上每一个童子都神采飞扬，表情体态惟妙惟肖

播到东南亚各地。时至今日，在新加坡、马来西亚、泰国等地的部分陶瓷产区，仍然能够见到枫溪"平地龙窑"的原始风貌，这些地区的瓷窑技艺，归根到底均属于枫溪窑系。李炳炎在东南亚走访过程中，见过一家陶瓷工厂设置了"追思堂"，每年农历"七月半"，全厂员工祭奠当年从枫溪"过番"到厂里帮工、最终客死异乡的匠人。东南亚今天的陶瓷业，与潮州窑系有着"血缘、地缘、业缘"的羁绊。

纵观潮州窑一千三百多年的历史，潮州窑是在海外市场需求的刺激下不断发展的。潮人更在陶瓷外销的过程中将瓷艺传播至海外，使中华陶瓷文明在异域绽放光彩，促进了近代世界陶瓷业的发展。千百年来，潮瓷随着海上丝绸之路漂洋过海，潮州窑也伴随着海上丝绸之路的发展而不断壮大，成为我国东南沿海一处历史悠久、规模宏大、技术精良、风格独特的外销窑场。今逢盛世，传承千年的潮州窑火空前兴旺，潮州最终成为享誉海内外的"中国瓷都"。

"通花"是枫溪特有的雕贴镂空瓷艺。通花之名来自抽纱的钩织镂技术，枫溪通花瓷器受其启发，故也叫"通花"

颐陶轩以模型再现枫溪地区独有的"平地龙窑"技术

水月庵

水月庵大门

枫溪五房祠的水月庵，创建于明代中叶，法脉承自黄檗宗。清乾隆年间曾经重修，以彰显枫溪陶瓷工艺。

清朝末年，庵寺破落，住持圆寂，后继无人，之后寺院转由乡民管理，曾一度成为乡公所，1945年抗战胜利后成为广德善堂的场地。1958年，庵寺内佛像被毁，庵寺为生产大队所征用，原庵门曾有明代石刻门匾"水月庵"三字，也于"文化大革命"时被凿掉。

复建的佛庵前后两座两厢，明清建筑风格庄严典雅，潮州金漆木雕点缀其间。前座正中供奉汉白玉雕刻的弥勒菩萨；后座为大雄宝殿，供奉如来、普贤、文殊华严三圣，两侧十八罗汉像栩栩如生。大雄宝殿脊顶上的双鹿朝法轮，象征着释迦世尊当年在鹿野苑三转法轮，富有意义，为粤东其他庵寺所未见。庵内尚存明代碑刻一块、珍藏台湾版《大藏经》一部。

莲花灯为观音大士专用，对佛门而言莲花是极高贵、神圣之物

水月庵旁的老宅，门楼两侧的壁画在风雨中日渐剥落

詹厝村——
潮彩之乡，"壳王"故里

詹厝村位处枫溪西部，广梅汕铁路在其西北穿行而过，村落距潮州火车站不到两公里。詹厝村与周边的白塔、田龙、李厝组成一个古村群落，清末这块地方称福全岗，在此聚居的詹氏被称为福全岗詹，村落本名詹厝潭。据《詹氏宗祠重修记》记载，詹厝村的始祖詹廷赫，在清代初年从饶平举家迁潮，"结庐潭边，披荆斩棘，历尽艰辛，方开基创业，立足潮郡"。1956年，詹厝村与白塔、田龙两村合并，建白龙岗乡，又称为詹厝李厝村。

詹氏宗祠是村里现存最古老的建筑，这是詹氏入潮六世祖为缅怀祖德，于清乾隆四年（1739年）所建，大门对联述说了这个家族的源流：

脉肇瓜园孙枝万裔绵瓜瓞，
派延福里祖德千秋庆福全。

詹氏宗祠建于清乾隆四年（1739年），已有二百多年历史

"见位闻声"出自《礼记·祭义》，意思是后人见到祖宗牌位，如同听到前辈的声音一样

落款是"雍正甲辰科联捷进士八世姪孙良弼"。詹良弼，饶平詹氏开基祖詹东潞裔孙，清雍正二年（1724年）甲辰科进士，曾任职刑部主事。在农桑发达、物阜民丰的潮汕平原，詹氏祖居所在的饶北偏远山村，从雍正到道光的一百余年间，竟然连续出了九名进士，这在潮州府是绝无仅有的。这九名进士依次为：詹志远、詹良弼、詹广誉、詹豹略、詹春光、詹肯构、詹德莹、詹斌、詹璈，因金榜题名的捷报接二连三，詹家的八角楼被称为"听捷楼"。

雍正十二年（1734年），詹良弼被聘请为广州府儒学教授，兼粤秀书院副山长，这是清代广州四大书院之首，在饱学之士辈出的潮州，能出任清廷御批的官办书院山长者十分罕见。詹良弼学养高深，崇尚正气，行为耿直，每次授课都以倡明理学大义为主，每有学生登门拜访带来礼物，詹良弼坚决不接受，其廉洁品行为时人所称道。詹良弼后被推举任直隶怀来县知县，他在任上大力发展乡间教育，使当地文风大盛，至今当地人仍感念其恩德。

六世祖祠所绘武将彩像，是大唐开国元勋秦叔宝和尉迟恭，他们身披五彩官袍、手持吉祥器物，这是两位在民间流传最广、影响最大的门神，是潮汕祠堂建筑不可缺少的装饰。大门内"见位闻声"石匾为清代旧物，语出《礼记·祭义》，意思是后人见到祖宗牌位，如同听到先辈声音一样，表达缅怀先人的情感。"怀远堂"大匾高悬正厅，右侧挂有一幅清代官员像，这便是"八角九进士"之一詹肯构，他自幼聪慧，勤奋好学，乾隆四年（1739年）登进士，授翰林院编修，被乾隆帝钦点为江南道监察御史，巡视福建及江南各省。

祠堂正厅石柱左右有对联：

自西园而分枝，祖德敷茂，明文人耕读裕后；
拱北辰以发迹，宗风力追，宋博士殷秀光前。

该联说的是北宋靖康年间（1126—1127年），原籍江西广昌的詹学传，为避战乱，携家人南迁，先寓居福建汀州宁化石壁村，后迁广东大埔长窖村。詹学传有二子：长子詹黑龙，次子詹白龙。南宋末年，詹白龙后裔詹东潞（号维明），从广东大埔迁至海阳县陈塘堡，在历经三迁之后，选定上饶堡西瓜园（今饶平县饶洋镇）为居住地，劈山建宅，垦荒造田，繁衍上饶詹氏一族。据《饶平县志》载：詹东潞"倡明经学，教授生徒，为五经博士，其门下多明经之士，时潮士赖之。"其后裔遍布潮汕各地和台湾。

清代枫溪是著名的"陶冶之所"，在詹氏迁来的清朝初年，枫溪的陶瓷业已相当发达。清末随着高岭土矿的开发，枫溪陶瓷迎来了又一个发展的高峰。这一时期的青花瓷纹饰，多以民间喜闻乐见的戏曲故事为主。潮州在明朝以前擅长工笔的画师不

詹肯构，"八角九进士"之一，被乾隆帝钦点为江南道监察御史

詹厝坊上的对联"基开饶邑，系出河间"，道明詹氏的源流脉络

多，到清代渐成风气，出现了詹沄等一批擅画仕女的大家。潮州仕女画多清雅秀丽，詹沄于光绪丙子年（1876年）画《春闺静读图》，画中标明"仿唐解元法"。二十九年后，他另四幅作于光绪乙巳年（1905年）的仕女图，技法熟练，形象丰满，线条粗壮，画风已明显不同。民国年间，潮州瓷以枫溪所出为最佳，产额也最巨，在这小人环境下，詹厝村倾全村之力从事制陶。在外销活跃的刺激下，詹厝村的陶瓷作坊无论技艺还是创新都得到了发展，由此出现了潮彩第二代

"香港壳王"詹培忠

传人詹锦昌，他将这一非遗手艺传给儿子詹培明，最终成就了"斯达高"这一中国瓷业的经典品牌，在潮州陶瓷史上留下浓墨重彩的一笔。

詹厝村因地少人多，很早就有乡亲到海外谋生，在众多侨胞中，最出名的当属"香港壳王"詹培忠。一位香港证券界人士这样评价他——"作为最早的一批华人经纪人之一，他的额头上写满了香港股市发展的纹路，炒股技法娴熟，对上市守则滚瓜烂熟，最擅长走黄灯，纯粹炒股几乎从没有失过手"，可见这是一位香港资本市场的传奇人物。

1957年，11岁的詹培忠移居香港，高中辍学随父赴柬埔寨做生意，他有极高的商业天赋，二十出头已能独当一面。1972年香港股市开始发热，詹父参股水利证券公司，詹培忠因此结缘股市。他刻苦钻研股市走势，摸透大户心理，承销时动作快、效率高、不食价，又处处为上市公司省钱，不久在证券界便小有名气。在经历翻手为云、覆手为雨的短短三年，他便晋身亿万富豪之列。詹培忠又是香港政商界最引人瞩目的一个，作为前议员他因激烈言论评说时事，被冠以"潮州怒汉"的绰号；对于香港证监会而言，他是出了名的"坏孩子"，一度"与制度玩火"；而在香港几百万股市散户心中，他则是"金牌庄家""仙股医生"，一个可以跟场入市的风向标。詹培忠情系桑梓，热心家乡教育，先后捐资1500多万元兴建益盛中学、益盛小学和詹厝村幼儿园，设立奖教奖学基金，其善举感染着其他乡贤。2013年詹培忠被潮州市委市政府授予"海外人士捐资助学楷模"称号。

清詹沄《东山报捷图》，广东省博物馆藏

斯达高——创新是对潮彩最好的传承

潮彩是艺术与技术的融合，不仅有"明代兰花"的传统，更有五彩、粉彩和瓷板等技法。潮州在明代盛产青花瓷，清代则流行粉彩。晚清时潮州的民间画师数以百计，他们既画民间佛画，又设计潮绣画稿，更多的画师参与潮彩，将彩绘与瓷器相结合，以国画笔法将人物、花鸟、山水画于瓷面上。清末民初潮彩渐趋成熟。1910年，潮彩精品参加全国工艺品赛会，后在旧金山太平洋巴拿马万国博览会上获得高度评价，潮彩自此声名远播。

20世纪80年代釉上堆金、描金工艺的成功研发，是潮彩的第一次创新，产品大量出口海外曾带

潮彩传承人詹培明先生

"万寿无疆"中式宫廷瓷艺系列

珐琅彩"锦上添花"山水诗意酒具

动了潮州工业的发展，对潮州当时的经济起飞做了很大贡献。然而最近十多年，陶瓷业一窝蜂模仿景德镇，不同陶瓷种类日趋同化，难以区分。潮州本土彩瓷也因没有更多创新，难以适应不断变化的社会审美，以致彩瓷在潮州的大规模生产消失了，仅剩一些难以为继的小作坊。

詹培明，潮彩第三代代表性传承人，他不但将潮彩带出国门，而且另辟蹊径，为潮彩注入新活力。詹培明出生于潮州枫溪潮彩世家，祖父、父亲都是潮彩艺师，耳濡目染之下，他自然也学会了这项技艺。手绘潮彩以"画鸡碗"最具代表性，这一艺术风格因寓意吉祥，在潮州大行其道，人人皆以拥有画鸡碗为乐，这套技法成了潮彩技艺传承发展

画鸡碗，是手绘潮彩必练的基本功

珐琅彩"富贵连连"瓷艺系列

珐琅彩"一帆风顺"瓷艺系列

的基本功。潮州的老艺人创造性地将鸡碗纹样概括为"鸡碗十三笔"。1963年开始，少年詹培明在枫溪著名的詹厝彩瓷厂跟随老艺人学艺，以手绘鸡碗为主，一天画几千笔线条，打下扎实的彩绘基本功。鸡碗画的都是公鸡，所谓十三笔，就是鸡嘴一点红，鸡翅膀一点红，眼睛、尾巴、两个脚，还有鸡脚四个爪。熟练的画师，七笔就能画出一只活灵活现的公鸡。

1979年，刚过而立之年的詹培明移居香港接手父亲的产业。刚到香港的他，最初为茶楼的瓷器"画线"，这段学徒经历，让他接触到海外陶瓷装饰艺术，认识到在陶瓷产业里，中外瓷艺水平的巨大差距。陶瓷虽然起源于中国，但与德国、日本的制瓷工业相比，已落后太多。詹培明体会到陶瓷烧制要有科学参数的支持，不能靠天吃饭、靠经验吃饭。

通过反复进修学习，詹培明学到最新的丝网印刷技术，使潮州彩瓷可以呈现更丰富多彩的面貌。1989年，赚得第一桶金的詹培明回深圳办厂，经过二十七年的奋斗，由詹培明一手创立的斯达高，已成为中国彩陶行业的领头羊。詹培明有一句口头禅："我知道我是谁，也知道我从哪里来并且该到哪里去。"

在潜心研究瓷艺的同时，詹培明经常从大自然中汲取灵感，作为一位资深的鸟类摄影家，他的足迹几乎遍及全球各大洲。鸟类摄影是自然摄影类别中最具挑战性的项目之一，野生鸟类的个体通常很小，它们很少静止不动，而是飞快地在树杈间飞过，停在光线不佳的环境中，而且对周围非常敏感和警惕。中美洲的哥斯达黎加，是鸟类摄影者的好去处，皇霸鹟开冠屏是全球鸟类摄影师梦寐以求的瞬间。2017年4月5日上午，詹培明历尽艰辛，在茂

詹培明历尽艰辛，在茂密的丛林中成功拍摄到皇霸鹟开冠屏的全过程

詹培明将摄影中捕捉到的灵感，应用到瓷艺创作中

斯达高瓷艺承制的 "集贤瓷" 之 "汉唐之光"

密的丛林中成功拍摄到皇霸鹟开冠屏的全过程，在那一刻，他激动得几乎落下眼泪！成功永远属于有准备的人，在摄影中捕捉到灵感后，詹培明又马上投入到瓷艺创作中，正如在摄影中一次次的潜伏和等候，他在彩瓷技术的一次次试验，终于让他获得成功。经过三十多年的坚守和努力，那些和陶瓷烧制技术有关的参数及细节，成为詹培明最大的人生财富之一。

陶瓷珐琅彩源自清代，曾为皇家御用器具。在这一工艺沉寂数十年之后，詹培明领导的斯达高，经过潜心研究与创新，以自主核心技术将其复兴并

发扬光大。斯达高的珐琅彩不仅代表了当今陶瓷工艺水平的新高度，同时达到了国际上最为严格的环保标准。珐琅彩是玻璃融合金属的工艺，过去应用于瓷器中往往有铅镉等重金属残留，在很长时间里，传统珐琅彩工艺因铅含量超标而无法应用于生活瓷器的制作中。斯达高通过技术攻关，实现了珐琅彩生产工艺的无铅化和无镉化，从此拿到了通往国际市场的环保通行证。詹培明不但传承了潮彩，而且将其发展成高科技产品，这是对潮彩的最好传承。

第五章
饶平

　　饶平东与南澳岛遥遥相望，北部千峰挺秀，中部丘陵沃野，南部平原台地，地貌丰富多样。

　　八百多年前，南宋状元、龙图阁学士王十朋游历饶平，见该地物产丰饶、山川奇秀，预言将来必为城邑，并在饶北古刹双流寺题下了"天下大乱，此处无忧；天下饥荒，此处半收"的碑记。王十朋的预言十分准确，明成化十三年（1477年），两广都御史朱英奉朝廷之命，从周边诸县各析出部分区域正式建立饶平。取县名时，人们想起王十朋的碑记，遂取其意"饶永不瘠，平永不乱"，将新县定名为"饶平"。在接下来的五百多年岁月中，尽管饶平的隶属经历了十几次变动，但名称却从未更改。

饶平地处广东省最东端，毗邻福建，是打通广东和上海、浙江、福建经济大动脉的海上"黄金通道"，被称为广东省东大门。其境内北部山峦竞秀，中部丘陵起伏，南部沃野千里，地形呈梯状一直延伸到海岸，自然生态环境丰富多样。由于南濒南海，饶平的港口资源优势明显，从清初开始，当地人就较大规模地向海外移民，从而造就了著名的侨乡。

饶平自古就有"岭南佳胜地，瀛洲古蓬莱"的美称，从四千多年前开始就居住着古越族先民。隋唐时期，中原文明进入饶平，并与当地土著文化交融磨合，产生出一种底蕴深厚、极富特色的饶平文化。以建于宋代的双流寺为代表的众多古刹是饶平佛教文化厚重的体现。兴建于元代的柘林镇风塔和清初的三饶文明塔一南一北遥相呼应，成为饶平塔式建筑的象征。民族英雄戚继光、俞大猷等抗击倭寇的重要战场大埕所城，是广东省内保存最为完整的明代古城。以道韵楼为首的六百多座土楼，见证了客家先民在这片土地上勇于开拓的创业史。还有风吹岭摩崖石刻群、名贤余氏家庙、丁未革命纪念亭等不胜枚举的文物古迹，以及石壁山、大埕湾等闻名遐迩的自然风光，共同构成了大美饶平。

依山傍海第一县

自然风光

拓林湾扼控闽台入粤的海上通道，战略位置十分显要

"粤东一璧" —— 石壁山

饶平自古就有"岭南佳胜地，瀛洲古蓬莱"的美誉，风景十分秀美。它的形状仿佛一片竖立的芭蕉叶，在叶子底部，有一个依山傍海的地方——石壁山风景区，该景区集自然风光、人文、宗教于一体，是饶平闻名遐迩的一处胜地。

石壁山位于县城北郊，原名栖云山，后因山上有一块巨大的天然石壁而改名为石壁山。天下名山僧占多，石壁山亦不例外。山上寺庙众多，其中最有名的是始建于明代嘉靖年间的雷音禅寺。这座禅寺在明初时，原本只是山上一座石亭，由村民集资修建，用于守护山上墓葬。由于经常焚香点烛，祈拜先人，后来才逐渐演变成雷音古寺。这座有着四百多年历史的禅寺，建成之后，在很长一段时间里香火冷清，籍籍无名。直到清嘉庆五年（1800年），童真和尚任住持，雷音寺才声名大振。如今寺门上方的"雷音禅寺"匾额，便是童真亲题。相传，童真与文华殿大学士兼吏部尚书蔡新是同榜进士，交情深厚。原本可以平步青云的他因为厌恶官场黑

赵朴初题额"粤东一璧"坊，已成为饶平的重要地标物

冻玉泉位于雷音禅寺东
侧，是取泉烹茶、怀古
吟咏之胜地

登上石壁山之颠的纳海楼，可俯瞰黄冈全貌

勒石山巅的《石壁山赋》，出自饶平籍剧作家郭启宏

暗，削发为僧，一心礼佛。蔡新多次来雷音寺会晤好友，使得古寺香火日渐兴旺。

走进石壁山景区，首先看到的是坊额上的"粤东一壁"四个大字，气势恢宏地呼应着横跨马路的三间四柱牌坊型大门。景区内林木苍郁，怪石嶙峋，名胜古迹星罗棋布。清代《饶平志》记载："石壁山，山多岩石，有飞泉空嵌，竹柏阴森，可以穷千里目。"沿着石径登上山巅，便来到了由著名书画家关山月题名的纳海楼。凭栏远眺，整个饶平城尽收眼底，蔚为壮观。凤江如一条碧带横穿县城，直入大海。"海纳百川，有容乃大"，古人的广阔胸襟在此得到了最好的体现。

石壁山以石闻名，山上摩崖石刻众多。古往今来，无数文人墨客在这里落笔挥毫，包括明代礼部尚书黄锦、现代剧作家曹禺、著名书画家关山月、汉学大师饶宗颐等十多位名人，他们在石壁上留下的墨宝，极大地提升了风景区的文化底蕴。这些石刻和字画，构成了石壁山丰富的人文景观，与石壁山的美景、古寺的清幽相得益彰，令"粤东一壁"名副其实。

大埕湾

饶平南接汕头，北通福建，东边靠海。在其北部的闽粤交界地，有一个三面环陆的弧形海湾。该海湾东起福建诏安县，西至饶平鸡笼角，跨越闽粤两省，因主体位于饶平大埕镇而得名大埕湾。

大埕湾海岸线长16.2公里，其完美的弧度形似月牙。这里的海水湛蓝清澈，白浪如雪，还有近岸的龙屿、外屿、鲈礁等众多美丽小岛，共同构成了一幅优美的海湾画卷。

几百年前，明代文人黄诏对大埕湾的风光赞叹不已，乘兴写下一首诗："观水东南到海滨，波澜万顷渺无边。祝融一怒山翻雪，飓母初呈浪拍天。日落鱼龙腾雾涌，夜沉星斗弄波妍。五湖纵阔难为水，笑却精卫与血鞭。"这首诗让大埕湾在古凤埕八景中独占鳌头。大埕湾凭着秀美的自然风光吸引着历朝历代文人墨客。

一方水土养一方人。大埕湾不仅向世人展现出优美的自然风光，还哺育着勤劳勇敢的大埕人。在大埕湾，每天都上演着一场场捕鱼盛会，几十个头

大埕湾和拓林湾是饶平境内的两大港湾，西澳岛的礁屿上，龟塔、蛇塔巍然屹立，镇风锁浪，引示舟楫安全航行

戴斗笠、腰系纤绳的渔民在浅海中分成两行，像拔河一样拉着一个巨大的渔网往岸上靠拢。这种捕鱼方式叫拉网，虽然古老，却行之有效，往往一次就可以捕到几十担鱼。据说，大埕湾拉网捕鱼最早开始于明代，当时一位在浙江做官的饶平人告老回乡后带回几箱渔网，向乡民传授了这种捕鱼方法。拉网捕鱼世代相传，沿袭至今，如今已经成为大埕湾一道独特的人文风光。

02

烽火禅儒侨眷居

对话古建筑

大埕镇程南村的鸿程大庙，地位仅次于揭西河婆的霖田祖庙，在三山国王信仰中极具影响力

"粤东第一城"——大埠所城

明朝时期，倭寇屡屡进犯我国沿海地区。洪武初年，朝廷开始在沿海地区陈设重兵，建立工事，防御倭寇。饶平所城镇地处粤闽交界地带，面朝南海，扼据浙江、福建南下广东的海上主航道，军事地位可谓举足轻重。明洪武二十七年（1394年），百户侯顾实在所城镇建造了一座屯军养兵的坚城，因明朝实行卫所兵制，这座城被称为所城，即是如今被称为"粤东第一城"的大埠所城。大埠所城是广东省内保存最为完整的明代古城，它面积达二千六百余亩，呈方形，东西南北各设一个城门，城墙由大块方石砌筑，坚固无比。据史料记载，"墙高二丈七尺，四门建城楼，四角各建敌台"，再加上城外的护城河，这套合理而又严密的防御体系，保证了大埠所城固若金汤，在历史上，尽管遭遇倭寇多次攻击，仍坚不可摧。在长达数百年的抗倭历史中，名将戚继光、俞大猷等都在此留下了可歌可泣的故事。

明朝大埠所城原本靠海而建，后来由于地理演变，所城镇的海岸线往外移了几公里，到清初时，不得不拆迁重建。如今的大埠所城是康熙八年（1669年）建造的。经过三百多年的历史涤荡，所城西、南两方的城墙多有损毁，而东、北却保存相

"粤东第一城"大埠所城城门

当完整。俯瞰所城，它的整体格局呈三街六巷之势，通往四个城门的石道呈"十"字形交叉，交点即是整座所城的中心。古时，三街六巷商贾云集，秩序井然：东门街以卖鱼虾海鲜为主，西门街多是当铺和粮仓，南门街以饭馆、酒肆为主，北门街则专营柴草生意。如今，所城内仍然居住着七千多人，仍然保持着古韵遗风。透过来来往往的行人和尚在经营的老旧门面，隐约能感受到它曾经的繁盛。

古时建造城池，城隍庙不可或缺，因此城隍庙的选址也极为重要。大埕所城城隍庙至今保存完好，尽管多次重修，其庄重气势和所代表的信仰却不减分毫。大埕所城建成后第五年，倭寇大举进犯饶平，周围乡民纷纷进城避难。所城的建造者、东门守将顾实开门迎众，而西、南、北三门的守将却拒不开门接纳乡民。后来倭寇退去，朝廷嘉奖顾实，惩处了西、南、北门守将。顾实因此被民众奉为城隍爷。如今，所城居民将祭拜顾实定为每年正月的习俗之一。在西门街一条侧巷，有一截石头露出路面，看似突兀，作用却不小。古时骑马出行，身高不够的人需要马石垫脚，才能骑上马背。这截立于巷口的石头，刚好为人们骑马出行提供了便

城墙以花岗石条丁卯垒砌，中填泥土。城内三街六巷，工整笔直

捷，这条侧巷也因此得名"马石巷"。马石巷里如今住着一户姓王的人家，其祖上便是明朝所城守将千户。在所城东南部，还有一间城中唯一的古驿站。驿站在古时是传递政府文书信函的重要机构，这座两层高的砖石驿站，印证了所城在历史上重要的政治和军事地位。

　　大埕所城是现存的明清时期中国海防体系的重要组成部分。它见证了饶平的抗倭历史，是一份极其珍贵的文化遗存。

城隍庙

先农巷

四目井

黄冈丁未革命纪念亭

在饶平中山公园，有一座纪念亭，静静地立于一角，面积不大，看上去很不起眼。然而就是这个只有120平方米的亭子，却承载了一个极具历史意义的事件——黄冈丁未革命起义，正是这次起义，让黄冈在中国革命史上留下了璀璨的一笔。

20世纪初，清朝统治已风雨飘摇，而此时，孙中山的民主革命思潮正在饶平迅速传播。黄冈"三合会"领袖余既成、陈涌波等先后投身革命，加入同盟会。到1907年初，黄冈已有一千多革命党人。这一年5月22日，经孙中山指示，许雪秋、余既成、陈涌波等召集一千多名革命军，高喊着"驱除鞑虏，恢复中华，建立民国，平均地权"等口号，在黄冈誓师起义。革命军与清兵激战一夜后占领黄冈，成立了军政府，象征着民主革命的青天白日旗第一次飘扬在黄冈城上。清政府旋即调集重兵前来"围剿"，由于力量悬殊，起义历时六天便被

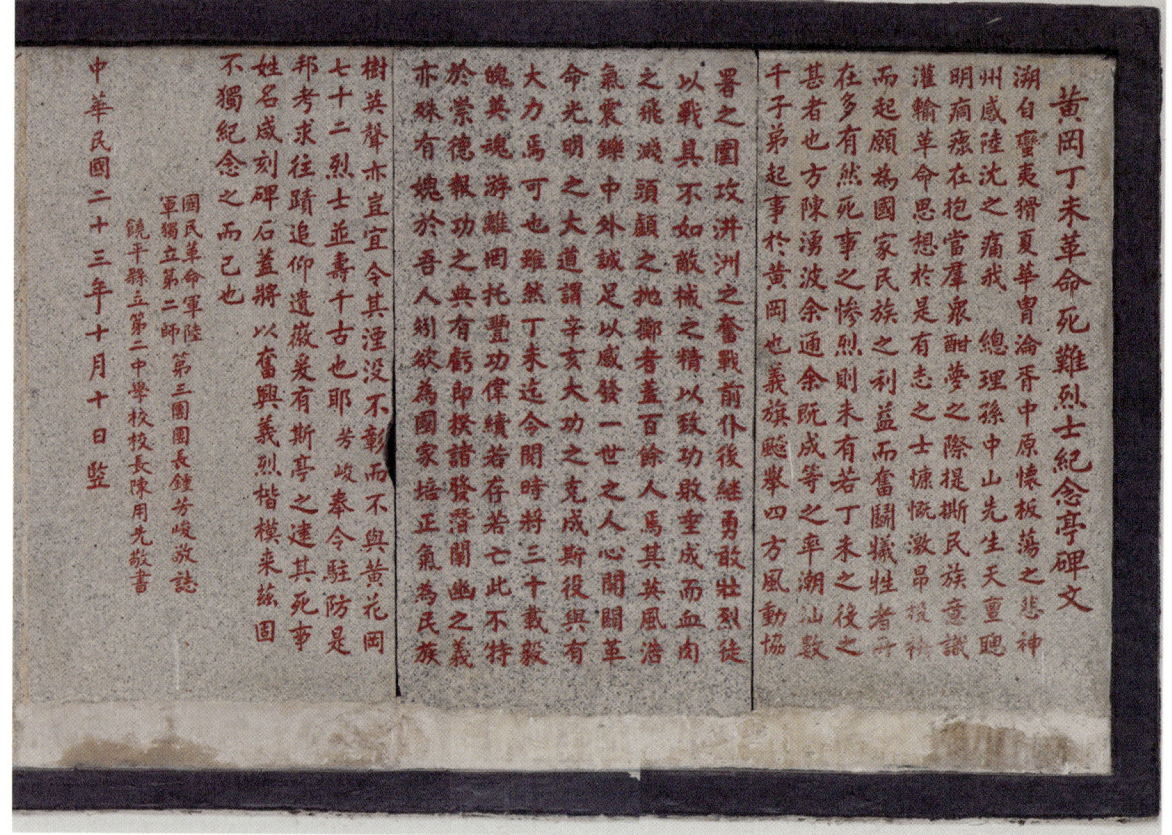

1934年，黄冈各界人士捐款，在中山公园内兴建"黄冈丁未革命纪念亭"，1977年拆除，1981年复建。图为陈用先书写的碑文及死难烈士题名

镇压了。由于这一年是农历"丁未"年，所以历史上便将这场革命称为"黄冈丁未革命"。

黄冈丁未革命是同盟会成立后，在广东境内发动的第一次大规模的武装起义，它先于辛亥革命四年爆发，被认为是后者的预演。它鼓舞了饶平人民乃至全国人民的革命斗志，对紧接着的惠州、安庆等各地革命起义产生了直接的带动作用。中华民国成立后，人们搜集到黄冈丁未革命的遗物，并踊跃捐款，修建了这座"黄冈丁未革命纪念亭"。

纪念亭前为台，后为室，保存着当年饶平二中校长陈用先书写的起义烈士纪念碑文。黄冈丁未革命起义共牺牲了343位烈士，孙中山对他们给予

黄冈丁未革命举义誓师处

了非常高的评价，他在《建国方略》中写道："此次死难的同志都属同盟会干部，若无此次诸烈士轰轰烈烈足丧满虏之胆之善因，怎有辛亥武昌之义师一举而鄂督瑞澄入军舰之美果？"

黄冈丁未革命纪念亭如今已成为潮州爱国主义教育基地，它所承载的革命历史是饶平儿女反对压迫、自强不息的见证。

黄冈丁未革命纪念亭石刻

饶平的寺庙

　　在全国公布的所有文物保护单位中，寺庙以及与它相关的建筑占据了一半之多，被称为"历史文物的保险库"。饶平大大小小的寺庙有三十多座，它们从古代历经沧桑走到现在，见证着饶平的历史，记录着饶平的文化，也承载着饶平人的信仰和希冀。

【 白雀寺 】

白雀寺原名柘林寺，因该地石峰林立、柘树成林而得名

饶平南部临海一角因柘树成林而得名柘林镇。古时，柘林依山傍海，风光旖旎，在文人墨客中诞生出了"柘林八景"的美谈。这八景中，因白雀寺而得名的"白雀青灯"尤为有名。

白雀寺位于柘林镇北方风吹岭的山麓，它始建于南宋末年，距今已有七百多年历史。这座古寺原名柘林寺，明万历三十一年(1603年)重修大殿上梁时，刑部侍郎蒋厚传题写寺门匾额，恰巧一只白雀飞来欢叫不止，蒋厚传于是乘兴在匾额上题下了

"白雀寺"。这三个大字笔画蹁跹，宛似白雀飞舞，于是寺院住持便由此将柘林寺改为了白雀寺。

与白雀寺毗邻的风吹岭自古闻名遐迩，上面数十幅摩崖石刻历史悠久，然而在先人口中却流传着"未游风吹岭，先到白雀寺"的说法。白雀寺虽然规模不大，主体只有两进，但是它倚山望海，风景秀丽。晚上佛灯闪烁，给熙熙攘攘的柘林港平添了一份安宁祥和，白雀青灯因此得名。"白水涤净凡气，雀音淘纯世声"，正是它的写照。

云峰寺

在大埕镇云峰山，有一座面朝大海的古刹——云峰寺，它背倚公鸡峰，遥望南澳岛，东西两侧又有龙、虎两山拱卫，远远望去在隐逸中透出一股不凡的气势。

云峰寺位于山腰一个十余亩大的平台上，大门上方的石刻匾额"云峰院"由释明旸法师所题，笔酣墨饱，颇具雄浑之气。3000多平方米的云峰寺分为前厅、中厅和藏经楼，中厅设有大雄宝殿，两旁设厢房，对称布局。从前厅走至经楼，殿堂厅楼紧扣，花木禅房相衬，梵音佛经余音袅袅，是一处清幽雅致的佛门佳地。

几百年来，大埕当地流传着明朝郡主在云峰寺出家未果的传说。明末，朝政衰败，外有清兵虎视眈眈，内有农民起义风起云涌。这时，封邑在南京的周王担心战乱危及家属，便将郡主托付给即将告老还乡的礼部尚书、大埕人黄锦。黄锦将郡主带到潮州，不久之后，明朝就灭亡了。郡主知道归家无望，便决定出家为尼。见她心意已决，黄锦便带她来到了家乡的云峰寺。郡主本对云峰寺喜爱有加，但是后来因为一系列变故，她最终没有在这里出家，而是在潮州面向云峰寺的地方修建一座庵堂了却心愿。郡主将庵堂取名为"望云庵"，以表示自己对云峰寺的敬仰之情。

云峰院历经数百年的历史沧桑，几经兴废，到民国时只剩下佛厅与两间平房。新中国成立后，两间厅房也倒塌了，寺院被辟为了一个菜园。后来，在善众和百姓的捐助下，历时七年，终于重建了如今这座宽敞清幽的云峰寺。这座古寺以其山川灵秀的地理位置、耐人寻味的历史故事和古朴清幽的修持环境，成为无数游人参禅礼佛、游赏散心的胜地。

题写"白雀寺"的蒋厚传，明朝万历年间曾官至刑部侍郎，后被谪为大城所盐官

▎鸿程大庙▎

隋朝时，潮州府辖地上的明山、巾山、独山三座大山多次出现一些奇怪现象。当地百姓以为山上住着神仙，于是便开始修建庙宇，祭祀三山之神。300多年后，宋太宗"诏封明山为清化盛德报国王，巾山为助政明肃宁国王，独山为惠威宏应丰国王"，并御赐庙额。从此，在潮汕地区正式形成了一种当地特有的三山国王信仰。

宋太宗诏封后不久，大埕乡民便率先在程南村修建了一座三山国王庙。在800多年历史长河中，这座古庙经历多次毁坏与重建，仅在明代就重修了两次。其中正德年间重修时，因庙周围有八个村落连在一起，形似一只飞翔的凤凰，所以它又得到了另一个名字：鸿程大庙。竣工后，人们在庙里立下一块《重建三山国王庙记》的碑刻，解释了在大埕建三山国王庙的原因："明山、巾山、独山，相传隋时有三神往来其间，人有祷必应，因立祀。……吾大埕乡烟火千家，亦仰其英灵，共立庙乡之中，编肖三神像以祀之。"

三山国王庙见证了饶平丰富多彩的历史。南宋祥兴元年（1278年），大埕一位陈姓乡绅为接应宋少帝和文天祥，在三山国王庙召集了一批义士阻击元军。虽然后来事败，但这种忠义精神却是三山国王

三山国王庙，祭祀明山、巾山、独山三山之神

信仰的体现。明代，这座古庙被辟为社学馆所，培养了很多人才。大埕一带文风鼎盛，出现了尚书黄锦、布政使陈天资等名声显赫的仕人，这种人才兴盛的地方现象与古庙所承载的文教思想息息相关。

久经历史沧桑的大埕三山国王庙如今稍显几分落寞，面积也已缩减到700平方米。它分为前、中、后三厅，各厅木雕和壁画丰富，栩栩如生，在正殿中设有三山国王的神像。虽然重修多次，但庙里还保留着不少古代文人墨客的诗作。其中明朝国子监佐教曹宗道的《咏鸿程大庙》诗读来最具气势："莫道鸿程神独镇，东方保障一都间。"庙中一块题有"海佑两岸"的金字匾额格外引人注目，落款为"台湾云林大埕太和街三山国王庙管理委员会"。清代康熙年间，古庙周边的百姓带着"三山国王"的神像迁居到台湾云林县大埕乡太和街，并按照原庙在当地建造了另一座三山国王庙。后来，台湾民众多次组团来大埕原庙祭祖进香，并赠送了这块"海佑两岸"的牌匾，所以，三山国王庙体现的又是海峡两岸同根同源的信俗文化。

清崇祯丁丑年（1637年）福建布政使黄琮所立石匾

复刻南明礼部尚书黄锦题匾

三饶城隍庙

　　古时，人们会在城市外围挖筑一条城壕，以防止敌兵入侵，保护城市。这条城壕又叫作城隍，慢慢地中国大地上就形成了一个新的城市守护神——城隍爷。人们在各地修建城隍庙祭拜祈福逐渐成为信俗。饶平城隍庙始建于明代弘治六年（1493年），是粤东地区规模最大、保存最完整的一座城隍庙。

　　一般情况下，县级城隍庙都设在县城，但饶平的城隍庙却位于离县城40多公里的三饶镇中华路上。明成化十三年（1477年），两广都御史朱英奉朝廷之命，将周边诸县析出部分地方建立饶平。朱英视察全县后定下三饶镇作为县治，从此三饶作为饶平城持续了400多年，直到1953年县城才迁至黄冈。尽管县城易地，但城隍庙作为文物古迹和地方信俗，仍然留在了三饶。

　　城隍爷作为道教重要神祇，一般由有功于当地民众的英雄或杰出人物充当。置县后，朱英着手建筑城防和衙署。在修建城墙时，人们初定取土为料，但朱英力排众议，认为土城不够坚固耐用，命令部属烧制条砖并采石筑墙，使得饶平城墙在当时

潮汕俗语"饶平城隍大过府"，意思是城隍庙规模不小于府县衙门，指的就是三饶城隍庙

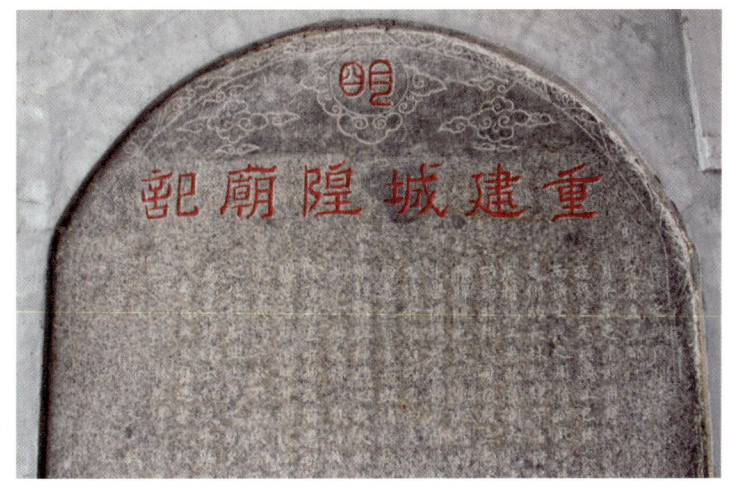

据《重建城隍庙碑记》，三饶城隍庙始建于明成化十三年（1477年）

极为坚实壮观，牢不可破。不仅如此，朱英还为饶平的民生和文化建设做出了重要的贡献。饶平百姓感恩朱英的开县立业之功，因此将他奉为了城隍爷，建庙祭拜。

饶平历朝历代各级官员上任时，都要向城隍爷宣誓就职，因此城隍庙规格非常高，规模也浩大。当地老话"饶平城隍大过府"形容的就是城隍庙的规模比县衙门府还要大。历史上的饶平城隍庙到底有多大，已无从得知，但从它如今保存下来的宽32米、进深74米、占地面积2000多平方米的规模来看，仍然是粤东地区现存最大的城隍庙。它共分为五进，中轴线上分别为山门、前殿、大殿、五谷殿、后殿，还有东西两列厢房，对称十分匀整。

城隍庙从500多年历史风雨中走来，在明代嘉靖、万历以及清代咸丰年间进行过三次大修。新中国成立后，这座古庙又连遭厄运，不仅庙内神像被盗、金漆木雕被剁走，而且还被征用为粮食加工厂，遭受到了严重毁坏。然而，尽管饱受摧残，但它至今气势犹存。饶平城隍庙几乎与县同龄，它见证了饶平置县后的所有历史，它的古老，以及所承载的文化，注定了它在饶平不可取代的地位。

儒、释、道三皆有，这是这座潮汕最大的城隍庙的特殊文化景观

【 饶平孔庙 】

孔庙是为纪念我国伟大思想家、教育家孔子而修建的祠庙建筑。明、清时期，几乎每一个县都建有孔庙。由于历代封建王朝的重视，孔庙在地方的规格非常高。明成化十三年（1477年），饶平正式建县，百废待举，第二年，孔庙就在三饶拔地而起。

饶平孔庙今位于饶平一中校园内，由首任县令杨昱倡建而成。据史书记载，当时它占地面积达100亩，建筑规模非常宏大。清代顺治和乾隆年间，孔庙先后重修。民国时期，县长陈沅见这座象征文化的古庙大门、墙苑多处损毁坍塌，心痛不已，于是带头捐出自己的俸禄并拨出专款，派县里教育局长督建重修。陈沅离任后，县立第一中学迁入了孔庙，当时校方将庙的主殿大成殿改为礼堂，撤去十二哲牌位，拆毁两堂和大成门，对孔庙造成了巨大的破坏。1939年，孔庙惨遭日军飞机轰炸。500多年的历史风雨彻底改变了饶平孔庙的原貌，如今它仅剩下一座大成殿屹立在校园之中。

曾占地一百亩的饶平孔庙，如今仅剩下大成殿

孔庙是我国古代建筑遗产的重要组成部分，代表着地方上等的工艺水平。走进一中大门，便能看见孔庙大成殿立于一座石砌平台上。大殿为重檐宫殿式建筑，红瓦彩脊，下层殿檐向四面倾斜，构成"四滴水"的格局。殿内石柱林立，中心藻井穹然高起，彩绘的禽鸟花草惟妙惟肖。建造者将藻井井口设成八组依次叠高的斗拱，这种高超设计具有扩音效果，人站在殿中心讲话，殿内声音洪亮。大殿后墙上雕有一个孔子像，仿刻唐代著名画家吴道子的杰作《孔子行教像》，像中孔子头扎儒巾，须发飘逸，双手作揖，谦卑有礼，透射出圣人超凡的智慧，令人肃然起敬。

孔庙的建造在饶平大地上催生出一种奋发上进的学风，明成化十五年（1479年），即孔庙建成后的第二年，饶平便有6人考中举人，远超省内平均水平，文运之盛轰动一时。如今它虽然历经沧桑规模不再，但它留下的"文庙精神"一直激励着饶平儿女刻苦学习，用知识改变人生。

大成殿内按曲阜孔庙仿制的清代御书牌匾和楹联

琴峰书院

饶平自古以来就有着优良的崇文重教传统，明成化十三年（1477年），饶平正式建县，第二年，乡贤便在县邑不远处修建了一座学宫。经过二百多年历史沧桑后，清代乾隆二十年（1755年），饶平县令宫文雅眼见旧学宫破损不堪，便带领乡民再次在山上建造了一座书院，这座书院就是现在三饶中心小学校园内的琴峰书院。

在科举时代，琴峰书院是饶平最高学府之一，培养了大量英才。它位于县城大金山上，原名三饶书院，后来当人们想以地理位置改名金山书院时，发现潮州府此时已有金山书院，府县学所不可重名，于是乡贤便以书院对面形似琴台的琴峰山命名为琴峰书院。

沐浴过二百多年氤氲学风的琴峰书院经历多次重修，原貌多有损毁，但书院门匾"琴峰书院"的篆字石刻却依旧苍劲雄浑，在古旧中透出一股浓厚的文化气息。琴峰书院占地面积两千多平方米，由前、后两厅和两旁的数十间厢房构成。前厅名为"雨化楼"，取《孟子》中"春风化雨"之意。后厅则建有先贤祠，供奉着关羽、岳飞等武将神像，由此可见琴峰书院是一个文武并重的学所。由于经费不足，历史上琴峰学院大部分时间由本县品学兼优的举人和贡生担任老师，虽然教学条件有限，但十年寒窗刻苦攻读的学气却在这里蔚然成风。这种读书氛围从古一直延续至今，成为饶平代代相承的文脉。

始建于清乾隆年间的琴峰书院

南北耸峙，饶平双塔

　　塔最初是古印度供奉佛骨、佛像和佛经的宗教性建筑，传入中国后，它融入了中国的建筑特色，并被赋予不同的涵义。位于柘林镇的镇风塔和三饶镇的文明塔，是饶平特色塔式建筑的典型代表。

镇风塔

柘林镇风塔

柘林地处饶平底部，濒临大海，这里岭高风大，古时附近居民屡屡遭受狂风之害。元至正十三年（1353年），人们在镇北风吹岭建造了一座石塔，取镇风镇水之意，命名为镇风塔。

镇风塔高达22米，远远望去，它高耸在一片丛林之中，非常雄伟。塔的结构为七层八面，每一层都设有游廊，游人可以进入塔内沿螺旋形石梯登塔览景。柘林湾素以"有旗无带，有马无鞍，有门无闩，有井无栏，金龟朝北斗，龟蛇锁海口"而闻名，镇风塔是观览柘林湾的绝佳胜地。"古塔镇风"因此成为柘林八景之一。

镇风塔由大块麻石砌成，结构严谨坚固。六百多年前没有机械设备，为了将巨石运向高空筑塔，人们在塔周围逐级垒土运石，体现出古代劳动人民的超凡智慧以及刚毅的精神。塔基在天然大岩石上凿洞打石桩，将塔身牢牢锁住。聪明的设计者在塔身每一层不同方向设有石窗和拱门，既能保证游客每一个方向的观景角度，又能让古塔即时泄风。塔的高超设计保证了它六百多年来即使遭遇无数次风潮，却依然能傲然屹立在海边。抗日战争时期，日舰在柘林湾将镇风塔误认为是瞭望塔，向古塔连发三炮。炮弹在镇风塔旁边爆炸，将一座石桥炸坏，但镇风塔依然浩气凛然，屹立不倒。

历代文人墨客登塔览景，皆陶醉于柘林大美风光，留下了诸多诗作。明万历年间，南澳副总兵于嵩登塔赋诗："潮平两岸阔，云密万山多。剑舞吞牛斗，旗摇剪薜萝。"崇祯十七年（1644年），饶平知县林春秀在此巡视，远眺南海，也留下佳句："万里扬帆海上舟，半天澳日信安流。雁声不过沧溟去，知道南天最尽头。"这些文人墨客的诗，向世人勾勒出一幅幅壮丽秀美的"古塔镇风"图。

塔内石雕神像

镇风塔细部

【 三饶文明塔 】

三饶镇中心往南两公里有一座山，名为塔山，顺着郁郁葱葱的林木往山上望去，一座古塔立于塔山之巅，在一片葱翠当中格外引人注目。这便是三饶文明塔。

文明塔始建于清代康熙三十七年（1698年），由县令王益聪倡建。当初，新塔建了数年却屡建屡塌一直无法竣工，不少风水先生因此提出非议，认为三饶古称"蟹地"，在这里建塔钻伤了"蟹身"，所以无法完工。王益聪离任后，继任县令郭于藩雷厉风行、明察秋毫，他捐献俸禄拓宽山路，将巨石运上山奠定塔基，最终顺利建成了塔。文明塔高约17米，分为七层，全塔采用条形青砖砌成。落成后，郭于藩为塔题联："文光已授青藜杖，科第朕绵报士心"，寄望宝塔能庇佑饶平文运昌盛，创造科举佳绩，并因此将塔命名为文明塔。

文明塔在三饶大地上倡导了一种读书之风，自塔建成后至科举制度结束的200多年时间里，饶平共有25人考中进士，其中三饶人竟占了19席，共有119人考中举人，来自三饶的就有77人。现代出自三饶的贤才名士，则更是不胜枚举。

300多年来，文明塔经受住了长年累月的海风侵袭，经受住了战争年代的烽烟炮火，仍然昂然挺立，蔚为壮观。抗日战争时期，日军轰炸饶平，人们认为文明塔首当其冲，可战火过后惊奇地发现古塔岿然不动，只是塔基轻微受损。文明塔历久弥坚的品质充分显示了古代劳动人民高超的建筑技艺与精益求精的工匠精神，它如今已被列为饶平重点文物保护对象，它的厚重历史和象征精神也永远激励着饶平儿女奋发向前。

文明塔

风吹岭石刻群

饶平柘林港是潮汕历史上最早的对外港口之一，是古代海上丝绸之路的重要节点，自古就有"未有汕头埠，先有柘林港"之称，通商贸易盛极一时。在港口旁边有一座面朝大海的山，这里一年四季大风不息，因而得名"风吹岭"。繁华的柘林港吸引着无数的达官名士、文人商贾，他们站在风吹岭上近望百舸争流，远望水天浩渺，不禁赞叹万千，留下了大量的摩崖石刻。这些石刻历经数百年，仍然连同巨石屹立在古港边，即是如今的柘林风吹岭石刻群。

沿着镇风塔下的石径上山，经过一个水池时，便会发现数块巨石掩映在一片树林之中。走近一看，只见近十米高的青石上"玉柱天关"四个大字赫然入目，旁边一列小字"庐陵王一乾题"，昭示着这块摩崖石刻的题写人。四个大字每一个长宽约1米，雄浑苍劲，刚道有力，"神、气、骨、血"兼备，显示出这位明代江西进士深厚的书法功底。

"玉柱天关"仅是风吹岭摩崖石刻的一角，继续沿着石径来到海边，就会发现多达二十多幅的石刻群梅花间竹地散落在海边的巨石上。其中有明万历年间闽粤副总兵、戚继光部将晏继芳所题刻的"闽广达观"的大字正楷，每个字约1米见方，气势磅礴。四百多年风吹雨打，在这块石刻上留下了沧桑的印记，它的中央斜向裂出一条宽缝，四个大字也因此一分为二。石刻群中还有一块崇祯十三年（1640年）柘林寨事都司曹立的石碣，上面镌刻着"盘诘奸细""缉获盗贼"等大字。明朝后期，朝政腐败、民不聊生，很多沿海百姓迫于生计，入海为盗，成为亦民亦商亦盗的海上武装集团，与明朝政府对抗。这块石刻折射出明末时期的社会乱象。

除此之外，还有"海阔天空""水天一色""闽粤一览""天风海涛"等石刻，从落款得知，这些文人墨客来自于湖北、四川、江西、贵州、吉林等地，可谓涵盖中国大江南北。诸家书法遒劲秀拔，或雄浑或飘逸，烘托出一幅商贾云集、文人纷至的古港繁华画卷。

历代显官名士留下许多摩崖石刻，颇为壮观

九十九个门，美祖家塾

从清代康熙年间开始，饶平人就较大规模地向海外移民，移民文化体现在饶平的各方各面，建筑艺术就是其中之一。华侨中学、华侨医院、侨联大厦等人们熟知的与华侨有关的建筑数不胜数。钱东镇是潮汕地区著名的侨乡，在该镇的中心地带钱塘村，有一座闻名遐迩的华侨建筑，叫美祖家塾，当地人俗称"九十九个门"。

清末民初，钱塘村人黄万金下南洋谋生，经过数年打拼，在泰国创建了一个庞大的米业集团，积累了数以万计的财富。黄万金发家之后，为了光宗耀祖，在1930年寄了一大笔钱回家乡，修建了一座家宅，并以他父亲的名字黄美祖命名为"美祖家塾"。如今老宅大门上遒劲有力的门额即是源于此故。美祖家塾占地面积达2000多平方米，历时一年多建成。这座耗费40000银元的侨宅经过半个多世纪的风风雨雨，主体至今仍然保存得十分完整。整个建筑格局为三进二火一后包，从高处俯瞰，仿佛一驾由四匹马拉着的车，这便是典型的潮汕建筑样

美祖家塾，又名崇德里，当地人俗称"九十九个门"

式"驷马拖车"。

"京华帝王府，潮汕百姓家"，美祖家塾的最为突出的特点便是极其注重装饰。踏入大门，栩栩如生的灰塑和西洋壁画，浑厚古朴的金漆木雕，造型优美的五星脊饰，以及活灵活现的嵌瓷艺术，直叫人眼花缭乱。从这座古宅中，可以感受到潮州文化的别致古雅、博大精深。

美祖家塾又名崇德里，然而当地人更愿意把它叫作"九十九个门"，因为当初建造者一共在这座老宅内开了99道门。美祖家塾最繁盛的时候，一共住了100多人，白天孩童围着这99道门玩游戏，晚上大人随便敲开一扇门喝一泡潮州工夫茶，家族感情非常融洽。99道门使得整座大宅房房相通，家人常相往来，为亲情打开了一条通道。在革命战争年代，这座老宅还是红军驻扎的地点，宽阔的宅第里不仅可以容纳许多士兵居住，数量众多的门和通道还方便了士兵的紧急集合。从这段历史中又能领略到这座老宅厚重的红色意义。可惜的是，这99道门在"文化大革命"时惨遭毁坏，有的被拆去当作了基石，还有的被拆下来用作了灶台。后来人们各自成立门户，用混凝土将原来相通的门洞封住了，曾经门门相望的布局彻底消失了。时代变迁给人情世事带来的改变令人唏嘘不已。

作为潮汕民居与南洋建筑风格相结合的侨宅，美祖家塾打上了深深的时代烙印。它反映了饶平人下南洋所取得的成就，体现了华侨对故乡的怀念之情，它如今已成为饶平籍华侨与故乡情感纽带的象征。

美祖家塾精致的细部装饰

美祖家塾中西合璧的内部

名贤余氏家庙

20世纪初，在饶平黄冈镇菁园巷里的余氏家庙内，开始频繁出现同盟会的人。他们借祭祖之名，在这里聚会、讨论、谋划，并将一批武器秘密运进了庙内。一场惊天动地的革命在这座家庙内酝酿着。终于，1907年，他们发动了震惊中外的黄冈丁未起义，打响了同盟会武装推翻清朝统治的重要一枪。黄冈丁未起义比辛亥革命早四年爆发，在中国革命史上极具意义。这场起义的指挥部——饶平名贤余氏家庙也从此在中国历史上留下了浓重的一笔。

名贤余氏家庙俗称"菁园太祖祠"，始建于明朝宣德十年（1435年），庙内供奉着余氏先祖忠襄公余靖。在庙前的照壁上，镶有一只极具气势的麒麟，与家庙先祖的地位互为映衬。余靖为北宋四大谏官之一，历任少师左丞、工部尚书、刑部尚书，是"庆历新政"的重要参与者。这座余氏家庙，即是按古时贤臣的祠庙式样修建的。落成后，在朝为官的一位当地进士题写了"名贤余氏家庙"的匾额，便是如今家庙大门上方的祠冠。

余氏家庙占地面积达一千多平方米，为二进二廊硬山式屋顶结构，里面石雕、木雕、嵌瓷丰富多样，并且工艺精湛。五百多年来，家庙虽然经历清代道光、民国年间数次重修，但是一直都保留着初建时的原貌。庙内陈列着黄冈丁未起义的武器、路

余既成（1874—1912年）黄冈丁未起义首领

1907年黄冈丁未起义的队伍

坐落于中山路菁园巷的"菁园大祖祠"，
丁未起义军曾在此进行秘密活动

线图、誓师照片，以及孙中山给家庙主人、起义领袖余既成的文件。余既成原本为黄冈"三合会"首领，后来经革命党人许雪秋介绍加入同盟会，投身民主革命。余既成带领会众在家庙内制作军旗、袖章，制定攻克黄冈的起义行动计划，位置隐蔽的余氏家庙，为这次武装起义提供了一个安全的场所。在庙东侧刻着先祖余靖著名的"从政六箴"和王安石、欧阳修等大文豪对他高度评价的诗文，西侧则刻着黄冈丁未起义的事迹和孙中山对起义烈士的褒扬。正是由于这光辉的革命历史，为缅怀革命先烈、发扬爱国主义精神，名贤余氏家庙被人们辟为了黄冈丁未起义纪念馆和起义领袖余既成纪念馆。远在海外的孙中山孙女孙穗芳，还送来了"纪念丁未黄冈起义、促进祖国和平统一"的亲笔题词。

名贤余氏家庙见证着饶平余氏家族的发展，也承载着饶平人民反帝反封建的民主革命精神，具有深刻的历史意义。

祠堂始建于明宣德十年（1435年），历经数代修葺至今

祠内供奉太祖忠襄公余靖

红色的全德学校

在饶平北部的上饶镇茂芝村，有一座建于清代的书斋，在民国时期改名为全德学校，里面只有一间教室、一间卧房和一个天井，面积不到300平方米。就在这个看上去非常不起眼的全德学校，1927年，当全国民主革命转入低潮时，革命领袖朱德在这里召开了一次茂芝军事会议。这次会议在中国革命史上意义非凡，它挽救了革命火种，并促成了后来举世闻名的井冈山会师。

1927年8月1日，中国共产党发动了震惊全国的南昌起义。面对国民党的疯狂围攻，中共决定战略转移，撤离南昌，南下广东建立革命根据地。朱德和陈毅在率领革命军南下的途中，遭到了国民党军队不断的围追堵截，到达饶平时已只剩2000多人。当革命军在全德学校安顿下来后，传来了周恩来、贺龙率领的主力部队失利的消息。这时，全军军心动摇，再加上面临国民党军队的"围剿"，革命队伍随时都有自行解散的危机。在这异常严峻的时刻，10月7日上午，朱德在全德学校主持召开了军事会议，围绕要不要继续革命展开了激烈的争论。会上，朱德用他极富感召力的发言，凝聚了军队的士气，最后决定全军"隐蔽北上，穿山西进，直奔湘南"。就这样，在这小小的全德学校里，朱德将部队从解散边缘拉了回来。几个月后，朱德率领这支部队在井冈山与毛泽东胜利会师，组成了中国工农革命军第四

军。星星之火，从此开始了燎原之势。

茂芝军事会议在中国革命史上留下了光辉的一笔，而全德学校也就此永久载入了红色遗址的史册。

清代书斋全德学校，朱德曾在此召开茂芝军事会议

03

饶平客家土楼群

宋元时期，客家人开始迁入饶平，先民以饶北的上饶镇为中心，逐渐向周边发展。客家人自古就秉承着一种勤奋与团结的传统，古时饶北山区匪患严重，初到这里的客家先民，为求生存，建造了一座座集生活和防御为一体的群居式建筑——土楼。饶平客家土楼多达600余座，它们大小不一、造型多样、建筑考究，构成了饶北客家地区的一大特色。在这些土楼中，以道韵楼、润丰楼、南阳楼、镇福楼、新彩楼、八角楼、泰华楼最为出名。

饶平客家土楼
——道韵楼

【 道韵楼 】

明成化十三年（1477年），饶平置县，县治设于三饶镇。这一年，来自中国"客家祖地"福建宁化石壁的黄氏家族族长站在三饶山岗上眺望，最后极具眼光地将全族房屋选建在县治旁边的南联村。经过黄氏家族数代人100多年的努力，明万历十五年（1587年），一座中国最大的八角土楼——道韵楼在三饶拔地而起。

道韵楼的古老和庞大让它在南联村格外显眼。这座有400多年历史的古楼周长300多米，高10余米，总面积超过10000平方米。当年为了建造道韵楼竟然挖光一整个山坡的泥土。据说它原本设计为圆形，但屡建屡倒。后来有风水先生来这里，说此地为"蟹"地，必须用八卦之形才能镇住。建楼的黄氏先祖于是按照八卦形状构建土楼，果然没有再倒塌过。清永历元年(1647年)，饶平黄氏同宗、明朝礼部尚书黄锦来到三饶，为道韵楼题写了楼名。如今，这块刻着"道韵楼"的门匾被镶在土楼大门上方的墙体里，向世人展现着古楼的底蕴。

道韵楼按照诸葛亮的八卦阵从生门入、休门出的原理，在大门一侧增开一扇休门，以让族人从此门出楼。数百年来，黄氏后人恪守着祖规，将家族管理得井井有条。土楼与众不同的地方在

于楼内所有建筑都是"八"的倍数。八排围屋，八条巷道，三十二口水井，七十二套堂屋……由于道韵楼处于客家人与潮汕人混居的"半山客"地带，因此又融入了潮汕建筑的风格，虽然规模庞大，但是丝毫不粗糙，处处显示出潮汕民居的精致与规整，木雕、石刻、嵌瓷等工艺装饰恰到好处。

古时，饶北山区盗匪活动频繁，道韵楼因此设置了一套严密的防御体系。它的高墙由黏土和碎石夯筑，坚不可摧。墙四周还设有大量射击孔，保证360度无死角射击来犯敌人。为防止敌人

道韵楼内部

道韵楼航拍全景

火攻，土楼设计者还在大门上方设有防火烧门的注水暗孔。整座土楼具有防水、防火、防震、防贼等八防功能。清代初期，道韵楼曾经被土匪围攻三个月，数百黄氏儿女利用土楼这套防御体系打退敌人多次进攻，最后成功守住家园。在80年前的一次地震中，南联村多处房屋坍塌，唯独道韵楼依然矗立不倒，扛过了三次余震。

道韵楼最繁盛的时候曾居住600多人，即使外面的居住环境再好，如今仍有许多黄氏后人不愿搬离，继续在此安居。400多年来，道韵楼内从未发生过大的火灾，除了它的防火功能周全外，还与土楼内居民一家有灾，全楼施援的团结互助精神密不可分。也许，这正是众多黄氏后人选择坚守祖楼的真正原因。

【 听捷楼 】

明崇祯十七年（1644年），清军入关，清王朝正式迁都北京。这一年在饶北大地上，一座土楼迎合新的朝代拔地而起，它因形状呈八角形而得名八角楼。相传土楼落成之时，突然从八个角和大门处共飞出九只乌鸦，风水师因此预言，此楼今后定会出九个进士。果然在八角楼建成后，不断有科举捷报传来，连这座土楼的名字也被改为了听捷楼。据记载，自清朝入关后，这座土楼一共诞生过9位进士、28位举人，恰好应验了当年风水师的预言。

听捷楼位于饶洋镇陈坑村，背倚笔架峰，面向双崬山，景色十分优美。曾经，这座土楼面积达3000多平方米，共有3层，每层30多间房，在饶北大地名声赫赫。然而经过300多年历史风雨后，如今变得十分残破，环形楼屋仅剩半边，只有楼埕中央公、母两口水井仍然维持着当年的风貌。有趣的是，这两口井几百年来从未干涸过，并且公井的水位总要比母井高出1米左右，其中原因至今仍是一个未解之谜。

听捷楼由詹姓开饶始祖肇熙公的十世孙志潘公修建。"许姓有事詹姓相挺，詹姓有事许姓必到。"听捷楼里至今还流传着这样的俗语。据说古时许家女儿嫁到詹家，迟迟不肯上花轿。父母问其原因，女儿回答："吾嫁后若无得食，怎说？"许父听后大笑，便划了一块土地给了女儿作嫁妆。就这样，许詹两姓数百年来在饶平一直维持着良好关系，从来没有发生过冲突。

听捷楼，因形状呈八角，又称八角楼

【 泰华楼 】

泰华楼，蓝屋畲族村土楼

在饶洋镇东南部，有饶平唯一的少数民族村寨——蓝屋畲族村。600多年前，畲族祖先从福建漳州迁到饶北，在这片山区开田辟地繁衍生息。蓝氏族人敬重传统，村里至今还保存着一座200多年历史的古楼——泰华楼。

泰华楼建于清代嘉庆九年（1804年）。和饶平地区常见的圆形土楼不同，从泰华楼的对角线望去，它边直角圆，是一座极具特色的方形圆角楼。在由大石和夯土筑成的墙体上，布满了瞭望窗和射击孔，充分显示了这座土楼曾经的防御功能。泰华楼面积达2000多平方米，楼内房屋分为三层，层层相通，共有近百间房。它的内埕十分宽阔，埕角设

有一口六角形水井，保证了楼内居民的生活和消防用水。

曾经为防御匪寇，蓝屋村几百口畲族人全部聚居在泰华楼里面。200多年过去后，这座土楼内部饱受岁月摧毁，不再宜居。尽管如此，它的一楼仍然居住着数户老人。老人认为，古楼需要人气来供养，当大部分村民搬离时，他们仍然执着地坚守在里面。

如今，泰华楼已被定为文物保护单位，不少游客慕名前来，给古楼增添了延续不断的人气。这种人气，将使泰华楼继续屹立于蓝屋村，向世人展现畲族先民大迁徙的勇敢和勤劳。

〔新彩楼〕

新彩楼外墙

　　"饶平半县詹"，说的是在科举时代，饶平有一半的进士出自詹姓。詹姓为饶平第一大姓氏，人口众多。历代詹姓人在饶平这片土地上建造了数量众多的土楼，饶洋镇赤棠村的新彩楼就是其中之一。

　　新彩楼是一座三进三环的圆形土楼，建于明代万历年间，前后历经30年才建成。从大门旁边仰望高达13.6米的古楼，楼顶划出一道完美的圆弧，满布裂缝的黄色墙体在蓝天的映衬下显得格外沧桑。

　　这座饶平境内最高的土楼虽然外表粗犷，里面却是另一番天地，处处显示出一种精致与细腻。精美的石刻、繁复的木雕，必定出自饶平细活工匠之手。新彩楼面积达2700多平方米，分为四层，共有32个单元。这些楼层与单元虽然层层相连，环环相扣，但同时又保持了每个家庭生活的独立性，避免了相互干扰。在这座庞大的建筑内，曾经生活了数百詹姓子孙，他们团结和睦，共同维护着新彩楼的安定。

镇福楼

宋元时期，张氏一族开始了从世界"客家祖地"福建宁化石壁向外开枝散叶的迁徙旅程。明代初期，他们其中的一支队伍迁进了饶平。经过一番艰辛的创业后，明永乐十一年（1413年），张氏家族在上饶镇马坑村开启了传家祖宅镇福楼的建造。

在饶平600多座客家土楼中，镇福楼的面积高居第一，达到了6900多平方米。它分为三层，共有房屋60多间。在饶平众多土楼中，镇福楼无疑是保存得最为完好的。因为这60多间房屋大部分至今还居住着村民，村民不只维护着土楼的完整，而且将活力与生气注入了土楼。镇福楼整体呈椭圆形，埕中广场非常宽阔，正中央如今还保存着一口八角形水井，为10多户土楼居民提供清澈、甘甜的井水。

行走于镇福楼中，张氏后人勤勉和睦、热情待客，土楼中洋溢着浓郁的以耕读传家的客家气息。这座土楼与众不同的地方在于它所有梁栋榫卯之间全部采用粗壮的竹钉加固，避免了铁钉因山地湿气重易生锈而导致坍塌的风险。镇福楼的墙体以一种山区特有的三合土，再按比例加入红糖和糯米夯筑而成。这种由经验和智慧浇筑出的楼墙极为经久耐用，这也是这座明代土楼历经600多年风吹雨打仍然屹立不倒的重要原因。

镇福楼航拍全景

南阳楼

永善村位于广东与福建两省交界地带，是饶平最偏远的村落之一。由于与外界联系有限，永善村至今仍保存着五座历史悠久的土楼。土楼群逐次分列于永善山谷之中，其中以南阳楼名气最大、保存最为完整。

南阳楼始建于明代建文二年（1400年），此时距离饶平置县还差77年。它屹立于一片青山绿水间，周围有福海、东海二楼拱卫，形成了一个极具气势的三足鼎立格局。南阳楼为一座碉堡式圆楼，分为三层，共有房屋20多间。这些房屋组成数个单元，由楼内环形通廊连成一体，使得邻里相通而关系和睦。南阳楼具有防兵乱、防盗贼、防火灾等九防功能。除了在墙体上设有枪眼、炮口、哨所外，这条环形通廊还打通了每家每户，使得一方有险，全楼皆可支援。南阳楼自建成之后，在600多年的时间里从未被匪盗攻破过，这和它的防御体系有着密不可分的关系。

南阳楼内所有房门和窗户都朝向天井，高明的采光设计保证了楼内一年四季阳光充足、空气畅通。据说在这座土楼内居住的人大都健康长寿，出过不少百岁以上的老人。这种宜居环境同样促成了一种读书成才的习气，几百年来从南阳楼里走出来了无数的进士、举人，以及有影响力的杰出人才。

南阳楼具有防兵乱、防盗贼、防火灾等九防功能

新丰最大的土楼 —— 润丰楼

润丰楼

　　新丰镇地处饶北山区，土楼众多。在镇中心丰联村，坐落着新丰最大的土楼——润丰楼，它建于清代道光年间，距今已有近200多年历史。

　　润丰楼外墙以黄土夯成，外抹贝灰，在秉承传统客家土楼样式的同时，又融入了潮汕宅邸的风格。它大门前辟有一个半月形风水池塘，楼内建筑格局为二进二环，面积达1800多平方米，中央留有宽阔的八卦地埕，总共有29间房屋。詹姓为饶平最

大的姓氏之一，在润丰楼内曾经居住了100多位詹姓人，如今大都搬出古楼，只剩下6户老人。

　　作为詹氏祖宅，润丰楼极富书香气息，见证了新丰詹氏耕读传家的历史。在科举时代，楼内共诞生过7名进士，在当地得到了"一楼七进士"的美誉。科举时代结束后，从这座楼里又走出了有"岭南词宗"之称的詹安泰，以及著名语言学家詹伯慧，可谓人才辈出。

04

饶平历史名人

遇见历史熟人

宗伯学士坊"为南京礼部尚书黄锦建",黄锦官至尚书,故称"宗伯",因当过皇帝侍讲,又称为"学士",故坊额为"宗伯学士"

乱世尚书黄锦

明代尚书黄锦画像

饶平东南部所城、大埕、柘林三地在古时统称为"东里"。潮州有句民谚："欲知朝内事，需问东里人"，说的是要知道朝廷大事，只需询问这三个地方的人。饶平在明成化十三年（1477年）建县后，科举兴盛，仅在明朝就出过37位举人和7位进士，在朝廷为官的东里人不少，这其中就有名气最大的崇祯年间礼部尚书黄锦。

宋元时期，黄锦的祖辈从福建迁入饶平大埕镇，在上黄村定居。客家人自古就有着耕读传家的传统，到黄锦祖父黄允德这一代时，黄姓家族已十分殷实。明嘉靖四十一年（1562年），倭寇大举入侵饶南，黄允德率领乡民奋力抵抗，最后被倭寇俘虏。黄允德被俘后坚贞不屈，自杀殉节。尽管家族被洗劫一空，黄锦之父黄凤盛仍然带领族人，重振旗鼓，避免了家族的衰落。客家人坚贞不屈、自立自强的优良品质在黄允德、黄凤盛以及黄锦三代人身上体现得淋漓尽致。明万历十七年（1589年），黄锦出生。黄家家规严厉，黄锦自小受到良好的教育，他目睹家族由经历变故到中兴的过程，对人生追求产生了坚定不移的信念。正是这种信念为他后来人生的走向奠定了基础。

万历三十七年（1609年），年仅20岁的黄锦考中举人，13年后再登进士，进入了翰林院为官。当时宦官魏忠贤结党营私，依附阉党的官员很多，黄锦刚正不阿，坚决不随波逐流。天启六年（1626年），权势达到巅峰的魏忠贤打算为自己建造生祠，拟调黄锦负责此事。黄锦得知后哈哈大笑，骂道："彼阉竖也，吾史官也，吾安能以好官预阉事而贻万世笑端乎！"他坚决拒建生祠，并要求调离翰林院，表达了自己不同流合污的决心。直到崇祯上台，魏忠贤自缢，他才重回翰林院。在明末腐败的政治风气中，黄锦始终鞠躬尽瘁劳心劳力，他不仅修校了卷帙浩瀚的经学史籍，还积极主持朝廷官员的选拔，在满朝文武官员中所获赞誉极高。

在潮州古城载阳巷口，有一座宗伯学士坊。这座牌坊是后人为黄锦所立，概括了黄锦光辉的一生。黄锦官至尚书，故称"宗伯"，他还当过侍讲为皇帝讲学过，所以又称为"学士"。崇祯十三年（1640年），黄锦升任礼部侍郎、吏部侍郎，第二年再次出补南京礼部尚书。他在朝为官20年，目睹朝政腐败、积重难返，自知独木难支，于是选择了告病还乡。

黄锦回到潮州后不久，明朝就灭亡了。他隐逸于城外的一座山上，专心读书著述，修心养性。清政府多次请他出山为官，都被他义正词严地拒绝了。由于他在士林和百姓中声望极高，清王朝一直对他尊重有加，没有予以追究。

与黄锦仕途履历相互映衬的是他精湛的书法造诣。他善于吸收和继承名家精华，博采众长。在他隐居的山上，至今仍保存着他的"最上岩"与"寒拾留响"两处摩崖石刻。这两处石刻超凡脱俗、刚道有力，透出一种锐意求新的风格。而"寒拾留响"四个行书大字，线条清劲秀健，灵活流动，有清雅绝尘的美感。黄锦流传于世的书法还有如今潮安丁宦大宗祠的石刻对联："官纪太常五马清风余凤水，绩崇名宦千秋湮祀荐仙田。"这副对联翩若惊鸿，婉若游龙，既有王羲之的细腻，又有颜真卿的苍劲。在这副对联写完的两年之后，83岁高龄的黄锦与世长辞。

中国性学第一人——张竞生

"饮食男女""食色性也"，早在春秋战国时期，以孔子为代表的思想家们就开始对"性"有了比较深刻的认识。然而，在后来两千多年的封建社会中，人们将"性"贴上了肮脏和伤风败俗的标签，对它讳莫如深，在这方面的探究也戛然而止。20世纪初，随着清朝灭亡，封建社会彻底结束，许多先驱开始孜孜不倦地探索和普及中国的性学，其中较为具有代表性的是"中国性学第一人"张竞生。

清光绪十四年（1888年）正月初九，张竞生出生在饶平浮滨镇大榕铺村。他原名张江流，1903年，15岁的他考入县立第一小学，第二年进入教育家丘逢甲主办的汕头同文学校学习，1907年考入广州黄埔陆军小学。无论在哪所学校，张竞生都以勤奋好学的形象受到师友的一致好评。在求学过程中，他

接触到达尔文的进化论后大为震撼，并取"物竞天择，适者生存"中各一字，改名为"张竞生"。1910年，年满22岁的他到了婚娶年龄。当时他正要去上海读书，由于家族胁迫，他被迫接受了父亲"先结婚，后读书"的条件，与一名年仅15岁的家乡女孩结婚。这桩父母包办的婚姻让张竞生产生了极大的逆反心理，这成为他后来矢志反对封建婚姻，坚持性教育，主张自由婚姻的一个重要因素。

张竞生一生与无数名人交往，并有着深刻共识。他和陈济棠、陈铭枢是同学，与孙中山交往月余后参加大革命，参与营救刺杀摄政王载沣未遂的汪精卫，还和宋子文等人一起留学法国，后来又与蔡元培、鲁迅等人结为知交。在法国留学期间，张竞生接受了大量西方学术和性思想，他脑子里装满了性学、社会学、优生优育等思想，内心澎湃着改

张竞生生平陈列室

张竞生（1888—1970年）雕像

造中国、建设中国的热血。学成回国后，他担任潮汕最高学府金山中学校长，并上书当时广东省长陈炯明，提倡节育优育。陈炯明为粤军总司令，自己子女成群，对张竞生的主张不以为然。然而，这次节育主张的受挫仅仅是张竞生在国内坎坷生涯的开始。由于他的教学改革不被认同，9个月后，张竞生被迫辞去了校长职务。

1921年，张竞生接受北大校长蔡元培的聘请，任北大哲学教授，专门开设性心理讲座。在他看来，"人生哲学，孰有重大过于性学？而民族学、风俗学等，又处处与性学有关"。他先后出版了《美的人生观》《美的社会组织法》《性史》等书籍。前两部书籍给他带来民国"三大文妖"之一的称誉，但《性史》出版后，却在社会上引发轩然大波，他本人也为此在当时付出了身败名裂的惨重代价。《性史》出版后仅四个月，便被列为了禁书。他的留法同学宋子文在南京教育会议上点名斥责他倡导"乱爱"和"淫乱"，奉系军阀张作霖更是扬

言要"把这个伤风败俗的家伙拉出去枪毙"。

社会舆论给张竞生带来极大压力，当"卖春博士""大淫虫"等唾骂蜂拥而至后，他终于承受不住了。1932年，他自杀未遂后，转向了农业研究和教育，从此再不公开涉足性学。1968年"文化大革命"中，他被扣上"反动权威"的帽子，派到乡间劳改，两年后，82岁的他在牛棚中去世。

鲁迅曾预言："张竞生的主张要实现，大约当在25世纪。"如今，随着社会的不断进步，"谈性色变"的时代早已成为过去，张竞生的杰出贡献也已成为社会共识。现在，人们在他的家乡浮滨镇大榕铺村建造了一座公园，以此纪念这位思想家对社会性观念的贡献。这个公园占地面积40多亩，由张竞生故居和性文化教育基地两大展区组成，向社会介绍了张竞生的性学思想、人口和节育理念，以及古今中外性文化历史、性知识教育等诸多方面内容。这座公园承载着张竞生的希冀，继续对社会陈旧落后的性观念、性心理发起思想革命。

侨领张永福

张永福（1872—1957年）

新加坡有一处宅院，它曾是乱世中的世外桃源，是晚清中国革命的秘密指挥中心。在孙中山为革命奔走最困难的时候，有一个人为他和他的同行者提供了这处宽敞的住所，承担了他们衣食住行的全部费用，给予了继续革命的必需条件。这个人就是张永福，这所宅院就是晚晴园。孙中山曾说"华侨为革命之母"，发生于一百年前的那场改变中国命运的伟大革命，是无数先辈奋斗牺牲的结果，华侨领袖张永福无疑是其中最杰出的代表之一。

张永福，饶平樟溪镇杨梅坑人，新加坡橡胶业巨子，这是一位不应被忘却的辛亥元勋，他的一生跌宕起伏，是近代中国的映射。樟溪镇杨梅坑位于饶平、湘桥、潮安、澄海四地交界处，村子四面环山，三条小溪在这里汇聚，景色十分秀丽。在这个深山里的村庄，隐藏着张氏宗祠和张永福故居。长久以来，这两处遗迹寂寂无名，直至近些年，才因为张永福这个爱国侨领为人所知。

张永福年轻时在新加坡继承父业，经营橡胶园，积累了巨额财富。后来他多次回国，目睹清廷腐败无能，人民生活在水深火热中，于是毅然追随孙中山，投身民主革命。张永福为孙中山在新加坡开展民主革命提供了巨大的帮助。在新加坡大人路，有一座近二千平方米的孙中山纪念馆，原名"晚晴园"，是张永福为了让母亲颐养天年而购买的私人别墅，后来为了让同盟会在新加坡有一个开展活动的据点，张永福无偿地将晚晴园捐了出来，他也因此被推举为同盟会新加坡支会会长。每有革命起义时，张永福总是不遗余力地安置逃难志士。河口起义失败后，他变卖一座约千亩的红石矿用来安置逃亡的革命志士。孙中山能在国内坚持不懈地开展革命活动，很大程度上是因为得到了像张永福这样的爱国华侨的支持。在长期的民主革命生涯中，张永福成为孙中山患难与共的挚友，也成为海外华侨支持民主革命的重要领袖。1932年张永福回国后，曾任汕头市长和中央银行汕头分行行长。

张氏祖祠与张永福故居位于杨梅坑，掩映于一片黄皮林中。宋元时期，饶平张氏由福建宁化石壁迁徙而来，成为当地大姓之一。后来，他们其中的一支又迁居至樟溪杨梅坑，建造了这座张氏祖祠。祠堂面积不大，只有200多平方米，虽然经过多次重修，但主体保存完好。古朴的青石大门，精美的彩绘壁画，无不显示出它的庄重雅致。张氏祖祠如今成为张永福后人来饶平寻根的重要场所。

张氏故居位于祖祠左侧，由于缺乏维护，历经100多年的风雨已变得残破不堪，杂草丛生，仅剩一段残壁和数个麻石门架。这位民主革命先驱晚年寓居香港，生活孤寂，1957年，85岁的他病逝，至死未再回到故乡。

为革命活动和武装起义，也为了办报宣扬民主理想，张永福几乎倾注了家族三代人积累的财产。晚晴园是为见证，更为丰碑。这段历史不应尘封于少数人的记忆，随着时间的消逝而湮没，而应该让更多人从中沐浴智慧、汲取力量。这不仅是对逝者的尊重，更是对我们这个曾经灾难深重的民族的反思。

1906年新加坡同盟会成员于晚晴园合影
前排左起：林干庭、张永福、陈楚楠、孙中山、尤列、刘金声、林义顺
后排左起：吴悟叟、张华丹、张继、陈汝河、邓子瑜、黄耀庭、张秉庚

张永福送给账房先生张火坚的缝纫机

张氏祖祠

张永福故居，仅存断壁残垣

张永福故居

饶平老味道

行走的餐桌

高堂菜脯

　　萝卜干在潮汕地区俗称"菜脯"，是当地著名的物产之一。饶平高堂镇地处平原，土壤肥沃，光热充足，再加上世代相传的种植技法和优良品种，这里种植的萝卜个大、质好，是制作菜脯的绝佳材料。高堂出产的菜脯色如琥珀、味香肉厚，早在清代就已远近闻名。

　　高堂菜脯美味香甜，除了原料好之外，更与它独特的制作方法密不可分。制作高堂菜脯一般选在冬至前后进行，必须经过腌、晒、藏三道严密工序。首先将在盐水中浸泡过的萝卜放入在沙地上挖好的坑里，撒上薄盐，用稻草覆盖。数天后，当萝卜变软时取出，暴晒三天，后清洗干净装进竹筐里，将酸水挤压干净。最后再拌上八角、红糖、陈酒等调料装坛压实。封藏一个月过后，一坛色香味俱全的高堂菜脯便大功告成了。

　　清代乾隆年间，高堂菜脯在潮汕地区享誉极高。当时，数以吨计的菜脯被装上商船抵达江浙市场，或者被下南洋的移民漂洋过海带到泰国、马来西亚一带。当时江苏流传的俗话"高堂菜脯赢过上海猪舌"便是最好的佐证。嘉庆年间，人们将高堂菜脯装进特制木桶保鲜，每年销往泰国的量达到了数百吨。"食着菜脯想着家"成为游子对家乡思念的写照。

　　菜脯与咸菜、鱼露并称为潮菜调味三宝。高堂菜脯既可以直接配白粥，又可以用作潮菜配料熬汤，还可以与鸡蛋煎成潮州名菜"菜脯蛋"。如今，它已经成为饶平的一张美食文化名片，蜚声海内外。

高堂菜脯

潮汕名菜：菜脯蛋

宝斗饼

饶平城丁未路修筑于1934年，路边商业繁华，骑楼众多，至今仍保持着民国时期的风格。在丁未路大大小小的500多家铺面中，有一家老字号饼店，它出产的饼极为奇特，八角四方，形似骰子，每天来这里买饼的人排成长队，甚至要提前一天预订才能买到饼。这种饼就是饶平独一无二的宝斗饼。

由于饼形为正方体，宝斗饼俗称"斗仔"，又因它味道极佳，于是才冠以"宝斗"的称呼。宝斗饼用料讲究，饼皮由鸡蛋、猪油与豆油混合面粉制成，内馅则采用豆沙、芝麻、冬瓜片、肥肉、白砂糖等食材调制。烤焙前，先将包好馅料的饼团压成正方体，然后一面一面地焙烤六次，直到每一面都呈现金黄色的光泽，散发出诱人的焦香，才算制作完毕。

宝斗饼吃起来松软、香甜，不油腻，不黏牙，在饶平，甚至整个潮汕都极为畅销，经久不衰。清末民初时，许多饶平人在商埠汕头开设宝斗饼专卖店，经常被海外华侨抢购一空，生意十分红火。

宝斗饼最早起源于黄冈镇。相传，在明代，当地有户富裕人家，丈夫嗜赌如命，输光了所有家产后，整天喝闷酒、睡大觉。妻子见此情形，悲恸不已。一次，她看到丈夫昔日的赌具骰子，于是深受启发，便按照骰子的形状研制成饼，并开了一家饼店。看到妻子每天起早贪黑，丈夫痛定思痛，戒除赌博，重新振作起来。饼店在夫妻的经营下蒸蒸日上，宝斗饼的名气也因此传播开来，最终变成了闻名遐迩的美食。

宝斗饼俗称"斗仔"，此处的"斗"为方言"骰子"的谐音

06

民俗艺术

 探秘非遗

热闹的布马舞表演现场

饶平布马舞

相传北宋末年，康王赵构被金兵追杀，逃到一条河边，在走投无路、万分危难之时，一只泥塑马化为宝骏，驮着康王过了河，由此躲过一劫。这就是历史上有名的典故"泥马渡康王"。后来赵构称帝，百姓把马视为神物，并由此诞生了一种以竹、布扎成马游街起舞的民间艺术——布马舞。

赵构建立南宋百余年后，饶北制瓷业兴起，来自江西的瓷工将布马舞传入饶平。这门集音乐、舞蹈、工艺于一体的民间艺术从此在饶平落地生根。经过700多年的传承和发展，布马舞在饶平形成了独特的风格，它表现形式生动，内涵丰富，文化底蕴深厚。

饶平布马舞的代表作为《状元游街》，开始时只有九只布马，清代雍正十一年（1733年），饶平一位名叫刘大力的人考中武进士，当地刘姓族人为了光宗耀祖，便将武进士和夫人也加了进去，将原来的九骑布马扩增到十一骑。没想到，这一改动使布马舞变得更加精彩。原来的九骑都是文士出身，舞步徐缓，风格偏优雅，加上孔武有力的武进士后，风格立即变得昂扬起来。从此饶平布马舞的风格便慢慢向刚强激昂转变，最后终于形成了众马奔腾的喜庆风格。

作为民俗文化，布马舞深得百姓喜爱，每到春节或喜庆日子，人们总是会演几出布马舞增添节庆气氛。饶平人喜欢把布马舞的服饰、道具装扮得非常精美。首先，用竹篾编制成马的框架，马背中央留下空位，用以站人。然后给框架绘彩点睛，粘贴马鬃，装上马尾，披上绫罗绸缎。表演时，将竹马悬系在演员肩上，演员穿上斗篷盖住马身，看上去就像骑在马上一样，十分逼真，布马时而迅疾奔驰，时而漫步徐行，粗犷与柔美并存，演绎出一匹匹欢腾雄健、威风飒爽的骏马形象，令人眼花缭乱，博得阵阵喝彩。

近年，饶平黄冈镇被命名为"广东民间艺术之乡"，这个称号便是得自镇中霞西村蓬勃发展的布马舞。布马舞扎根于民间，体现出一种马壮人旺、积极向上的精神，表达了饶平人辟邪消灾、迎祥纳福的美好愿景，也向人们印证了民间艺术永不过时的魅力。

彩青艺术

"道韵楼前碗飘香，摆桌陈碗胜杯盏。花鸟虫鱼美宴客，古城十六文化餐。"这首饶平文人所写的诗描绘了一幅古楼前热闹的彩青艺术画面。饶平彩青习俗原称"三饶钉桌"，由古代的钉饾摆设（将食品堆叠在盘中）演化而来，就是用面粉和水捏制成各种形状的食物工艺品，然后放在碗盘里集中摆放起来，以此拜天祭祖，并供人观赏。

饶平彩青习俗距今已有700年左右的历史，这种悠久而富于文化内涵的民俗由客家先民带入饶平，其中尤以古县城三饶最为隆重。每逢正月，三饶镇的街巷中，各家各户便会在门口摆起八仙桌，将精心制作的彩青摆出来。一个个造型奇巧的飞禽走兽、花鸟虫鱼在碗盘中琳琅满目、争奇斗艳。大家观看后会比较哪家摆的桌碗数量最多，花样最好看，久而久之便形成了一种良性比拼。彩青艺术就是在这种年复一年的比较和竞赛中蓬勃发展，最终形成了现在别具一格的民间艺术。

"摆桌碗"的习俗在饶平置县前100多年就已经存在。明成化十三年（1477年），饶平在三饶置县，一年一度的城隍庙会上，上一年添丁的人家要"摆桌碗"，以供祭拜和观赏。彩青制作工序并不复杂，但要倾注制作者极大的精力。首先将面粉和水揉成面团，捏出大致形状，粘到白色盘子上，再用刀片精细勾勒出物体的线条

轮廓，直到花鸟虫鱼等造型显露出来。等面坯晾干后，最后涂上色彩，一个栩栩如生的彩青便制作完毕。制作一个彩青，需要花费一天时间，而一个手艺好的制作者可以让彩青摆放三个月，不变质，不开裂。

"盘中纳天地，碗里有乾坤。"饶平彩青艺术有着丰富的内涵，是五彩缤纷的客家文化的又一体现。客家人通过它表达了对大自然的敬谢，对风调雨顺、国泰民安、财丁兴旺的期盼。

彩青作品

集祭祀与观赏于一身的"摆桌碗"习俗

盘中纳天地，碗里有乾坤

2007年，饶平彩青入选第二批广东省非物质文化遗产名录

来自潮州的影坛书法怪才

在《发现城市之美·潮州》即将出版之际，潮州乡贤、著名书法家汪德龙先生为本书题写了书名，让我们再次体会到"众人拾柴火焰高"的潮人团结精神。潮州自古被称为"海滨邹鲁，岭海名邦"，在书画领域，这里可谓文风蔚然，人才荟萃，名家辈出。

1958年出生于潮州市金聚巷的汪德龙，在悠悠牌坊街度过他的童年时光。城基路小学毕业后，他考入上水门内的东方红学校，初中刚毕业就下乡到赤凤公社青年林场。两年后，刚满18岁的汪德龙应征入伍来到河北承德，成为一名铁道兵战士。金山岭长城的风雪锻炼了他，也成就了他的艺术人生。

汪德龙为"发现城市之美"治印

![创作中的潮籍书法家汪德龙]

创作中的潮籍书法家汪德龙

从小就有书画天赋的汪德龙，在新兵连一次连环画创作中显露了艺术才华，被调到政治处电影组。入伍刚半年，八一电影制片厂到部队选调文艺专长苗子，他凭自己的一技之长被选中。从事电影美术四十年来，他随剧组每到一处，都会认真研究当地的山川地理、风土人情、历史文化以积累素材，他把每部电影的美术创作都看成是一次挑战。不懈的艺术追求，使汪德龙在书法、绘画、篆刻、雕塑和工艺美术等方面都有很高的造诣。

张艺谋为电影《英雄》选择片名书法时，邀请十多位名家书写，这些书法界名流个个出手不凡，可就是没有合适的。直到张艺谋看到韩国影片《武士》的海报，问起片名书写者才找到汪德龙。汪德龙以电影工作者的优势，从领悟剧情入手，用书法

《英雄》电影海报

艺术诠释影片内涵，以四种不同字体书写。张艺谋一眼就选中了其中一幅以魏碑体写就的"英雄"。"英"字厚重中显灵动，如英雄沉稳而敏捷，在苍劲、浑朴和飞白的韵律中，又显示出悲壮苍凉之感。后来，张艺谋拍《十面埋伏》《千里走单骑》时，还是想到了汪德龙。

汪德龙坚持片名书法要配合作品的主题和剧情，片名首先是呈现给观众的，因此需要给观众营造一种氛围，让观众一看就能感受影片所要表达的意境。就这样，"后起之秀"汪德龙又连续为《勇士》《太行山上》《新丝绸之路》《延安颂》《船政风云》《胜利大阅兵》等影视片题写片名。他那古朴、奇峻、沉稳的书法艺术，从荧屏、银幕和各种展览大厅走进了人们的生活。细细品味汪德龙的作品，可看到《元泰墓志》的特点，如用笔遒劲、率意稚拙，在非对称和不平衡中达到结字之美，其书法作品让人过目不忘，非真正领悟中国书法真谛之大家而不能为也。

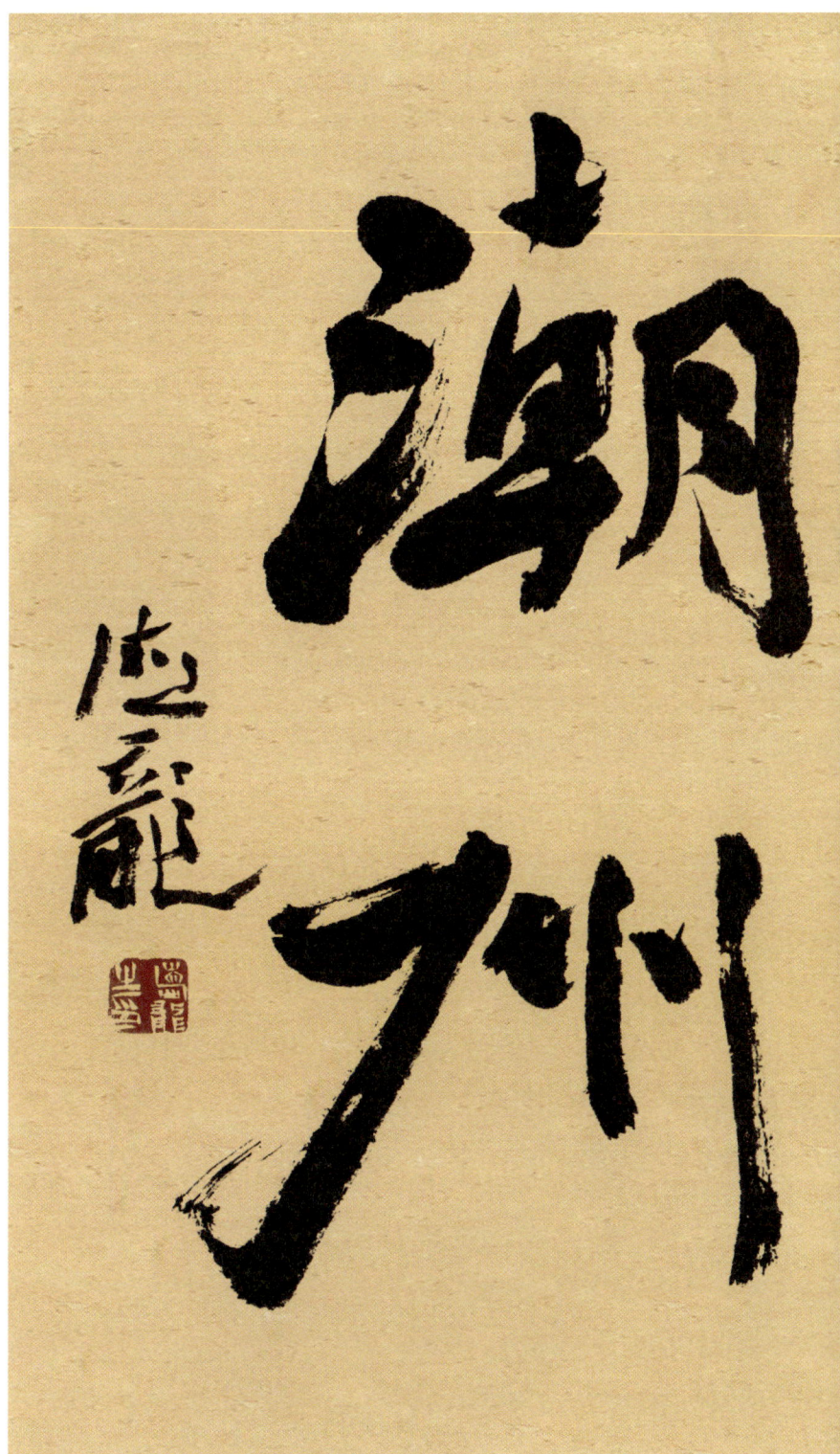

汪德龙为《发现城市之美·潮州》题写的书名

侨界才女的潮州情

"浮云游子意，落日故乡情。"张热云的父亲是马来西亚归国华侨，他对生于斯长于斯的张热云影响深远，在走读潮州的日子里，"发现城市之美"采编团队感受到张热云这位才女对潮州古城的殷殷之情。

由于张热云女士的热心促成，潮州木雕、潮绣、潮州嵌瓷、大吴泥塑、潮州麦秆画、手拉朱泥壶等潮州非物质文化遗产及他们的传承人，一一展示在"发现城市之美"的镜头里。作为广东侨界青年委员会副主任、潮州市侨联青年委员会会长的张热云，认识到潮籍乡亲遍布世界各地，海外的第二代、第三代潮人虽然可能不

张热云在美国旧金山市政厅现场作画

张热云作品

会说潮州话，但对故乡的强烈认同感始终没有改变。在知道
《发现城市之美·潮州》项目组即将走读故乡潮州的时候，她
非常期待这部作品能成为侨胞了解潮俗文化的读本。

　　已是国家一级美术师、中国南方书画院常务理事、潮州市
美术家协会会员的张热云，从小酷爱传统文化，痴迷于水墨丹
青，她擅长写意花卉，绘画功力深厚，其作品构图严谨、笔墨
雄健、气势恢弘、独树一帜，多次在国家与省市获奖，常见诸
报纸杂志。张热云平时喜爱阅读古诗词，她认为中国画最重
"意境"，所谓"登山则情满于山，观海则意溢于海"，是画
家真性情的写照。"意境"是中国画的灵魂，是区别于其他画
种最重要的地方。在读诗的过程中，诗的意境让人产生一种朦
胧的美感，或空灵，或迷茫，或悠远，或深沉，等等。这些恰
恰是中国画的精神所在。经常在古诗词的意境里耳濡目染，张
热云对中国画有了更深层次的理解。

　　张热云虽然有颗"中国心"，但她的视野并不局限于中
国，经常游走世界各地的她，喜欢用相机记录一路的美景。
2012年，她在美国西部进行为期半个月的摄影创作，黄石公园
的风景给她带来的不仅是心灵的震撼，还有对古老地球的深刻
感知。数十年来张热云对摄影的酷爱从未间断。中国女摄影家
协会会员、中国民俗摄影家协会会员、广东省摄影家协会会
员、潮州市摄影家协会会员，虽然拥有这么多闪亮的头衔，但
她仍称自己只是个入门者。2012年，她的摄影作品被广东省摄
影家协会选送参加"三藩市岭南文化摄影艺术展"，作品《大
地》《开心事》《埔寨火龙》《月夜》入选《中国摄影年鉴》
（2016年度），其中《埔寨火龙》多次获奖还被中国摄影著作
权协会收藏。

　　张热云的祖父曾在马来西亚推广中华文化，并出任马来西
亚中华学校校长。张热云之所以热衷于保护和传播潮俗文化，
是因为祖辈给她留下了未竟的任务。张热云通过不断拓展工作
平台，积极参加社会活动，很好地确立了侨青委在社会生活中
的定位，为会员提供了参与社会生活、实现人生价值的机会。
因为家庭的熏陶，张热云认识到只有投入到集体中才能更好地
发挥自己的潜能，正如沙砾投入到江河中，才有机会汇入大
海。2017年4月，张热云在美国接受SINO TV电视台的四集专题
采访，并在旧金山市政厅为第二届旧金山旗袍文化月在旗袍上
现场作画。作为新一代潮人，张热云以传播潮州乡土文化为己
任，竭力为侨界做出新贡献。

张热云作品

跋

2015年夏天，我们踏足潮州这片人文乡土，开始了为期一个半月的发现潮州之美的旅程。我们走街串巷，披星戴月，只为能让镜头更详尽地记录这里的点点滴滴，为潮人展现大美凤城的风采。

潮州，这片在远古时代就开始闪耀光辉的土地，其深厚的历史文化底蕴给了我们丰富的创作素材与灵感。作为国家历史文化名城之一，潮州是潮汕文化的重要发源地，闽越先民流传下来的智慧和传统，是后世子孙共同拥有的财富。

这里山明水秀，人文荟萃。自唐朝韩愈谪潮后，这里众多的韩迹形成了千百年来独特的文化印记。国际汉学大师饶宗颐、世界华人知名企业家李嘉诚都是从这里走向世界，他们是优异的潮州之子，是海内外潮人的榜样和骄傲。

坐上一辆随处可见的人力三轮车，环城漫游，或走在一坊一故事的牌坊街，看着老潮州、品着潮州工夫茶、听着潮剧，脚步在这样的慢时光里不自觉地停驻。坐下来听他们讲中国四大古桥之一的广济桥、千年古寺开元寺的故事，听男女老少像念顺口溜一样地念"潮州八景"的名称。

快门不断记取着大大小小的祠堂庙宇间那精美绝伦的潮州嵌瓷、富丽堂皇的金漆木雕，感受龙飞凤舞的潮绣、麦秆画，品尝当地独具特色的潮州菜、潮州名小吃……

从采访到成书，这一路历经的艰辛，如今皆被感动所取代，这一书凝聚的不仅是采编组的汗水和心血，更是来自四面八方对潮州文化有着共同情结的人的支持。在《发现城市之美·潮州》的采访中，有许多帮助过我们的人，也有不留名的热心民众，正是因为大家的友善淳朴和真诚相助，给潮州这座古城增添了一抹令人暖心的色彩！

本书得以付梓面世，在这里，我们要诚挚感谢中共潮州市委宣传部的大力支持，感谢潮州市文物旅游局局长李桂蓉的指导，帮助我们联系各地文化宣传部门，为作品的早日完成节省了不少时间。

感谢潮州乡贤詹培明先生的鼎力资助，香港潮属乡亲徐锦河先生的热心促成。在走读潮州的日子，我们得到深圳市潮汕文化研究会黄惠生主席（会长）、杨经纬秘书长以及潮州市侨联青年委员会张热云会长和丁伟忠、林潮佳、余坤锐副会长的大力支持。《潮州日报》社主编洪巧俊先生、记者龙兰女士凭着对潮州文化的热爱和了解，为我们提供了重要指引。

感谢中国潮绣艺术大师康惠芳女士，潮州嵌瓷艺术大师卢芝高先生、卢芝猛先生，潮州木雕艺术大师陈培臣先生、陈树东先生，大吴泥塑艺术大师吴光让先生、吴闻鑫先生，潮州麦秆画艺术大师方志伟先生，潮州抽纱刺绣艺术大师祝书琴女士，潮州手拉壶艺术大师谢华先生，潮州市颐陶轩潮州窑博物馆馆长李炳炎先生，他们提供了非常难得的采访安排，让潮州非物质文化遗产的精髓大放异彩。

感谢饶平政协主席庄少伟先生，文史学者张道济、洪泽茂先生，饶平归国华侨联合会副主席吴继祖先生，他们对采访团队给予了肯定和支持。感谢饶平摄影协会会长余献民先生提供的珍贵史料，感谢吴峰、黄浩奇、黄喜生、张名壮先生，饶平之行得到了他们的大力支援。

感谢潮州市湘桥古民居艺术陈列馆董事长许宝青、载阳客栈龙素玲女士、千潮宴潮菜餐厅陈植波先生、威尼斯酒店蔡耀亮先生、凤凰华景品味酒店陈传真先生、潮州粤东电气王初平先生、潮州民间文化艺人张侨忠先生，感谢他们为这个艰辛的潮州行带来阵阵暖意。

谨以绵薄之力和对中华传统文化的热爱，我们用亲身经历、实地走读，客观细致地记述了在潮州的所见所闻。历史的画卷缓缓展开，本书为读者娓娓细道这海丝故地、千年瓷都的风韵，以及一个历史文化名城的沧海桑田、风土人情、俚语乡音、历史遗存、名人掌故，展现潮州深厚的历史底蕴和人文景观。

本书中涉及的一些民间传说和历史典故，是我们参考地方文献改编而成。因无法联系到原作者，恳请谅解并致以感谢！因时间仓促，作品有不足之处在所难免，希望广大读者批评指正！

《发现城市之美·潮州》项目组

2017年8月

图书在版编目（CIP）数据

发现城市之美. 潮州 / 肖岳山，张热云主编. — 深圳：海天出版社，2017.8
ISBN 978-7-5507-1969-9

Ⅰ. ①发… Ⅱ. ①肖… ②张… Ⅲ. ①潮州—概况 Ⅳ. ①K92

中国版本图书馆CIP数据核字（2017）第094765号

发现城市之美·潮州

FAXIAN CHENGSHI ZHI MEI · CHAOZHOU

出 版 人	聂雄前
责任编辑	刘翠文
责任技编	蔡梅琴

出版发行	海天出版社
地　　址	深圳市彩田南路海天综合大厦（518033）
网　　址	www.htph.com.cn
订购电话	0755-83460601（编辑）0755-83460239（邮购）
印　　刷	深圳市金丽彩印刷有限公司
开　　本	787mm×1092mm　1/16
印　　张	22.5
字　　数	450千字
版　　次	2017年8月第1版
印　　次	2017年8月第1次
定　　价	162.00元

发现城市之美

出 品 人　　詹培明

主　　编　　肖岳山　张热云

封面题字　　汪德龙

总 监 制　　许英生

监　　制　　龚志先　饶云清　卢卫卫　谢宏中

文字主管　　徐舜希

撰　　稿　　许英生　徐舜希　肖永良　欧阳敏　唐兰燕

摄　　影　　许英生

设计主管　　罗丽菲　王　慧

运营主管　　齐玲玲

新媒体运营　李　叶

版　　权　　深圳市点石文化传媒有限公司

地　　址　　深圳市福田区田面设计之都1栋3D

电　　话　　0755-82701682

微　　信　　发现城市之美

二 维 码

一扫解乡愁